Mouhanad Khorchide

Der islamische Religionsunterricht zwischen Integration und Parallelgesellschaft

Mouhanad Khorchide

Der islamische Religionsunterricht zwischen Integration und Parallelgesellschaft

Einstellungen der islamischen ReligionslehrerInnen an öffentlichen Schulen

VS VERLAG FÜR SOZIALWISSENSCHAFTEN

Bibliografische Information der Deutschen Nationalbibliothek
Die Deutsche Nationalbibliothek verzeichnet diese Publikation in der
Deutschen Nationalbibliografie; detaillierte bibliografische Daten sind im Internet über
<http://dnb.d-nb.de> abrufbar.

Zugl. Dissertation an der Universität Wien, 2008

1. Auflage 2009

Alle Rechte vorbehalten
© VS Verlag für Sozialwissenschaften | GWV Fachverlage GmbH, Wiesbaden 2009

Lektorat: Katrin Emmerich / Tanja Köhler

VS Verlag für Sozialwissenschaften ist Teil der Fachverlagsgruppe
Springer Science+Business Media.
www.vs-verlag.de

Das Werk einschließlich aller seiner Teile ist urheberrechtlich geschützt. Jede Verwertung außerhalb der engen Grenzen des Urheberrechtsgesetzes ist ohne Zustimmung des Verlags unzulässig und strafbar. Das gilt insbesondere für Vervielfältigungen, Übersetzungen, Mikroverfilmungen und die Einspeicherung und Verarbeitung in elektronischen Systemen.

Die Wiedergabe von Gebrauchsnamen, Handelsnamen, Warenbezeichnungen usw. in diesem Werk berechtigt auch ohne besondere Kennzeichnung nicht zu der Annahme, dass solche Namen im Sinne der Warenzeichen- und Markenschutz-Gesetzgebung als frei zu betrachten wären und daher von jedermann benutzt werden dürften.

Umschlaggestaltung: KünkelLopka Medienentwicklung, Heidelberg
Druck und buchbinderische Verarbeitung: Krips b.v., Meppel
Gedruckt auf säurefreiem und chlorfrei gebleichtem Papier
Printed in the Netherlands

ISBN 978-3-531-16493-9

Danksagung

Mein besonderer Dank gilt Frau Professor Dr. Hilde Weiss für ihre herzliche Zusage, diese Arbeit zu betreuen, für die vielen anregenden Diskussionen im Laufe meines Studiums der Soziologie an der Universität Wien und für die stete und engagierte Unterstützung und Betreuung, ohne die diese Arbeit nicht möglich gewesen wäre.

Mein besonderer Dank gilt ferner Herrn Professor Dr. Christoph Reinprecht und Herrn Professor Dr. Wolfgang Schulz für ihre große Anerkennung und Unterstützung und für die sehr vielen wertvollen Anregungen im Laufe meines Studiums der Soziologie an der Universität Wien.

Für die großartige Unterstützung, vor allem was die programmiertechnischen Fragen betrifft, und für das Lektorieren der vorliegenden Arbeit danke ich ganz herzlich Frau Aida Ugljanin, die mir hilfreich zur Seite gestanden hat.

Ferner möchte ich Herrn Anas Shakfeh, Präsident der Islamischen Glaubensgemeinschaft in Österreich, für seine Unterstützung, insbesondere für seine Zusage, den Fragebogen an die islamischen ReligionslehrerInnen verteilen zu dürfen, herzlich danken. Mein Dank gilt ebenfalls seinem Stellvertreter, Herrn Dr. Ahmed Hamidi, für seine Unterstützung bei der Erhebung der Daten.

Auch möchte ich Herrn Prof. Dr. Rüdiger Lohlker, Frau Prof. Dr. Susanne Heine, Herrn Prof. Dr. Martin Jäggle, Herrn Prof. Dr. Johann Figl, Herrn Prof. Dr. Christian Danz, Frau Dr. Regina Polak, Herrn Prof. Dr. Martin Wimmer, Herrn Dr. Jameleddine Ben-Abdeljelil und Herrn Adnan Ibrahim für ihre Motivation und Unterstützung danken.

Meinen Eltern Frau Rawda Khorchide und Herrn Nouh Khorchide, die mich all die Jahre hinweg tatkräftig unterstützt haben, danke ich von ganzem Herzen für ihre unendliche Liebe und Aufopferung. Meinen Schwiegereltern Frau Herta El Ashry und Herrn Dr. Sayed El Ashry danke ich ebenfalls von ganzem Herzen für deren Liebe und Unterstützung.

Meiner Frau Nadja El Ashry und meinem Sohn Uways Khorchide möchte ich für ihre unendliche Liebe, Motivation und Unterstützung, aber auch für ihre große Geduld, Ausdauer und ihr Verständnis danken. Meinem Bruder Herrn Nouhad Khorchide und meiner Schwester Frau Dr. Maya Khorchide möchte ich ebenfalls für ihre Liebe und Motivation von ganzem Herzen danken.

Inhalt

1 Einleitung 15

2 Problemstellung und Ziel 19

3 Forschungsstand 23

4 Islam in Österreich und Deutschland 27
    4.1 Historischer Hintergrund der Anerkennung des Islam in Österreich 27
    4.2 Muslime in Österreich – statistische Daten 28
    4.3 Der Islam in Deutschland – historischer Hintergrund 36
    4.4 Muslime in Deutschland – statistische Daten 36
    4.5 Islamische Institutionen in Deutschland 38

5 Der islamische Religionsunterricht in Österreich und Deutschland 43
    5.1 Rechtliche Aspekte des Religionsunterrichts in Österreich 43
        5.1.1 Die rechtliche Sicherung des Religionsunterrichts in Österreich 43
        5.1.2 Erlassung der Lehrpläne und Besorgung des Religionsunterrichts 44
        5.1.3 Abmeldung vom Religionsunterricht 45
        5.1.4 Stundenumfang des Religionsunterrichts 47
        5.1.5 Die Bestellung von ReligionslehrerInnen 49
    5.2 Rechtliche Aspekte des Religionsunterrichts in Deutschland 49
        5.2.1 Modelle des islamischen Religionsunterrichts in Deutschland 54
        5.2.2 Die Frage der Anerkennung der Muslime als Körperschaft des öffentlichen Rechts 57

5.3 Ausbildung von muslimischen ReligionslehrerInnen in
Österreich und Deutschland 61
6 **Forschungsdesign und Methode** 63
6.1 Struktur der Stichprobe 63
6.2 Methodisches Vorgehen 65
7 **Einstellungen der ReligionslehrerInnen zu Aufgaben und Zielen des islamischen Religionsunterrichts** 67
7.1 Methodisches Vorgehen 78
7.1.1 Faktorenanalyse 78
7.1.2 Reliabilitätsanalyse 79
7.1.3 Skalenbildung 80
7.2 Aufgaben und Ziele des islamischen Religionsunterrichts 80
7.3 Aufgabe des IRUs: Vermittlung von Glaubensgrundsätzen, Ritualen und Gesetzen 80
7.3.1 Vermittlung von Glaubensgrundsätzen, Ritualen und Gesetzen und Geschlecht der ReligionslehrerInnen 83
7.3.2 Vermittlung von Glaubensgrundsätzen, Ritualen und Gesetzen und Geburtsort der ReligionslehrerInnen 83
7.3.3 Vermittlung von Glaubensgrundsätzen, Ritualen und Gesetzen und Schultyp 84
7.3.4 Vermittlung von Glaubensgrundsätzen, Ritualen und Gesetzen und Alter der ReligionslehrerInnen 85
7.3.5 Vermittlung von Glaubensgrundsätzen, Ritualen und Gesetzen und Bildungsstatus der ReligionslehrerInnen.... 86
7.3.6 Zusammenfassung 87
7.4 Aufgabe des IRUs: Aufklärung und Befähigung zur kritischen Reflexion der Tradition 87
7.4.1 Aufklärung und Befähigung zur kritischen Reflexion und Geschlecht der ReligionslehrerInnen 90
7.4.2 Aufklärung und Befähigung zur kritischen Reflexion und Geburtsort der ReligionslehrerInnen 90
7.4.3 Aufklärung und Befähigung zur kritischen Reflexion und Schultyp 91
7.4.4 Aufklärung und Befähigung zur kritischen Reflexion und Alter der ReligionslehrerInnen 92
7.4.5 Aufklärung und Befähigung zur kritischen Reflexion und Bildungsstatus der ReligionslehrerInnen 92

	7.4.6	Zusammenfassung 93
7.5		Aufgabe des IRUs: Vermittlung von Toleranz und Förderung der Dialogfähigkeit 93
	7.5.1	Vermittlung von Toleranz und Förderung der Dialogfähigkeit und Geschlecht der ReligionslehrerInnen 95
	7.5.2	Vermittlung von Toleranz und Förderung der Dialogfähigkeit und Geburtsort der ReligionslehrerInnen 96
	7.5.3	Vermittlung von Toleranz und Förderung der Dialogfähigkeit und Schultyp 97
	7.5.4	Vermittlung von Toleranz und Förderung der Dialogfähigkeit und Alter der ReligionslehrerInnen 98
	7.5.5	Vermittlung von Toleranz und Förderung der Dialogfähigkeit und Bildungsstatus der ReligionslehrerInnen 98
	7.5.6	Zusammenfassung 99
7.6		Aufgabe des IRUs: Vermittlung von allgemeinen Werten für eine menschliche Lebensgestaltung sowie von modernen Werten und Prinzipien wie Demokratie und Menschenrechte 99
	7.6.1	Vermittlung von modernen Werten und Prinzipien und Geschlecht der ReligionslehrerInnen 102
	7.6.2	Vermittlung von modernen Werten und Prinzipien und Geburtsort der ReligionslehrerInnen 102
	7.6.3	Vermittlung von modernen Werten und Prinzipien und Schultyp 103
	7.6.4	Vermittlung von modernen Werten und Prinzipien und Alter der ReligionslehrerInnen 104
	7.6.5	Vermittlung von modernen Werten und Prinzipien und Bildungsstatus der ReligionslehrerInnen 105
	7.6.6	Zusammenfassung 105
7.7		Aufgabe des IRUs: Vermittlung von Differenzen zwischen den Religionen und Überlegenheitsgefühlen 106
	7.7.1	Vermittlung von Differenzen und Überlegenheitsgefühlen und Geschlecht der ReligionslehrerInnen 108
	7.7.2	Vermittlung von Differenzen und Überlegenheitsgefühlen und Geburtsort der ReligionslehrerInnen 109

	7.7.3	Vermittlung von Differenzen und Überlegenheitsgefühlen und Schultyp	109
	7.7.4	Vermittlung von Differenzen und Überlegenheitsgefühlen und Alter der ReligionslehrerInnen	110
	7.7.5	Vermittlung von Differenzen und Überlegenheitsgefühlen und Bildungsstatus der ReligionslehrerInnen	111
	7.7.6	Zusammenfassung	112
7.8		Ziele und Aufgaben des islamischen Religionsunterrichts – Resümee	112

8 Muslimische ReligionslehrerInnen und der islamische Religionsunterricht an öffentlichen Schulen ... 115

- 8.1 Motive für die Berufswahl der muslimischen ReligionslehrerInnen ... 115
- 8.2 Zufriedenheit der muslimischen ReligionslehrerInnen mit ihrem Beruf ... 116
- 8.3 Muslimische ReligionslehrerInnen an öffentlichen Schulen ... 118
- 8.4 Muslimischen ReligionslehrerInnen als Vermittler zwischen Eltern und Schule ... 119
- 8.5 Didaktische Mittel im islamischen Religionsunterricht ... 120
- 8.6 Was belastet die muslimischen ReligionslehrerInnen? ... 121

9 Muslimische ReligionslehrerInnen zwischen Integration und Parallelgesellschaft ... 123

- 9.1 Methodisches Vorgehen ... 125
  - 9.1.1 Faktorenanalyse ... 126
  - 9.1.2 Reliabilitätsanalyse ... 126
  - 9.1.3 Skalenbildung ... 127
- 9.2 Einstellungen der muslimischen ReligionslehrerInnen zu religiös begründeter gesellschaftlicher Abgrenzung ... 127
  - 9.2.1 Religiös begründete gesellschaftliche Abgrenzung und Geschlecht der ReligionslehrerInnen ... 130
  - 9.2.2 Religiös begründete gesellschaftliche Abgrenzung und Geburtsort der ReligionslehrerInnen ... 131
  - 9.2.3 Religiös begründete gesellschaftliche Abgrenzung und Schultyp ... 131

	9.2.4	Religiös begründete gesellschaftliche Abgrenzung und Alter der ReligionslehrerInnen 132
	9.2.5	Religiös begründete gesellschaftliche Abgrenzung und Bildungsstatus der ReligionslehrerInnen 133
	9.2.6	Zusammenfassung 133
9.3	\multicolumn{2}{l	}{Einstellungen der muslimischen ReligionslehrerInnen zum Rechtsstaat und zur politischen Partizipation .... 134}
	9.3.1	Rechtsstaat, politische Partizipation und Geschlecht der ReligionslehrerInnen 137
	9.3.2	Rechtsstaat, politische Partizipation und Geburtsort der ReligionslehrerInnen 137
	9.3.3	Rechtsstaat, politische Partizipation und Schultyp 138
	9.3.4	Rechtsstaat, politische Partizipation und Alter der ReligionslehrerInnen 139
	9.3.5	Rechtsstaat, politische Partizipation und Bildungsstatus der ReligionslehrerInnen 140
	9.3.6	Zusammenfassung 140
9.4	\multicolumn{2}{l	}{Identifikation der muslimischen ReligionslehrerInnen mit Österreich .... 141}
	9.4.1	Identifikation mit Österreich und Geschlecht der ReligionslehrerInnen 143
	9.4.2	Identifikation mit Österreich und Geburtsort der ReligionslehrerInnen 144
	9.4.3	Identifikation mit Österreich und Schultyp 144
	9.4.4	Identifikation mit Österreich und Alter der ReligionslehrerInnen 145
	9.4.5	Identifikation mit Österreich und Bildungsstatus der ReligionslehrerInnen 146
	9.4.6	Zusammenfassung 146
9.5	\multicolumn{2}{l	}{Einstellungen der muslimischen ReligionslehrerInnen zu religiösem Fanatismus .... 147}
	9.5.1	Religiöser Fanatismus und Geschlecht der ReligionslehrerInnen 149
	9.5.2	Religiöser Fanatismus und Geburtsort der ReligionslehrerInnen 150
	9.5.3	Religiöser Fanatismus und Schultyp 150
	9.5.4	Religiöser Fanatismus und Alter der ReligionslehrerInnen 151

9.5.5 Religiöser Fanatismus und Bildungsstatus der
ReligionslehrerInnen 152
9.5.6 Zusammenfassung 152
9.6 Einstellungen der muslimischen ReligionslehrerInnen
zu religiös motivierter Gewalt 153
9.6.1 Religiös motivierte Gewalt und Geschlecht der
ReligionslehrerInnen 155
9.6.2 Religiös motivierte Gewalt und Geburtsort der
ReligionslehrerInnen 156
9.6.3 Religiös motivierte Gewalt und Schultyp 156
9.6.4 Religiös motivierte Gewalt und Alter der
ReligionslehrerInnen 157
9.6.5 Religiös motivierte Gewalt und Bildungsstatus der
ReligionslehrerInnen 158
9.6.6 Zusammenfassung 158

**10 Einstellungen der muslimischen ReligionslehrerInnen zu
Geschlechtsrollen 159**

10.1 Methodisches Vorgehen 161
10.1.1 Faktorenanalyse 161
10.1.2 Reliabilitätsanalyse 161
10.1.3 Skalenbildung 161
10.2 Einstellung der muslimischen ReligionslehrerInnen
zu Geschlechtsrollen 162
10.2.1 Geschlechtsrollen und Geschlecht der
ReligionslehrerInnen 163
10.2.2 Geschlechtsrollen und Geburtsort der
ReligionslehrerInnen 164
10.2.3 Geschlechtsrollen und Schultyp 164
10.2.4 Geschlechtsrollen und Alter der
ReligionslehrerInnen 165
10.2.5 Geschlechtsrollen und Bildungsstatus der
ReligionslehrerInnen 166
10.2.6 Zusammenfassung 167

11 Resümee 169

11.1 Positive Aspekte des islamischen Religionsunterrichts
in Österreich 174

	11.2	Herausforderungen des islamischen Religionsunterrichts in Österreich 175
	11.3	Ausblick 177
	11.4	Islamische Religionspädagogik im Kontext Europa 179
12	**Literatur**	.... **185**
13	**Anhang**	.... **191**

Abkürzungsverzeichnis

AHS	Allgemeinbildende höhere Schule
Art.	Artikel
BGBl	Bundesgesetzblatt
bzw.	beziehungsweise
ca.	cirka
d. h.	das heißt
e. V.	eingetragener Verein
f.	folgende
ff.	fortfolgende
GG	Grundgesetz
Hrsg.	Herausgeber
IGGiÖ	Islamische Glaubensgemeinschaft in Österreich
IHF	International Helsinki Federation For Human Rights
IRL	Islamische ReligionslehrerInnen
IRPA	Islamische Religionspädagogische Akademie
IRU	Islamischer Religionsunterricht
n. s.	nicht signifikant
RelUG	Religionsunterrichtsgesetz
RL	ReligionslehrerIn, ReligionslehrerInnen
s.	siehe
SchOG	Schulorganisationsgesetz
StGG	Staatsgründungsgesetz
vgl.	vergleiche
ZfT	Zentrum für Türkeistudien

1 Einleitung

Laut dem im März 2005 veröffentlichten Bericht der Menschenrechtsorganisation International Helsinki Federation For Human Rights (IHF) zur Lage der Muslime[1] in der europäischen Union wird sich die Zahl der in Europa lebenden Muslime (der Bericht schätzt sie auf 20 Millionen) bis zum Jahre 2015 verdoppeln. Die Mehrzahl dieser „neuen" Muslime wurde hier in Europa geboren. Hier wachsen sie auf, besuchen verschiedenste Bildungsinstitutionen (Schulen und Hochschulen) Europas und werden mit vielen neuen Fragen konfrontiert, die zum Teil ihre Religion betreffen; sie „leben in zwei Welten" (Weiss 2007). In den letzten Jahren durchgeführte Untersuchungen ergaben, dass Religiosität sowohl für die erste als auch für die zweite Generation der MigrantInnen aus islamischen Ländern ein wichtiger Bestandteil ihres persönlichen Selbstverständnisses ist (vgl. Nauck/Özel 1986, Pfluger-Schindelbeck 1989, Alamdar-Niemann 1992, Morgenroth/Merkens 1997, Stöbe 1998).

Viele muslimische Eltern haben vor dem Verlust der islamischen Identität ihrer Kinder Angst und schicken diese in Moscheen, damit sie dort den Islam in den Koranschulen erlernen. In seiner Studie über den außerschulischen islamischen Religionsunterricht in Nordhein-Westfalen betont Alacacioglu zwar die Bedeutung des Unterrichtes in den Koranschulen für die Sozialisierung der Kinder und Jugendlichen und seine Rolle bei der Erziehung der muslimischen Jugendlichen zu gesetzestreuen Bürgern und bewertet diese Zielsetzung des Religionsunterrichts als positiv, sie „entspricht dem modernen religionspädagogischen Verständnis von Religionsunterricht" (Alacacioglu 1999, S. 258). Er stellt allerdings fest, dass dieser Unterricht stärker im Sinne affirmativer Vermittlung normativ-religiöser Vorgaben ausgerichtet ist: Der Katechismus bestimmt „eindeutig die Ziele und Inhalte des Religionsunterrichts sowie das didaktische Vorgehen. Die Aussagen des Katechismus gelten als unhinterfragbar und werden den Schülern in den didaktischen Formen des Memorierens und der Textanalyse nahe gebracht. Dieses Verständnis des Religionsunterrichts hat ebenso weitreichende Auswirkungen auf das Lehrer-Schüler-Verhältnis: Der Lehrer gilt hier als Verkünder der Wahrheiten des Katechismus, der Schüler als

---

[1] Mit dem Begriff Muslim im hier verwendeten Sinne ist jede Person gemeint, die sich zum Islam bekennt. Der Begriff Muslim bezeichnet somit Männer und Frauen gleichermaßen.

jemand, der zu diesen Wahrheiten geführt werden muß" (ebd.: 255). Daher haben Koranschulen ein negatives Image. Sie gelten als Orte, in denen Kinder durch Strenge unterrichtet und indoktriniert werden. Dieser Religionsunterricht in den Moscheen wird von muslimischen Gelehrten abgehalten, denen in der Regel pädagogisches und didaktisches Fachwissen fehlt. Daher haben einige europäische Länder den islamischen Religionsunterricht in ihr Schulsystem eingeführt, nicht nur um für eine fachpädagogische und -didaktische Vermittlung religiöser Inhalte zu sorgen, sondern auch um den Religionsunterricht überschaubar zu machen und ihn vor Missbrauch oder Instrumentalisierung zu schützen. „Der Staat bekundet sein Interesse daran, dass islamische Glaubenslehre nicht in den seinem Einflussbereich entzogenen privaten Koranschulen stattfindet, die zum Teil im Ruf stehen, radikalen politisch-religiösen Gruppen ein verborgenes Tätigkeitsfeld zu eröffnen. Der Islam soll im Rahmen und Raum der öffentlichen Schule seinen Platz finden. Dem sozial segregativen Einfluss der Korankurse soll schulischer islamischer Unterricht entgegenwirken" (Korioth 2006: 38). Darüber hinaus kann die Einführung des islamischen RUs an öffentliche Schulen eine wichtige integrative Rolle spielen (vgl. Aksit 2001). In ihrer Studie „Islamischer Religionsunterricht in Österreich und Deutschland" stellen Potz und sein Team fest, dass der öffentliche RU einen zentralen Bereich der „institutionalisierten Anerkennung einer Religionsgemeinschaft" (Potz et al. 2005: 3) darstellt. Sie bewerten den islamischen RU als wichtigen Bestandteil der Integration der muslimischen SchülerInnen: „Der islamische Religionsunterricht erfüllt neben seiner Kernaufgabe – den SchülerInnen das islamische Glaubensgut zu vermitteln – eine wichtige Integrationsleistung, indem er den SchülerInnen hilft, ihre muslimische und österreichische Identität miteinander zu vereinbaren. Dass dies schon im Kindes- und Jugendalter geschieht, ist ein wichtiger Umstand" (ebd.: 5).

Österreich war das erste europäische Land, das den Islamunterricht an öffentlichen Schulen einführte: Seit dem Schuljahr 1982/83 wird hier für muslimische SchülerInnen ein islamischer RU angeboten, an dem nach Angabe der Islamischen Glaubensgemeinschaft in Österreich (IGGiÖ) im Jahre 2007 über 47.000 SchülerInnen, die von rund 350 LehrerInnen an etwa 2.700 Standorten betreut wurden, teilnahmen. Auch andere europäische Länder haben mittlerweile den Islamunterricht an ihren Schulen eingeführt (z. B. mehrere Bundesländer in Deutschland, die Niederlande und Belgien), und immer mehr Stimmen werden in der EU laut, die für eine Einführung des islamischen RUs an europäischen Schulen plädieren.

Es erheben sich aber auch Stimmen, die den RU für nicht vereinbar mit den säkularen Gesellschaften Europas halten. Gerade der Islam wird mit den modernen Werten wie Demokratie, Menschenrechte, Pluralismus usw. als unvereinbar angesehen. Daraus ergibt sich die Herausforderung, den islamischen RU so zu gestalten, dass er einerseits dem Bedürfnis muslimischer Eltern und SchülerInnen nach der Wahrung einer islamischen Identität gerecht wird und andererseits einen Beitrag zur Integration – gerade der jungen Muslime – in die säkularen europäischen Gesellschaften leistet. Allerdings können weder der Staat noch die muslimischen Communities diese Herausforderung alleine bewältigen. Die Erfahrungen mit dem islamischen RU in Österreich und in Deutschland zeigen, dass den Anforderungen an den islamischen RU nur durch eine gezielte Kooperation des Staates mit den islamischen Religionsgemeinschaften nachgekommen werden kann. Diese Kooperation gestaltet sich in Österreich und in Deutschland jedoch unterschiedlich. In Deutschland ist der Staat Veranstalter des RUs, der in Übereinstimmung mit den Grundsätzen der Religionsgemeinschaften zu erteilen ist. In Österreich hingegen ist die jeweilige Glaubensgemeinschaft Veranstalter des RUs, der Staat stellt lediglich die Rahmenbedingungen bereit. Somit besitzen die Glaubensgemeinschaften im österreichischen Modell eine vergleichsweise hohe Autonomie hinsichtlich der Verwaltung des RUs. Diese Autonomie bedeutet mehr Gestaltungsfreiheit für die Glaubensgemeinschaften, aber zugleich auch mehr Raum für Missbrauch.

Die ReligionslehrerInnen (RL) des islamischen RUs an den öffentlichen Schulen spielen dabei eine entscheidende Rolle. Das Bild des Islam, das sie den SchülerInnen vermitteln, trägt maßgeblich dazu bei, ob diese jungen Muslime den Islam mit ihrer Lebenswirklichkeit in einer europäischen Gesellschaft vereinbaren können oder ob sie sich vor die Wahl, entweder „Muslim" oder „Europäer" zu sein, gestellt sehen. Die vorliegende empirische Studie untersucht die Vorstellungen der islamischen RL über die Rolle des islamischen RUs sowie ihre Einstellungen u. a. zur Rechtsstaatlichkeit, zu religiösem Fanatismus, zu religiös motivierter Gewalt und zu Geschlechtsrollen. Die Ergebnisse sollen einen weiterführenden Aufschluss über den Beitrag des islamischen RUs zur Integration der Muslime in Österreich geben.

Nach dieser Einleitung (Kapitel 1) werden im zweiten Kapitel die Problemstellung und die Ziele der vorliegenden Studie formuliert. Der derzeitige Forschungsstand ist Gegenstand des dritten Kapitels. Im vierten Kapitel wird auf die historisch gewachsene Situation der Muslime in Österreich und Deutschland eingegangen. Das fünfte Kapitel betrachtet die Situation des RUs in Österreich und Deutschland im Allgemeinen und des islamischen im Speziellen und untersucht die Rolle des Staates bei der Organisation des islamischen RUs in beiden Ländern. Forschungsdesign und Methode werden im sechsten Kapitel dargelegt. In den Kapiteln sieben bis elf werden dann die Ergebnisse der empirischen Untersuchung vorgestellt und ausgewertet. Dabei geht es um die Einstellungen der islamischen RL zu Aufgaben und Zielen des islamischen RUs an den öffentlichen Schulen (Kapitel 7). Die Situation der RL an den Schulen, die Motive für ihre Berufswahl, ihre Zufriedenheit mit diesem Beruf und die von ihnen verwendeten didaktischen Mittel sind Thema des Kapitels 8. Ihre Einstellungen zu religiös begründeter gesellschaftlicher Abgrenzung, zu rechtsstaatlichen Prinzipien und politischer Partizipation, zu ihrer Identifikation mit Österreich, zu religiösem Fanatismus und zu religiös motivierter Gewalt sind in Kapitel 9, ihre Einstellungen zu den Geschlechtsrollen in Kapitel 10 zu betrachten. Im abschließenden Kapitel 11 werden die wichtigsten Ergebnisse der Studie zusammengefasst und eine theoretische Grundlage für eine zeitbezogene islamische Religionspädagogik für den europäischen Kontext skizziert.

2 Problemstellung und Ziel

Mit der staatlichen Anerkennung einer Religionsgesellschaft ist in Österreich auch das Recht beinhaltet, einen konfessionell gebundenen RU an öffentlichen Schulen abzuhalten. Der Staat stellt lediglich den institutionellen und organisatorischen Rahmen (Schulgebäude, Besoldung usw.) für diesen Unterricht bereit. Die jeweilige Konfession ist selbst für den Inhalt des Unterrichts, für die Personalentscheidungen und für die Lehrpläne verantwortlich. So ist es Aufgabe der Islamischen Glaubensgemeinschaft in Österreich (IGGiÖ), den islamischen RU zu organisieren, Lehrpläne sowie Unterrichtsmaterialien zu entwerfen und jedem/jeder Religionslehrer/in die Erlaubnis zu erteilen, den islamischen RU zu halten. Sie ist auch für die fachliche Beaufsichtigung (Fachinspektorat) des RUs verantwortlich.

In den Anfangsjahren des islamischen RUs und über viele Jahre hinweg gab es kaum qualifizierte LehrerInnen, kein Lehrmaterial und auch noch keine ausgearbeiteten Lehrpläne für diesen Unterricht. Bei der Entscheidung, wer als ReligionslehrerIn eingestellt werden sollte, wurde das Augenmerk lediglich darauf gerichtet, dass die BewerberInnen über ausreichende Deutschkenntnisse verfügten, um den Unterricht abhalten zu können.

Um den Bedarf an RL abdecken zu können, hatte die Islamische Glaubensgemeinschaft muslimische LehrerInnen aus der Türkei angeworben. Da die deutsche Sprache aber die einzig zulässige Unterrichtssprache ist, mussten diese zunächst Deutsch lernen. Der Anteil dieser angeworbenen LehrerInnen für den islamischen RU in Österreich betrug in den 90er Jahren etwa 45 % der Gesamtlehrerschaft (vgl. Aslan 1998: 14). Diese LehrerInnen befanden sich in einem Beamtenverhältnis zum türkischen Staat und durften höchstens sechs Jahre in Österreich tätig sein. Mit Ausnahme dieser angeworbenen LehrerInnen handelte es sich bei der Mehrheit der restlichen Lehrerschaft weder um theologisch noch pädagogisch qualifizierte Lehrkräfte, sondern lediglich um muslimische StudentInnen oder AbsolventInnen anderer Fachdisziplinen (Wirtschaft, Technik usw.), die nebenberuflich als RL tätig waren.

Diese Situation erschwerte eine moderne, am Alltagsleben der SchülerInnen orientierte Gestaltung des islamischen RUs. Neben den sprachlichen, pädagogischen und fachdidaktischen Defiziten weisen die LehrerInnen einen anderen Erfahrungshintergrund auf; ihnen fehlten Kenntnisse und Erfahrungen der tatsächlichen gesellschaftlichen Verhältnisse in Europa. „Das führt auch erfahrungsgemäß zu einem pädagogisch-didaktischen Konflikt mit dem österreichischen Schulsystem" (ebd.: 215).

Seit 1998 werden die RL für den Islamunterricht an Pflichtschulen an der Islamischen Religionspädagogischen Akademie (IRPA) ausgebildet. Allerdings unterziehen sich nicht alle RL, die schon im Berufsleben stehen, dieser Ausbildung. Seit dem Wintersemester 2006/07 werden die RL für die höheren Schulen an der Universität Wien am Institut für Bildungswissenschaft/Islamische Religionspädagogik ausgebildet.

In den vergangenen Jahren ist der islamische RU an den österreichischen Schulen immer wieder in Misskredit geraten; den LehrerInnen werden mangelnde Sprachkenntnisse, aber auch mangelnde fachliche Qualifikationen vorgeworfen. Das Kultusamt stellte in einigen Lehrbüchern fundamentalistische Inhalte fest, woraufhin die IGGiÖ im Jahre 2004 auf Druck des Kultusamtes das Buch „Erlaubtes und Verbotenes im Islam", welches zuvor acht Jahre lang im islamischen RU verwendet wurde, aus dem RU zurückziehen musste[2]. Der islamischen Glaubensgemeinschaft in Österreich wird auch vorgeworfen, sie würde Islamisten als RL beschäftigen (vgl. Schmidinger u. Larise 2008: 270ff.). Auch versucht der türkische Staat immer mehr Einfluss auf die Gestaltung des RUs in Österreich und Deutschland zu gewinnen (vgl. Reichmuth et al. 2006: 9).

Es gibt nur wenige theoretische Arbeiten, die sich mit dem islamischen RU in Österreich beschäftigten (z. B. Strobl 1997, Aslan 1998, Stock 2003, Mohr 2006). Außer der Untersuchung von Professor Potz und seinem Team am Institut für Rechtsphilosophie, Religions- und Kulturrecht im Jahre 2004/05 zum islamischen RU in Österreich[3] gibt es bis heute keine andere empirische Untersuchung, die islamische RL zum Gegenstand hat. Dabei spielen gerade die RL eine entscheidende Rolle bei der Vermittlung von Werten. Sie geben den SchülerInnen Antworten auf ihre Fragen, die nicht nur den spirituellen Bereich, sondern auch den Alltag und das Zusammenleben in einer pluralen Gesellschaft betreffen. Die islamischen RL sind auch die erste Adresse, wenn es Probleme oder Konflikte mit muslimischen SchülerInnen oder deren Eltern gibt. Von ihnen wird erwartet, nicht nur praxisorientierte Antworten und Lösungen anbieten zu können, sondern auch eine hohe soziale Kompetenz aufzuweisen, um mithilfe konstruktiver Kommunikation Konflikte zwischen SchülerInnen, LehrerInnen und Eltern bewältigen zu können.

---

2 12. Sitzung des Landtags am 21.9.2007: www.magwien.gv.at
3 http://www.abif.at/deutsch/download/Files/Islamischer%20Religionsunterricht%20-%20SummaryNeu.pdf

2 Problemstellung und Ziel

Wenn der öffentliche islamische RU die Aufgabe haben soll, eine praktische Orientierung und einen aufgeklärten Islam, der sich mit modernen Werten vereinbaren lässt, zu vermitteln, und somit als sicheres Mittel gegen Instrumentalisierung der Religion für menschenverachtende und staatsbedrohende Akte gelten soll, dann muss für eine entsprechende Ausbildung der RL gesorgt werden. Die Erhebung ihrer Vorstellungen über die Rolle des RUs, ihrer fachdidaktischen Qualifikation und ihrer Einstellungen zu rechtsstaatlichen Prinzipien und Geschlechtsrollen sollen die Basis für die Konzipierung einer adäquaten Ausbildung darstellen. Was muss in der Ausbildung der muslimischen RL berücksichtigt werden, welche Einstellungen sollten gefördert und welchen entgegengewirkt werden? Wie praxisorientiert bzw. -fremd wird der islamische RU den SchülerInnen vermittelt? Welche Rolle spielt der RU bei der Bewältigung von Alltagsproblemen muslimischer SchülerInnen? Lässt sich der Islam nach den Vorstellungen der muslimischen RL mit den rechtsstaatlichen Prinzipien wie Demokratie, Verfassungstreue, Menschenrechte usw. sowie mit modernen Geschlechtsrollen vereinbaren? Haben sie eine Auffassung vom Islam, die die Integration der Muslime in Europa fördert? Ziel dieser Studie ist, durch die Erhebung und Analyse der Einstellungen der muslimischen RL Antworten auf diese Fragen zu finden.

Der islamische RU sollte nicht nur zur Aufgabe haben, religiöse Inhalte zu vermitteln, sondern auch über diese Inhalte zu reflektieren und sie darüber hinaus im Hinblick auf das Zusammenleben der Muslime mit Andersgläubigen in einer pluralen europäischen Gesellschaft kritisch zu hinterfragen.

3 Forschungsstand

Bis auf die Studie von Professor Potz und seinem Team am Institut für Rechtsphilosophie der Universität Wien aus dem Jahr 2004/05, die sich dem islamischen RU in Wien widmete, beschränken sich alle empirischen Untersuchungen im deutschsprachigen Raum auf den katholischen bzw. evangelischen RU.

Die ersten empirischen Studien, die den RU zum Gegenstand ihrer Analyse hatten, beschäftigten sich fast ausschließlich mit der Frage nach der Beliebtheit dieses Faches unter den SchülerInnen, mit den Abmeldestatistiken vom katholischen RU und mit der Frage nach den Ursachen gestiegener Abmeldungen (vgl. Marplan 1967, Seelig 1968).

Prawdzik (1973) und Havers (1972) führten die ersten empirischen Untersuchungen zum RU durch. Havers kam zum Ergebnis, dass der RU ein ziemlich unbeliebtes Fach sei: 68 % der katholischen SchülerInnen stimmten der Aussage „Der Religionsunterricht ist verlorene Zeit" zu. Prawdziks kam in seiner Studie zu dem Schluss, dass der RU bei 43 % der SchülerInnen beliebt sei. Beide Untersuchungen stellten fest, dass die Beliebtheit des RUs von der Lehrperson abhängig ist (Prawdzik 1973: 227).

Feige stellte in seiner Befragung von SchülerInnen über ihre Erfahrungen mit der Kirche fest, dass der RU von ca. der Hälfte der Befragten akzeptiert wird (Feige 1982: 32). In der Shell-Studie „Jugend '95" (Lämmermann 1987) landete der RU in der Liste der beliebtesten Fächer allerdings auf dem vorletzten Platz. Auch Köcher konstatierte 1989 ein allgemeines Desinteresse der SchülerInnen am RU und traf die Aussage, dass die Inhalte des RUs immer stärker säkularisiert würden.

Studien, die in den 90er Jahren erschienen, lieferten widersprüchliche Ergebnisse. Während Barnikol (1992) konstatierte, dass der RU seit den 70er Jahren immer unbeliebter geworden sei, kam die Studie von Ritter (1993) zu einem optimistischeren Ergebnis, wonach 55,5 % der befragten SchülerInnen dem RU die Note „gut" oder „sehr gut" gaben. Die Untersuchung von Stolz (1994) ergab einen ähnlichen Befund. Hanisch und Pollack (1997) kamen sogar zu dem Schluss, dass der RU bei der Mehrheit der SchülerInnen (82 %) beliebt sei. Auch Bucher (1996) konnte durch eine repräsentative Studie für Österreich eine steigende Akzeptanz für den RU seit den 60er Jahren feststellen, merkte allerdings auch an, dass die Beliebtheit des RUs mit zunehmendem Alter sinke.

Auch Englert und Güth führten 1999 eine Studie zur Beliebtheit des RUs an Grundschulen durch.

Anton Bucher befasste sich mit dem Thema „Religionsunterricht in Österreich und Deutschland". Seine empirische Arbeit „Zwischen Berufung und Frust" (Bucher 2005) bestand aus zwei umfangreichen Befragungen zum österreichischen RL (katholisch und evangelisch). Zentrale Fragen der Arbeit waren: Wie zufrieden sind RL mit ihrem Beruf? Wie geht es ihnen bei der Unterrichtsvorbereitung, wie bei kirchlichen Themen, wie mit dem Kollegium? Was belastet sie: Sparmaßnahmen, mangelnde Disziplin der SchülerInnen, die Amtskirche? Welche Ziele verfolgen sie: kirchliche Beheimatung, Lebenshilfe?

Seine Studie über den „Ethikunterricht in Österreich" beschreibt die historische Genese der Schulversuche „Ethikunterricht" in Österreich und untersucht die Ethiklehrpläne Österreichs. Bucher beschreibt den Ethikunterricht sowohl aus der Perspektive der SchülerInnen als auch aus der der LehrerInnen und vergleicht die soziomoralischen Einstellungen von SchülerInnen mit und ohne Ethikunterricht und liefert Empfehlungen für die politischen Entscheidungsgremien.

In einer anderen empirischen Untersuchung „Religionsunterricht zwischen Lernfach und Lebenshilfe" (2000) geht Bucher der Frage nach, welche Inhalte und Tätigkeiten die Akzeptanz des RUs steigern könnten, und analysiert die Ursachen für dessen Unbeliebtheit.

Daneben gibt es eine Reihe theoretischer Studien, die sich mit einer modernen Gestaltung des RUs aus christlicher Sicht beschäftigen; dazu gehören zum Beispiel: „Geschlechtergerechter Religionsunterricht" (Kadan 2005) oder „Lernprozess Bibel, Lernprozess Demokratie" (Frank 2003); beide wurden in der religions-pädagogischen Zeitschrift „Schulfach Religion" veröffentlicht.

Im Mittelpunkt der Studie von Hasan Alacacioglu (1999) steht die Untersuchung des islamischen RUs, den die islamischen Organisationen in Deutschland (VIKZ, Milli Görüs, DITIB, Nurculuk-Bewegung, Aleviten) in ihren Koranschulen anbieten. Er untersucht die inhaltlichen Schwerpunkte, die Zielsetzungen sowie die verwendeten Unterrichtsmethoden und liefert eine ausführliche Beurteilung dieses Unterrichts unter pädagogischen und religionspädagogischen Gesichtspunkten.

Untersuchungen, die sich explizit mit den RL beschäftigten, beschränken sich auf RL des katholischen und evangelischen RUs. Dazu zählt die von Professor Andreas Feige (2000) geleitete empirische Studie „Religion bei ReligionslehrerInnen". Zentrale Fragestellungen der Studie waren: Wie verstehen die RL ihre Aufgabe vor dem Hintergrund der Entkoppelung von Kirche und Staat? Mit welchen Motiven erteilen sie ihren Unterricht? Welche biografischen

‚Wegmarken' haben sie geprägt? Wie stehen sie zu einem Unterricht, der Konfessions- oder gar Religionsgrenzen überschreiten will?

Bei der Studie „Gottesvorstellungen von Religionslehrerinnen und Religionslehrern" (Gramzow 2004) handelt es sich um eine Untersuchung zu subjektiven Gottesbildern und Gottesbeziehungen von Lehrenden sowie um den Umgang mit der Gottesthematik im christlichen RU.

Die Studie „Christlicher Religionsunterricht im religionsneutralen Staat" (Feige 2005) erhob die Zielvorstellungen und Motivationen von über 4.000 evangelischen und katholischen RL aller Schularten in Baden-Württemberg im Hinblick auf den RU.

Die Frage des beruflichen Selbstverständnisses der RL war Gegenstand der empirischen Studie „Religions- und Ethiklehrkräfte in Ostdeutschland" (Liebold 2004). Hier waren die Motive der RL für ihre Berufswahl die zentrale Fragestellung.

Die Studie „Religionsunterricht im Urteil der Lehrerinnen und Lehrer" (Büttner 1993) befasste sich mit der Einstellung von 400 RL zu verschiedenen Aspekten des evangelischen RUs. Konkret ging es bei der Befragung um die Erwartungen der SchülerInnen, um Schulbücher und alternative Unterrichtsformen sowie um die Einstellung der LehrerInnen zum Lehrplan.

Bei der Untersuchung von Professor Potz am Institut für Rechtsphilosophie, Religions- und Kulturrecht im Jahre 2004/05 zum islamischen RU in Österreich wurden mittels Fragebogen das Selbstgefühl und die schulische Situation muslimischer SchülerInnen und LehrerInnen in Wien erhoben. Befragt wurden Studierende der „Islamischen Religionspädagogischen Akademie" (IRPA), SchülerInnen und LehrerInnen einer Schule im 16. Wiener Gemeindebezirk sowie einer Privatschule im 15. Bezirk. Ziel der Untersuchung war es:

„die Situation des islamischen RU sowohl aus rechtlich-institutioneller Sicht als auch aus empirischer Perspektive zu beleuchten, um so ein Bild zu erlangen, welches auch im internationalen Diskurs Vorzüge des Modells „Donau-Islam" deutlich machen kann. Um den Kontrast deutlich zu machen, wurde die rechtliche Analyse um einen Abschnitt zur deutschen Situation ergänzt, wo zwar zahlreiche Initiativen zu Modellprojekten eines islamischen RU laufen, jedoch kein öffentlicher islamischer RU existiert, wie er etwa für den katholischen, protestantischen oder jüdischen Glauben gegeben ist" (Potz et al. 2005).

Die Untersuchung vermittelt ein Gesamtbild über den islamischen RU in Österreich hinsichtlich der organisatorischen Rahmenbedingungen (erhoben wurden die Einstellungen zu den vorhandenen Lehrplänen, Stundenplänen und dem Lehrmaterial, die Zusammensetzung der Klassen im Islamunterricht und die Schwierigkeiten mit dem Pendeln zwischen den Schulen). Die Studie erhob allerdings weder die Einstellungen der LehrerInnen zu modernen Werten wie Demokratie, Pluralismus, Gleichheit, Freiheit, Menschenrechten usw. noch ihre Vorstellungen von Aufgaben und Zielen des islamischen RUs.

Fazit: Es gibt eine Reihe empirischer Untersuchungen, die sich mit dem RU auseinandersetzen. Die meisten dieser Studien beleuchteten den Grad der Beliebtheit dieses Faches bzw. die Ursachen für seine Unbeliebtheit. Studien, welche die Vor- und Einstellungen der RL ins Zentrum ihrer Forschungsfrage stellten, beschränkten sich auf den katholischen bzw. evangelischen RU. Die muslimischen RL blieben also weitgehend von der empirischen Forschung ausgeklammert. Die geplante Studie soll diese Lücke füllen.

4 Islam in Österreich und Deutschland

4.1 Historischer Hintergrund der Anerkennung des Islam in Österreich

Österreich nimmt mit der frühzeitigen Anerkennung und der Institutionalisierung des Islam innerhalb Europas eine Sonderstellung ein. Die gesetzliche Anerkennung des Islam als Religionsgemeinschaft ist in Österreich nicht auf die Gastarbeiterzuwanderung der 1960er und 70er Jahre zurückzuführen (vgl. Kroißenbrunner 2003: 376), sondern hat eine lange Geschichte, die bis in das 19. Jahrhundert zurückreicht. Als Folge der Eingliederung von Bosnien und der Herzegowina in die österreichisch-ungarische Doppelmonarchie im Jahre 1908 gerieten etwas mehr als eine halbe Million muslimischer Bosniaken unter österreichische Herrschaft (vgl. Schmied 2005: 189). Diese Annexion führte 1912 zu einer Erweiterung des eher auf christliche Organisationsstrukturen zugeschnittenen Anerkennungsgesetzes von 1874. Mit dem Islamgesetz von 1912 wurden die Anhänger des Islam nach hanafitischem Ritus als Religionsgemeinschaft anerkannt. Folgende Konsequenzen waren damit verbunden (vgl. ebd.: 190):

- das Recht auf gemeinsame öffentliche Religionsausübung,
- das Recht, die inneren Angelegenheiten selbständig zu ordnen und zu verwalten,
- das Recht auf Besitz und Nutzung der für Kultus-, Unterrichts- und Wohltätigkeitszwecke bestimmten Anstalten, Fonds und Stiftungen,
- die rechtliche Gleichstellung mit den anderen anerkannten Religionsgesellschaften und somit die Anwendbarkeit des Gesetzes über die interkonfessionellen Verhältnisse.

Das Islamgesetz von 1912 stellt den ersten Versuch dar, den „europäischen Islam" (Kalb/Potz/Schinkele 2003: 627) in einen multikonfessionellen Rechtsstaat mit einem speziellen religionsrechtlichen System zu integrieren, „dem das Konzept zugrunde lag, den Religionsgemeinschaften eine öffentlich-rechtliche Stellung einzuräumen" (ebd.).

Mit einem 1979 erlassenen Bescheid des Bundesministeriums für Unterricht und Kultur erfolgte die vollständige Anerkennung des Islam als öffentlich-rechtliche Körperschaft. Neben der bereits 1912 anerkannten hanafitischen

Rechtsschule umfasste die Zuerkennung dieses Status die übrigen drei sunnitischen Rechtsschulen (Schafiiten, Malikiten und Hanbaliten) sowie die Schiiten (Zwölferschiiten, Zaiditen und Ibaditen). Seit diesem Zeitpunkt führen die Anhänger des Islam als anerkannte Religionsgemeinschaft die Bezeichnung „Islamische Glaubensgemeinschaft in Österreich" (IGGiÖ). Diese Anerkennung gestattet der islamischen Glaubensgemeinschaft, an öffentlichen Schulen islamischen RU zu erteilen (vgl. Strobl 2005: 524). Die islamische Glaubensgemeinschaft hält seit dem Schuljahr 1982/83 islamischen RU in deutscher Sprache ab. Sie ist für den Inhalt und die Bestellung der Lehrkräfte verantwortlich; bezahlt werden die Lehrkräfte aus Mitteln der öffentlichen Hand (vgl. Schmied 2005: 204). Im Schuljahr 2003/04 wurde an 1.716 Pflichtschulen für 31.890 SchülerInnen und an 191 mittleren und höheren Schulen für 4.400 SchülerInnen ein islamischer RU abgehalten. An den Pflichtschulen unterrichteten 279, an den mittleren und höheren Schulen 52 islamische RL. Die Zahl der SchülerInnen stieg im Jahr 2004/05 auf insgesamt ca. 40.000 an und die Standorte wurden ausgeweitet (vgl. Potz et al. 2005: 8).

In Österreich gibt es mehrere private islamische Kindergärten und Schulen. An diesen Schulen werden neben dem österreichischen Lehrplan auch islamische Fächer unterrichtet. Private islamische Schulen stehen grundsätzlich auch Nichtmuslimen offen. Seit 1999 gibt es in Wien das erste „Islamische Gymnasium" und seit 2002 die „Berufsorientierte Islamische Fachschule für Soziale Bildung", die eine Ausbildung in Sozial- und Pflegeberufen anbietet (ebd.: 204). Aus Angst vor dem Verlust der eigenen Muttersprache bzw. der religiösen Identität schicken einige muslimische Eltern ihre Kinder in islamische Privatschulen. Diese Schulen sind aber nur mit Vorbehalt als Alternative einzustufen, da sie oft zu Sammelorten von Kindern sozial benachteiligter Arbeitermigranten mit muslimischem Hintergrund werden. Diese Tatsache verhindert sehr oft die soziale Mobilität und die Aufstiegschancen dieser Kinder.

4.2 Muslime in Österreich – statistische Daten

Seit dem Vorliegen der Ergebnisse der Volkszählung des Jahres 2001 gibt es über die Anzahl der Muslime in Österreich neues gesichertes Datenmaterial. Demnach bekennen sich hierzulande 338.998 Personen zum Islam, dies entspricht 4,2 % der österreichischen Bevölkerung. Statistik Austria gab für das Jahr 2006 rund 400.000 Muslime an und schätzt die Zahl der Muslime für das Jahr 2011 auf 500.000 (Statistik Austria zitiert in derStandard.at 15. Juli 2007).

Der Islam ist somit die drittgrößte anerkannte Religionsgemeinschaft in Österreich. Die Gruppe der Muslime ist die einzige Glaubensgemeinschaft, die in den letzten Jahrzehnten einen enormen Zuwachs ihrer Mitglieder verzeichnen konnte (s. Tabelle 4.1 und 4.2). Seit der Volkszählung im Jahre 1971 stieg der Anteil der Muslime im Jahr 2001 von 0,3 % auf 4,2 %.

Tabelle 4.1: Religionszugehörigkeiten der Wohnbevölkerung Österreichs; Prozentangaben

Religionszugehörigkeit	1971	1981	1991	2001
römisch-katholisch	87,4	84,3	77,9	73,6
evangelisch	6,0	5,6	5,0	4,7
islamisch	0,3	1,0	2,0	4,2
andere Religionen	1,5	2,0	2,9	3,5
ohne Religionsbekenntnis	4,3	6,0	8,6	12,0
unbekannt	0,6	1,0	3,6	2,0
gesamt (absolut)	7.491.526	7.555.338	7.795.786	8.032.026

Goujon et al. 2006: 3; auf Basis der Volkszählungen 1971, 1981, 1991, 2001 (Statistik Austria)

Tabelle 4.2: Wohnbevölkerung Österreichs in den Jahren 1981, 1991 und 2001

	1981	1991	2001
Inländer	7.263.890	7.278.096	7.322.000
Frauen	4.041.797	4.041.797	4.143.737
Männer	3.410.492	3.753.989	3.889.189
Ausländer	291.448 (3,9 %)	517.690 (6,6 %)	710.926
Frauen	129.514	224.529	336.537
Männer	161.934	293.161	374.389
islam. Religionsbekenntnis	76.939 (1 %)	158.776 (2 %)	338.988 (4,2 %)
Wohnbevölkerung gesamt	7.555.338	7.795.786	8.032.926

Quelle: ÖstZ 1984, Tabelle 3 und Statistische Nachrichten 1993, S. 959; ÖstZ 1993, Tabelle 2, Tabelle 3 und Tabelle 11; Statistik Austria 2002: 70

Die Verdoppelung der Anzahl zwischen den beiden letzten Erhebungen (1991 und 2001) geht nach Angaben der Statistik Austria auch auf eine größere Bekenntnisfreudigkeit der aus der Türkei stammenden Muslime zurück. Sie stellen etwa die Hälfte der in Österreich lebenden Muslime dar (Statistik Austria 2001: 20). Den Ergebnissen der Volkszählung von 2001 zufolge leben rund ein Drittel aller Muslime in Wien (121.149 Personen). Die zweitgrößte Gruppe befindet sich in Oberösterreich mit 55.581, gefolgt von Niederösterreich mit 48.730 Muslimen (s. Tabelle 4.3).

Tabelle 4.3: Verteilung der Muslime auf die Bundesländer

Bundesland	Anzahl der Muslime	Prozentanteil an der muslimischen Bevölkerung Österreichs
Burgenland	3.993	1,2
Kärnten	10.940	3,2
Niederösterreich	48.730	14,4
Oberösterreich	55.581	16,4
Salzburg	23.137	6,8
Steiermark	19.007	5,6
Tirol	27.117	8,0
Vorarlberg	29.334	8,7
Wien	121.149	35,7
Gesamt	338.988	100,00

Quelle: Statistik Austria 2002

Die hohe Zahl der in Wien lebenden Muslime begründet sich einerseits durch die bessere Arbeitsmarktsituation und andererseits durch das Vorhandensein muslimischer Communities in der Hauptstadt, die den neuen muslimischen MigrantInnen ein gutes soziales Netzwerk bieten.

Die meisten Muslime, die in Wien leben, sind im 10. Bezirk zu finden, das sind 13,89 % der Wiener Muslime. Am zweitstärksten vertreten sind die Muslime im 16. Wiener Gemeindebezirk (9,02 %), gefolgt vom 20. Bezirk mit 8,88 %. Jeweils unter 1 % der Wiener Muslime haben ihren Wohnsitz im 1., 8. und 13. Wiener Gemeindebezirk (s. Tabelle 4.4).

Tabelle 4.4: Aufteilung der Muslime auf die Wiener Bezirke

Wiener Bezirke	Anzahl der Muslime	Prozentwert
1. Bezirk	339	0,28
2. Bezirk	8.590	7,09
3. Bezirk	6.085	5,02
4. Bezirk	1.315	1,09
5. Bezirk	5.862	4,84
6. Bezirk	1.793	1,48
7. Bezirk	2.009	1,66
8. Bezirk	1.033	0,85
9. Bezirk	2.341	1,93
10. Bezirk	16.828	13,89
11. Bezirk	6.473	5,34
12. Bezirk	7.418	6,12
13. Bezirk	847	0,70
14. Bezirk	4.385	3,62
15. Bezirk	9.534	7,87
16. Bezirk	10.924	9,02
17. Bezirk	4.488	3,70
18. Bezirk	2.681	2,21
19. Bezirk	2.618	2,16
20. Bezirk	10.760	8,88
21. Bezirk	6.313	5,21
22. Bezirk	5.804	4,79
23. Bezirk	2.709	2,24
gesamt	121.149	100,00

Quelle: Volkszählung 2001, Statistik Austria

Den größten Anteil der Muslime in Österreich machen türkische StaatsbürgerInnen mit 36,3 % aus. An zweiter Stelle stehen Muslime mit österreichischer Staatsangehörigkeit (28,3 %), gefolgt von Muslimen mit bosnischer Staatsbürgerschaft (19,1 %). Muslime aus anderen Staaten wie etwa dem Iran, aus Ägypten, Tunesien und Pakistan sind in Österreich nur zu einem geringen Prozentsatz vertreten (s. Tabelle 4.5).

Tabelle 4.5: Muslimische Bevölkerung Österreichs nach Staatsangehörigkeit

Staatsangehörigkeit	absolut	in %
Türkei	123.028	36,3
Österreich	96.052	28,3
Bosnien-Herzegowina	64.628	19,1
Serbien und Montenegro	21.594	6,4
Mazedonien	10.969	3,2
andere Staaten	22.217	6,7
gesamt	338.988	100,0

Quelle: Statistik Austria 2002

Die Eheschließungen zwischen nur muslimischen Brautleuten sind vom Jahre 1993 bis zum Jahre 2001 kontinuierlich gestiegen, Eheschließungen zwischen muslimischen Männern und römisch-katholisch Frauen haben hingegen abgenommen (s. Tabelle 4.6). Eheschließungen zwischen muslimischen Frauen und römisch-katholischen Männern sind zahlenmäßig gering, da es nach der islamischen Lehre muslimischen Frauen nicht erlaubt ist, nichtmuslimische Männer zu heiraten.

Tabelle 4.6: Eheschließungen nach Religionsbekenntnis

Religionszugehörigkeiten	1993	1994	1995	2001
beide Brautleute islamisch	804	957	1022	1178
Bräutigam islamisch – Braut röm.-kath.	723	547	484	387
Braut islamisch – Bräutigam röm.-kath.	143	137	128	114

Quelle: ÖstZ, 1996: 116 f. und Statistik Austria 2001: 92

Einbürgerungen

Vergleicht man die Zuerkennung der Staatsbürgerschaft von 1995 bis 2000, so ist eine signifikant steigende Tendenz der Einbürgerungen zu verzeichnen. 1995 betrug die Zahl der Einbürgerungen 15.309, die bis zum Jahr 2000 auf 24.645 Personen anstieg. Tabelle 4.7 demonstriert die Einbürgerungsstatistik für die muslimische Bevölkerung in Österreich nach Herkunftsland und Einbürgerungsjahr.

Tabelle 4.7: Einbürgerungen in den Jahren 1995 bis 2000

Land	1995	1996	1997	1998	1999	2000
ehem. Jugoslwien	4.538	3.133	3.671	4.151	6.745	7.654
Türkei	3.209	7.499	5.068	5.683	10.350	6.732
Ägypten	407	318	448	641	580	663
Iran	532	304	354	431	500	482
gesamt	15.309	16.243	16.274	18.321	25.032	24.645

Quelle: Statistisches Jahrbuch 2002: 84

Moscheen und Gebetsräume

In Österreich befinden sich ca. 150 Gebetsräume, davon etwa 100 in Wien. Zumeist handelt es sich um bescheidene Gebetsstätten, die äußerlich kaum als Moschee erkennbar sind, da oft kostengünstige Räumlichkeiten in Altbauten oder Kellerräumen angemietet und in großteils ehrenamtlicher Arbeit adaptiert werden.

Die einzige baulich als solche erkennbare Moschee ist jene am Wiener Hubertusdamm in der Nähe des UNO-Zentrums, deren Errichtung auf die Initiative verschiedener Botschaften islamischer Länder unter maßgeblicher Beteiligung Saudi Arabiens Ende der 60er Jahre zurückgeht.

Die Islamische Glaubensgemeinschaft in Österreich (IGGiÖ)

Die IGGiÖ ist eine Körperschaft öffentlichen Rechts und offizieller Vertreter der Muslime in Österreich. Sie wurde 1979 gegründet und konstituierte sich als staatlich anerkannte Religionsgemeinschaft der Muslime in der Republik Österreich. Sie ist somit Bestandteil des österreichischen Rechtssystems. Die Aufgabe der Islamischen Glaubensgemeinschaft ist die Wahrung und Pflege der Religion unter den Anhängern des Islam, dazu gehört vor allem die Erteilung des islamischen RUs.

Muslime und Bildung

Oskar Achs und Peter Pokay hinterfragten in ihrer Untersuchung über Entwicklungstendenzen und Chancengleichheit im Mittelstufenbereich von Wiener

Schulen (Kinder zwischen 10 und 14 Jahren) u. a. auch den nationalen Aspekt der Aufgabenstellung und kamen zu folgendem Ergebnis:

„Von 100 ausländischen Kindern, die im Schuljahr 1985/86 im Mittelstufenbereich in Wien Schulen besuchten, gingen 70 in die HS, 13 in die ASO und 17 in die AHS-Unterstufe (...) Die Gastarbeiterkinder im engeren Sinn (jugoslawische und türkische Kinder) besuchten fast ausschließlich die Hauptschule, ein – im Verhältnis zu den österreichischen Kindern – übermäßig großer Teil auch die Sonderschule (...)."[4]

Im Jahre 2005/2006 besuchten 36.679 (13,9 %) SchülerInnen mit ausländischer Staatsangehörigkeit die Hauptschule; 11.517 (5,7 %) besuchten die AHS und 2.268 (17,4 %) die Sonderschule (vgl. Tabelle 4.8).

Tabelle 4.8: SchülerInnen mit ausländischer Staatsangehörigkeit im Schuljahr 2005/06; Prozentangaben

Schultyp	SchülerInnen mit ausländ. Staatsangehörigkeit
Schultypen zusammen	9,6
Volksschulen	11,5
Hauptschulen	13,9
Sonderschulen	17,4
Polytechnische Schulen	14,3
Allgemeinbildende höhere Schulen	5,7
darunter AHS-Unterstufe	5,6
sonst. Allgemeinbild. Schulen	7,2
Berufsschulen	7,0
Berufsbildende mittlere Schulen	8,9
sonstige Berufsbild. Schulen	7,7
Berufsbildende höhere Schulen	5,3
Akademien für Sozialarbeit	4,1
Lehrerbildende mittlere Schulen	0,2
Lehrerbildende höhere Schulen	1,4
Schulen im Gesundheitswesen	3,9
Akademien im Gesundheitswesen	2,2

Statistik Austria, Schulstatistik 2005/2006 (vorläufige Daten, ohne Pädagogische Akademien)[5]

---

4 http://www.pabw.at/~furch/Schulsituation%20Migrantenkinder.htm; akt. 25.07.2007
5 http://www.statistik.at/web_de/static/schueler_mit_auslaendischer_staatsangehoerigkeit_im_schuljahr_200506_020959.pdf; akt. 25.07.2007

MigrantInnen weisen im Allgemeinen eine im Vergleich zu ÖsterreicherInnen viel geringere Schulbildung auf. Dies trifft insbesondere auf Menschen aus der Türkei und dem ehemaligen Jugoslawien zu. Im Jahr 1993 schlossen nur 78 % der Türken (das sind knapp vier Fünftel) und 65 % der ehemaligen Jugoslawen die Pflichtschule ab (Strobl 1997: 72). Zwar hat sich das Bildungsniveau von türkischen Staatbürgern und Personen aus dem ehemaligen Jugoslawien im Zeitraum von 1988 bis 2002 verbessert, dennoch konnten im Jahr 2002 noch drei Viertel aller türkischen und mehr als die Hälfte aller Personen über 15 Jahren aus dem ehemaligen Jugoslawien maximal einen Pflichtschulabschluss vorweisen (Felderer et al. 2004: 15).

Gemäß der Volkszählung 2001 haben ca. 18 % der Bevölkerung mit muslimischem Glauben eine Lehre abgeschlossen, das ist ungefähr die Hälfte des Durchschnitts der Gesamtbevölkerung (35 %). Während bei den Universitätsabschlüssen Ausländer insgesamt überrepräsentiert sind (8 % im Vergleich zu knapp 6 % der Gesamtbevölkerung), verfügen weniger als 4 % der Muslime über einen derartigen Abschluss (Rohe 2006: 5; s. Tabelle 4.9).

Tabelle 4.9: Bevölkerung im Alter von 15 und mehr Jahren nach Religion und Ausbildung

Religion	Akademische Ausbildung	Matura (Abitur) (inkl. Kolleg)	Berufsbildende mittlere Schule	Lehrlingsausbildung	Allgemeinbildende Pflichtschule
römisch-katholisch	6,7	11,0	12,4	34,5	35,4
unierte Kirchen	23,5	21,3	6,6	12,6	36,1
orthodox	5,4	8,4	4,5	22,4	59,3
evangelisch	11,1	14,7	12,3	32,0	29,9
andere christl. orientierte Kirchen/Gemeinschaften	8,6	12,9	11,9	32,9	33,7
israelitisch	18,8	19,6	7,0	12,5	42,2
islamisch	4,1	6,9	3,3	17,9	67,8
andere nichtchristliche Gemeinschaften	14,3	13,9	5,4	11,3	55,1
ohne Bekenntnis	10,5	13,8	10,7	40,8	24,1
ohne Angabe	12,7	12,6	6,3	16,9	51,5
gesamt	7,5	11,4	11,6	33,9	35,7

Quelle: Statistik Austria 2005: 21

4.3 Der Islam in Deutschland – historischer Hintergrund

Schon im 17. Jahrhundert hat Deutschland seine erste Begegnung mit Muslimen gemacht. Als Kriegsbeute wurden die ersten Muslime im Zuge der kriegerischen Auseinandersetzungen zwischen dem osmanischen Reich und den Mächten auf dem Balkan und in Mitteleuropa nach Deutschland gebracht. Besonders Friedrich II. bemühte sich, die Kontakte Preußens zum Osmanischen Reich zu intensivieren. Diplomatische Beziehungen zu Sultan Mahmud I. wurden aufgenommen und ein Handelsabkommen zwischen beiden Mächten abgeschlossen. Friedrich II sicherte den Muslimen Religionsfreiheit zu, von ihm stammen die berühmte Worte „Alle Religionen sind gleich und gut, wenn nur die Leute, die sich zu ihnen bekennen, ehrliche Leute sind. Und wenn Türken und Heiden kämen und wollten hier im Land wohnen, dann würden wir ihnen Moscheen und Kirchen bauen" (Sen u. Aydin 2002: 10). In der preußischen Armee dienten einige hundert muslimische Soldaten, großteils als tatarische Soldaten in Polen, der Rest stammte aus Bosnien. 1866 wurde auf Anweisung Friedrich Wilhelms II. am Columbiadamm ein islamischer Friedhof für osmanische Gesandte und muslimische Soldaten errichtet. Bis heute ist dieser Friedhof der einzige islamische Friedhof in Deutschland (ebd.: 11). 1898 sprach Kaiser Wilhelm II. auf seiner Damaskus-Reise den Muslimen seine Freundschaft aus. Die ersten muslimischen Organisationen in Deutschland wurden schon Anfang des 20. Jahrhunderts gegründet. 1922 entstand die „Islamische Gemeinde Berlin". Ihr gehörten ca. 1.800 Muslime an (ebd.: 11). 1924 wurde die erste Berliner Moschee gebaut, sie besteht mit ihren beiden 32 Meter hohen Minaretten am Fehrbelliner Platz bis heute. 1927 wurde das bis heute existierende „Zentralinstitut Islam-Archiv-Deutschland" gegründet. Im Zuge des Anwerbabkommens zwischen Deutschland und mehreren Staaten, wie Italien, Spanien, Griechenland, Tunesien, Portugal, Jugoslawien und der Türkei, zwecks Rekrutierung von Arbeitskräften aus diesen Ländern, kamen die ersten großen Wellen zugewanderter Muslime nach Deutschland.

4.4 Muslime in Deutschland – statistische Daten

Bis zum Zeitpunkt des Anwerbabkommens lebten in Deutschland zwischen 30.000 und 50.000 Muslime (ebd.: 60). Die Situation des Islam in Deutschland veränderte sich infolge der Anwerbabkommen mit der Türkei (1961), mit Marokko (1963), Tunesien (1965) und Jugoslawien (1968). So stieg die Zahl der in Deutschland lebenden Muslime rapide an. Im Jahre 1981 wurde sie auf ca. 1,8 Mill. geschätzt (vgl. Sekretariat der Deutschen Bischofskonferenz [Hrsg.] 1982:

4.4 Muslime in Deutschland – Statistische Daten

11), es gibt dazu jedoch keine genauen Erhebungen, die sichere Zahlen liefern könnten. Die Volkszählung von 1987 vermerkte 1,6 Mill. (vgl. Statistisches Bundesamt 1997: 63), das Zentrum für Türkeistudien (ZfT) spricht 1994 von 2,2 Mill. (vgl. ZfT (Hrsg.) 1994: 92) und das Islam-Archiv gibt für 1996 2,7 Mill. (vgl. Zentralinstitut Islam-Archiv Deutschland 1996), für 1999 2,85 Mill. (vgl. Pressemitteilung des ZfT vom 4. Oktober 2001) und für 2001 3,2 Mill. Muslime an. Neben dem Vorbehalt, dass diese Schätzungen meist von der Staatsangehörigkeit auf die Religionszugehörigkeit schließen, besteht das Problem, dass sie „sowohl deutschen Behörden als auch muslimischen Gruppen viel Spielraum für tendenziöse und politisch opportune Auf- oder Abrundungen einräum[en]" (Heimbach 2001: 61).

Seit Beginn der Anwerbung dominierten die türkischen Staatsbürger die muslimische Bevölkerung Deutschlands. 1967 betrug ihre Zahl rund 170.000 und erreichte 1996 2 Mill. Dabei handelt es sich aber nicht um eine homogene Gruppe: Rund 300.000 sind Aleviten, rund 70.000 syrisch-orthodoxe bzw. griechisch-orthodoxe Christen der Kirche von Antiochia und die restlichen überwiegend sunnitische Muslime hanafitischer Rechtsschule, darunter aber ca. 300.000 bis 500.000 Türken kurdischer Abstammung, die überwiegend Schafiiten sind (vgl. ebd.: 62). Insgesamt wird der Anteil der türkischen Bevölkerung unter den Muslimen auf rund 76 % eingeschätzt.

1996 lebten in Deutschland rund 83.000 Marokkaner, 26.000 Tunesier, 111.000 Iraner, 27.000 Iraker, 63.000 Afghanen, 57.000 Pakistani, 17.000 Algerier und 13.500 Ägypter, darunter 500 Muslimbrüder (ebd.: 63f.). Die Zahl der bosnischen Muslime wird auf ca. 250.000 geschätzt.

Über die Zahl der eingebürgerten, also deutschen Muslime gibt es nur spekulative Angaben. Das Zentrum für Türkeistudien schätzte Ende 1999, dass 318.000 Deutsche türkischer Herkunft Muslime sind, und prognostizierte aufgrund der Novellierung des Staatsbürgerschaftsrechts mit Wirkung vom 1. Januar 2000 für das Jahr 2003 eine Verdreifachung dieses Personenkreises.

Mit dem Anwerbestopp im Jahre 1973 erfuhr die Vorstellung von begrenztem Aufenthalt eine erste Zäsur; der Familiennachzug setzte ein. Die rechtliche Grundlage für den Nachzug ausländischer Ehegatten und Kinder bilden §§ 17-23 des Ausländergesetzes. Hintergrund dieser Norm sind Art. 6 GG (Schutz von Ehe und Familie) und Art. 8 der Europäischen Menschenrechtskonvention (Schutz von Privat- und Familienleben) (vgl. Mitteilungen der Beauftragten der Bundesregierung für Ausländerfragen 1997: 211). 1983/84 nahmen rund 250.000 Gastarbeiter aus muslimischen Ländern das Rückkehrförderungsgesetz in Anspruch (vgl. Sen, Goldberg 1994: 24, 29-41). Gleichzeitig hatte sich die Einstellung der verbliebenen Muslime vom begrenzten zum unbefristeten Aufenthalt entwickelt. Und so kam es bald zur Gründung von großen religiösen und politischen Dachverbänden. Türkische Dachverbände begannen um die Gunst der Türken zu rivalisieren, so dass zuletzt auch das Amt für Religiöse Angelegenheiten in der Türkei (Diyanet Isleri Baskanlig) beschloss, durch Gründung einer Auslandsniederlassung Diyanet Isleri Türk Islam Birlig (DITIB) in diesen Gruppenbildungsprozess einzugreifen.

Heute ist der Islam die zweitgrößte Religionsgemeinschaft in Deutschland. Man schätzt die Zahl der Muslime in der Bundesrepublik auf ca. 3,4 Millionen (4 % der Bevölkerung). Knapp 30 % besitzen die deutsche Staatsbürgerschaft. Die Mehrheit der in Deutschland lebenden Muslime stammt aus der Türkei (72 %). Ca. 5,6 % der Muslime stammen aus Bosnien und Herzegowina, 3,8 % aus dem Iran, der Rest stammt aus arabischen und asiatischen Ländern. Auffallend ist – ähnlich wie in Österreich – der hohe Anteil der Jugendlichen unter den Muslimen. Sen und Aydin schätzen den Anteil der 9- bis 18-jährigen Türken auf 33 % und den der 9- bis 25-jährigen Türken auf 48 % (Sen u. Aydin 2002: 16). Entsprechend hoch ist die Zahl der Muslime im Schulalter, sie wird auf ca. 540.000 geschätzt, dies entspricht einem Anteil von 56,5 % der nichtdeutschen SchülerInnen (ebd.).

Die ersten Moscheegemeinden entstanden in der 1970er Jahren. Ihre Zahl wird in Deutschland derzeit auf ca. 2.200 geschätzt, sie sind auf der Basis der deutschen Verfassung aktiv. Ähnlich wie in Österreich handelt es sich dabei zu einem Großteil um „Hinterhofmoscheen", die von außen kaum als Moscheen erkennbar sind.

4.5 Islamische Institutionen in Deutschland

Die ersten islamischen Strukturen wurden in Deutschland erst nach dem ersten Weltkrieg entwickelt; 1922 gründete der aus Indien stammende Professor Gabbar Hayri die „Islamische Gemeinde zu Berlin" (vgl. Heimbach 2001:31). Damals lebten gerade einmal 1.800 Muslime in Berlin, die meisten waren Studenten bzw. aus politischen und beruflichen Gründen nach Deutschland gekommen (ebd.). Ebenfalls in den 20er Jahren wurde das „Islaminstitut" auf Initiative von Hagg Muhammad Nafi Gelebi gegründet. Das Institut war in drei Abteilungen gegliedert: die kultische Abteilung, die für religiöse Veranstaltungen und für die Vertretung gegenüber deutschen Behörden zuständig war, die Wissenschaftsabteilung, deren Zuständigkeit die Forschungs-, Erziehungs-, Bildungs- und Öffentlichkeitsarbeit umfasste, und die Wirtschaftsabteilung, zu der ein islamischer Verlag und ein Übersetzungsbüro gehörten (vgl. ebd.: 49). 1933 brachen nach dem Tod von Gelebi Profilierungskämpfe um dessen Nachfolge in der Institutsleitung zwischen dem Vorstand des Instituts und den Vorständen der verschiedenen islamischen Vereinigungen aus. Im September des Jahres 1941 wurde das Institut auf „Islamisches Zentral-Institut" umbenannt. 1945 endete die Geschichte des Instituts wegen der engen Zusammenarbeit mit der Propagandaabteilung der NSDAP.

1962 wurde auf Initiative von Muhammad Salim Abdullah in Saarbrücken das „Zentralinstitut Islam-Archiv Deutschland" gegründet, 1982 wurde sein Sitz nach Soest verlagert. Das Institut beschrieb sich selbst als einzige unabhängige islamische Einrichtung im deutschsprachigen Raum, die „allen moslemischen Organisationen und Angehörigen des islamischen Glaubens offen steht, unabhängig von deren konfessionellen Bindungen" (Moslemische Revue 2, 1994: 139). Allerdings blieben die verschiedenen, seit den 70er Jahren in Deutschland neu gegründeten islamischen Organisationen zu dem Institut auf Distanz. Die Mehrheit der nicht organisierten Muslime weiß nicht einmal von dessen Existenz. „Entgegen seinem Anspruch stellte das Islam-Archiv also keine allgemein anerkannte Autorität dar" (Heimbach 2001:53). 1986 beteiligte sich das Institut an der Gründung des Islamrats, um seinen Einfluss unter den Muslimen in Deutschland zu erhöhen.

1958 wurde in Hamburg die Imam-Ali-Moschee gebaut und das schiitische „Islamische Zentrum" gegründet. Finanziert wurde die Moschee von der iranischen Regierung und von iranischen Kaufleuten. Zu Schahzeiten galt das Zentrum als Hort des islamisch-schiitischen Widerstands. Heute wird es von der iranischen Regierung kontrolliert.

1960 gründeten die Muslimbrüder die „Islamische Gemeinschaft in Süddeutschland e.V." und das „Islamische Zentrum Aachen", das mit den syrischen Muslimbrüdern verbunden war, sowie das „Islamische Zentrum München", das mit den ägyptischen Muslimbrüdern verbunden war.

In den letzten Jahrzehnten etablierten sich drei große Verbände:

1. Die Türkisch-Islamische Union der Anstalt für Religion (DITIB) gilt als die größte Organisation der Muslime in Deutschland. Sie wurde 1984 als Ableger des staatlichen Amtes für Religionsangelegenheiten (Diyaned, Isleri, Baskanligt) gegründet. Dieses entsendet Imame für die Moscheegemeinden im Ausland, welche turnusmäßig nach fünf bis sechs Jahren ausgetauscht werden. DITIB weist unter den türkisch-islamischen Einzelverbänden die höchste Anzahl an Mitgliedern auf. Sie umfasst rund 780 Mitgliedsvereine, nicht alle sind Moscheevereine, sondern auch Eltern- und Sportvereine. Man schätzt ihre Mitglieder auf 150.000 (vgl. Sen und Aydin 2002: 52).
2. Der Verband Islamischer Kulturzentren (VIKZ) wurde 1973 gegründet und ist damit der älteste türkisch-islamische Verein in Deutschland. Die Haupt-

zentrale liegt in Köln. Der Verband verwaltet 300 Gemeinden und gibt eine ungefähre Mitgliederzahl von 20.000 an, die sich als „Süleymanci", d. h. als Anhänger der „Süleymanci-Bewegung", bezeichnen. Diese Bewegung geht auf Süleyman Hilmi Tunahan (1888-1959) zurück, welcher Theologe in der Tradition der Naksibendi-Orden war. „Im Unterschied zu anderen Dachverbänden haben die einzelnen Gemeinden keinen eigenen Vereinsstatus, sondern sind Zweigstellen der Zentrale in Köln" (ebd.: 56). In den letzten Jahren bildete der Verein seine eigenen Imame aus. Bei der Religionsausübung wird auf eine strenge Orthopraxi Wert gelegt. Der Verband war bis August 2000 Mitglied des islamischen Spitzenverbandes Zentralrat der Muslime Deutschland (ZMD) und bildete dessen stärksten Einzelverband.

3. Die Islamische Gemeinschaft Milli Görüs (IGMG) ist der zweitgrößte Verband türkischer Muslime in Deutschland, deren erster Verein im Jahre 1972 gegründet wurde. Ihre Europazentrale liegt in Köln und verwaltet europaweit 544 Jugendorganisationen, 53 Studentenvereine, 339 Frauenvereinigungen und 137 Arbeiter-, Sport- und Elternvereine (vgl. ebd.: 53). In Deutschland sind nach eigenen Angaben 274, europaweit ca. 600 Moscheegemeinden der IGMG angeschlossen. Der deutsche Verfassungsschutz schätzt die Zahl der Mitglieder auf 26.500. Die IGMG wird als verfassungsfeindlich eingestuft und seit einigen Jahren vom Verfassungsschutz beobachtet.

Darüber hinaus bemühten sich die Muslime in Deutschland, große Dachverbände zu gründen, um dem Vorwurf der Uneinigkeit entgegenzuwirken und um die im Staatskirchenrecht verankerte Forderung, dem Staat einen organisationsübergreifenden Verband als Ansprechpartner zu bieten, zu erfüllen. Dazu gehören der Islamrat für die Bundesrepublik Deutschland und der Zentralrat der Muslime:

1. Der Islamrat für die Bundesrepublik Deutschland (IR) wurde 1986 als bundesweite Koordinierungsinstanz und gemeinsames Beschlussorgan mehrerer islamischer Verbände (Zentralinstitut Islam-Archiv, Jama'at un-Nour, VIKZ - der allerdings 1988 wieder austrat, Verband bosnischer Gemeinschaften, Islamische Gemeinschaft Milli Görüş) und der deutschen Sektion des islamischen Weltkongresses in Berlin gegründet. Sitz des Verbandes ist Köln. Der Islamrat vertritt 37 Mitgliedsvereine mit geschätzten 40-60.000 Mitgliedern. Größter Mitgliedsverein ist die türkische Islamische Gemeinschaft Milli Görüş (IGMG), die die Mehrheit der Mitglieder sowie den Vorsitzenden stellt.

2. Der Zentralrat der Muslime in Deutschland (ZMD) wurde 1994 gegründet und organisiert vorwiegend nicht türkische Muslime. Er ist aus dem „Islamischen Arbeitskreis in Deutschland" hervorgegangen. Zwei Tage nach dessen Gründung distanzierte sich der ZMD vom Islamrat, betonte aber gleichzeitig die Gesprächsbereitschaft (vgl. Muslimische Revue 4, 1994: 277). Der Zentralrat wird in der deutschen Öffentlichkeit aufgrund der Mitgliedschaft mehrerer deutsch-muslimischer Verbände und der größeren Multinationalität (neben türkischen, bosnischen und arabischen Verbänden) als gemäßigt und integrationsorientiert angesehen.

Im April 2007 konnten sich die großen muslimischen Verbände in Deutschland einigen und gründeten einen Dachverband aller Organisationen mit dem Namen „Koordinierungsrat der Muslime in Deutschland" (KMD). Gründungsmitglieder sind: der Zentralrat der Muslime in Deutschland (ZMD), die Türkisch-Islamische Union der Anstalt für Religion (DITIB), der Islamrat für die Bundesrepublik Deutschland (IR) und der Verband der Islamischen Kulturzentren (VIKZ).

5 Der islamische Religionsunterricht in Österreich und Deutschland

5.1 Rechtliche Aspekte des Religionsunterrichts in Österreich

5.1.1 Die rechtliche Sicherung des Religionsunterrichts in Österreich

Der RU ist aus religionsrechtlicher Perspektive einerseits durch das Grundrecht auf Religionsfreiheit und andererseits durch das Elternrecht abgesichert (vgl. Kalb/Potz/Schinkele 2003: 351). Die institutionelle Garantie ist in Art. 17 Abs. 4 StGG enthalten, wonach für den RU in den Schulen von der betreffenden Religionsgemeinschaft Sorge zu tragen ist. Auch stellt Art. 15, StGG einen weiteren zentralen Bezugspunkt dar; er lautet:

> „Jede gesetzlich anerkannte Kirche und Religionsgemeinschaft hat das Recht der gemeinsamen öffentlichen Religionsausübung, ordnet und verwaltet ihre inneren Angelegenheiten selbständig, bleibt im Besitze und Genusse ihrer für Kultus-, Unterrichts- und Wohltätigkeitszwecke bestimmten Anstalten, Stiftungen und Fonds, ist aber, wie jede Gesellschaft, den allgemeinen Staatsgesetzen unterworfen."

Demnach ist der RU ein exklusives Recht der gesetzlich anerkannten Kirchen und Religionsgemeinschaften, setzt also öffentlich-rechtlichen Status voraus.

Zusätzlich ist die rechtliche Situation des RUs an den österreichischen Schulen durch das „Religionsgesetz 1949" bestimmt.

Durch das Islamgesetz von 1912 ist die Islamische Glaubensgemeinschaft eine anerkannte Religionsgemeinschaft in Österreich und hat damit die Voraussetzungen erworben, an den öffentlichen Schulen RU zu erteilen.

Neben der islamischen existieren in Österreich zwölf weitere anerkannte Kirchen und Religionsgemeinschaften: die katholische Kirche, die evangelische Kirche A und HB, die griechisch-orthodoxe Kirche, die israelitische Religionsgesellschaft, die altkatholische Kirche, die Herrnhuter Brüderkirche, die Methodistenkirche, die Mormonen, die armenisch-apostolische Kirche, die neuapostolische Kirche, die buddhistische Religionsgemeinschaft und die syrisch-orthodoxe Kirche (Mohr 2006: 143 f.).

Auch die europäische Menschenrechtskonvention, die zum Bestand der österreichischen Verfassung gehört, gewährleistet das Recht „auf Erziehung und Unterricht entsprechend den eigenen religiösen und weltanschaulichen Überzeugungen". Dem Staat steht hinsichtlich des gesamten Unterrichts- und Erziehungswesens die oberste Leitung und Aufsicht zu.[6]

Weitere rechtliche Grundlagen des RUs finden sich im Religionsunterrichtsgesetz, BGBl. Nr. 190/1949, zuletzt novelliert durch BGBl. Nr. 256/1993 (Schakfeh 2001: 185).

Nach den Bildungszielen der öffentlichen österreichischen Schule hat die Schule die Aufgabe, „an der Entwicklung der Anlagen der Jugend nach den sittlichen, religiösen und sozialen Werten sowie nach den Werten des Wahren, Guten und Schönen durch einen entsprechenden Unterricht mitzuwirken" (SchOG § 2 Abs. 1). Daraus ist abzuleiten, dass die religiös-weltanschauliche Komponente einen integrierenden Bestandteil des öffentlichen Schulwesens darstellt und der von den Kirchen und Religionsgemeinschaften veranstaltete RU in die allgemeinen Erziehungszwecke eingebunden ist. Der Auftrag zu einer wertorientierten Erziehung ist bis zu einem gewissen Grad in jedem Unterrichtsgegenstand wahrzunehmen (vgl. Potz/Schinkele 2005: 116).

Das Bundesgesetz vom 13. Juli 1949 betreffend den RU in der Schule (Religionsunterrichtsgesetz / RelUG; BGBl.190/1949) regelt die rechtliche Ausgestaltung des RUs.

5.1.2 Erlassung der Lehrpläne und Besorgung des Religionsunterrichts

Nach Art. 17 Abs. 4 StGG. obliegt die Erlassung der Lehrpläne und die Besorgung des RUs der jeweiligen Kirche oder Religionsgesellschaft. „Für den Religionsunterricht in den Schulen ist von der betreffenden Kirche oder Religionsgemeinschaft Sorge zu tragen" (Huber 1995: 94).

Kirchen und Religionsgemeinschaften sind für den RU verantwortlich; in der Besorgung des Unterrichts sind sie zwar vom Staat vollkommen unabhängig, in ihren äußeren Angelegenheiten ihm jedoch unterworfen. Kirchen und Religionsgemeinschaften sind also für die Erstellung der Lehrpläne, für die inhaltliche und methodische Gestaltung und für die Inspektion des Unterrichts zuständig. „Staatlicherseits wird der RU und der Religionslehrer nur in schulorganisatorischer und schuldisziplinärer Hinsicht beaufsichtigt" (Schwendenwein 1989: 226). Die von den Religionsgemeinschaften erlassenen Lehrpläne und -bücher bedürfen nicht der staatlichen Genehmigung, allerdings dürfen die von

---

6 vgl. Art. II, Z.7 des Bundesverfassungsgesetzes BGBl. Nr. 59/1964

den Religionsgemeinschaften verwendeten Bücher und Lehrmaterialien mit den staatlichen Erziehungszielen nicht im Widerspruch stehen. Im Religionsunterrichtsgesetz vom 13. Juli 1949, BGBI. Nr. 190 § 2 steht:

„(1) Der Religionsunterricht wird durch die betreffende gesetzlich anerkannte Kirche oder Religionsgesellschaft besorgt, geleitet und unmittelbar beaufsichtigt. Dem Bund steht jedoch – soweit § 7 d nicht anderes bestimmt – das Recht zu, durch seine Schulaufsichtsorgane den Religionsunterricht in organisatorischer und schuldisziplinärer Hinsicht zu beaufsichtigen;
(2) Die Lehrpläne für den Religionsunterricht werden hinsichtlich des Lehrstoffes und seiner Aufteilung auf die einzelnen Schulstufen von der betreffenden gesetzlich anerkannten Kirche oder Religionsgesellschaft im Rahmen der staatlich festgesetzten Wochenstundenzahl für den Religionsunterricht erlassen und sodann – soweit § 7 d nicht anderes bestimmt – vom zuständigen Bundesminister bekannt gemacht. Den gesetzlich anerkannten Kirchen und Religionsgesellschaften ist vor der Festsetzung und vor jeder Änderung der Wochenstundenanzahl für den Religionsunterricht Gelegenheit zur Stellungnahme zu geben;
(3) Für den Religionsunterricht dürfen nur Lehrbücher und Lehrmittel verwendet werden, die nicht im Widerspruch zur staatsbürgerlichen Erziehung stehen."

Gemäß § 6 Abs. 2 SchOG haben die Lehrpläne Folgendes zu enthalten:

„a) die allgemeinen Bildungsziele,
b) die Bildungs- und Lehraufgaben der einzelnen Unterrichtsgegenstände und didaktische Grundsätze,
c) den Lehrstoff,
d) die Aufteilung des Lehrstoffes auf die einzelnen Schulstufen, soweit dies im Hinblick auf die Bildungsaufgabe der betreffenden Schulart (Schulform, Fachrichtung) sowie die Übertrittsmöglichkeiten erforderlich ist, und
e) die Gesamtstundenzahl und das Stundenausmaß der einzelnen Unterrichtsgegenstände (Stundentafel),
f) soweit es schulautonome Lehrplanbestimmungen erfordern, sind Kernanliegen in den Bildungs- und Lehraufgaben oder den didaktischen Grundsätzen oder im Lehrstoff zu umschreiben."

Die Lehrbücher für den RU werden den SchülerInnen zu einem geringen Selbstbehalt zur Verfügung gestellt.

5.1.3 Abmeldung vom Religionsunterricht

Der RU ist in Österreich in den öffentlichen Schulen ein Pflichtfach (vgl. Gampl 1971: 103):

"Für alle Schüler, die einer gesetzlich anerkannten Kirche oder Religionsgesellschaft angehören, ist der Religionsunterricht ihres Bekenntnisses Pflichtgegenstand an den öffentlichen und den mit dem Öffentlichkeitsrecht ausgestatteten
  a) Volks-, Haupt- und Sonderschulen,
  b) Polytechnischen Lehrgängen,
  c) allgemeinbildenden höheren Schulen,
  d) berufsbildenden mittleren und höheren Schulen (einschließlich der land- und forstwirtschaftlichen Schulen),
  e) Berufsschulen in den Bundesländern Tirol und Vorarlberg sowie land- und forstwirtschaftlichen Berufsschulen im gesamten Bundesgebiet,
  f) Akademien für Sozialarbeit,
  g) Anstalten der Lehrer- und Erzieherbildung (einschließlich der land- und forstwirtschaftlichen Lehranstalten), wobei an den Pädagogischen, Berufspädagogischen und Land- und forstwirtschaftlichen berufspädagogischen Akademien an die Stelle des Religionsunterrichtes der Unterricht in Religionspädagogik tritt und in den folgenden Bestimmungen unter Religionsunterricht auch Religionspädagogik zu verstehen ist" (RelUG. § 1 [1]).

Allerdings besteht für die SchülerInnen die Möglichkeit, sich vom RU abzumelden:

„Schüler, die das 14. Lebensjahr noch nicht vollendet haben, können jedoch von ihren Eltern zu Beginn eines jeden Schuljahres von der Teilnahme am Religionsunterricht schriftlich abgemeldet werden; Schüler über 14 Jahre können eine solche schriftliche Abmeldung selbst vornehmen" (RelUG. § 1 [2]).

Die Abmeldung vom RU musste bis zum Schuljahr 2006/07 binnen zehn Tagen ab Schulbeginn erfolgen. Ab dem Schuljahr 2006/07 wurde diese Frist auf fünf Tage verkürzt. Demnach kann die Abmeldung vom RU nur während der ersten fünf Kalendertage des Schuljahres schriftlich bei der Schulleitung erfolgen. Den RL ist aber innerhalb der Abmeldefrist die Möglichkeit eingeräumt, in den für sie in Aussicht gestellten Klassen RU zu halten, bei welchem alle SchülerInnen des betreffenden Bekenntnisses anwesend sind. Mit der Fristverkürzung sollte eine rasche Stundenplanerstellung ermöglicht werden. Hintergrund dieser Maßnahme ist die im Schulrechtspaket II verankerte „Unterrichtsgarantie", durch die ein möglichst frühzeitiger lehrplanmäßiger Unterricht gewährleistet werden soll.

Nach § 7 des Religionsunterrichtsgesetzes können die SchülerInnen eines Bekenntnisses, wenn am RU dieses Bekenntnisses weniger als die Hälfte der SchülerInnen einer Klasse teilnehmen, mit SchülerInnen desselben Bekenntnisses von anderen Klassen oder Schulen (derselben Schulart oder verschiedener Schularten) zu Religionsunterrichtsgruppen zusammengezogen werden, soweit dies vom Standpunkt der Schulorganisation und des RUs vertretbar ist (vgl. RelUG § 7a [1]).

Jede Beeinflussung der Schülerinnen und Schüler im Hinblick auf die Abmeldung vom RU ist unzulässig. Grund dafür ist, dass es sich bei der Abmeldung um eine Entscheidung aufgrund der Glaubens- und Gewissensfreiheit handelt, die frei getroffen werden können muss. Unzulässig ist daher z. B. das Auflegen von Formularen für die Abmeldung.

Abmeldung vom islamischen Religionsunterricht

Laut dem Bericht „Islamischer Religionsunterricht in Österreich und Deutschland" (Potz et al. 2005) ist die Abmeldungsquote beim islamischen RU im Vergleich zu anderen Religionen hoch. Der Bericht geht von einer Zahl von ca. 50 % aus (ebd.: 9). Für die Abmeldung werden folgende Gründe genannt: Für manche Eltern, vor allem türkische, ist der Unterricht vor allem seit dem Verzicht auf LehrerInnen aus der Türkei zu konservativ. Andere Eltern wiederum empfinden den Unterricht als zu wenig traditionell-islamisch. Schiitische Kinder werden überwiegend abgemeldet und in einen außerschulischen schiitischen RU geschickt, da der schulische RU als einseitig sunnitisch ausgerichtet empfunden wird. Neben diesen genannten Kriterien gibt es einen weiteren wichtigen Grund: Der RU findet nicht selten am Nachmittag nach Schulschluss statt, die SchülerInnen müssen also zum Unterricht noch einmal in die Schule kommen bzw. von ihren Eltern gebracht werden, was für viele sehr aufwendig ist.

5.1.4 Stundenumfang des Religionsunterrichts

Die Zahl der Religionsstunden wird staatlich festgesetzt. In der Praxis wird „Religion" in der Regel im Umfang von zwei Wochenstunden unterrichtet (vgl. ebd.: 37). Nehmen allerdings am RU eines Bekenntnisses in einer Klasse weniger als zehn Schüler teil, die zugleich weniger als die Hälfte der Schüler dieser Klasse ausmachen, oder nehmen am RU in einer Religionsunterrichtsgruppe weniger als zehn Schüler teil, die in ihren Klassen jeweils weniger als die Hälfte der Schüler jeder einzelnen Klasse ausmachen, so vermindert sich die festgesetzte Wochenstundenanzahl für den RU, sofern sie mehr als eine Stunde beträgt, auf die Hälfte, mindestens jedoch auf eine Wochenstunde (vgl. RelUG. § 7a [2]). § 7a (3) des Religionsunterrichtsgesetzes führt weiter aus:

„Nehmen am Religionsunterricht eines Bekenntnisses in einer Klasse vier oder drei Schüler teil, die zugleich weniger als die Hälfte der Schüler dieser Klasse sind, oder nehmen am Religionsunterricht in einer Religionsunterrichtsgruppe vier oder drei Schüler teil, die in ihren Klassen jeweils weniger als die Hälfte der Schüler jeder einzelnen Klasse sind, und konnte durch Zusammenziehung der Schüler gemäß Abs. 1 keine höhere Zahl erreicht werden, so beträgt die Wochenstundenanzahl für den Religionsunterricht eine Wochenstunde."

Zusammenfassend ist die lehrplanmäßig festgesetzte Wochenstundenanzahl nur dann im Sinne des § 7a Abs. 2 RelUG zu vermindern, wenn:

- am RU in einer Klasse

  1. weniger als 10 SchülerInnen teilnehmen und
  2. diese SchülerInnen (weniger als 10) zugleich weniger als die Hälfte der SchülerInnen dieser Klasse ausmachen bzw.

- am RU in einer Religionsunterrichtsgruppe

  1. weniger als 10 SchülerInnen teilnehmen und
  2. diese SchülerInnen (weniger als 10) in ihren Klassen jeweils weniger als die Hälfte der SchülerInnen jeder einzelnen Klasse ausmachen.

Nehmen aber in einer Klasse weniger als drei SchülerInnen, die zugleich weniger als die Hälfte der SchülerInnen dieser Klasse sind, am RU teil, dann entfällt die Finanzierung des RUs gemäß § 7a RelUG.

Es besteht allerdings die Möglichkeit, dass SchülerInnen desselben Bekenntnisses aus verschiedenen Klassen oder Schulen des gleichen oder eines anderen Schultyps zu einer Gruppe zusammengeführt werden, um die Stundenverringerung bzw. den Wegfall des RUs zu verhindern.

Das für den RU erforderliche Kontingent an Unterrichtsstunden bzw. Werteinheiten kann endgültig erst nach Ende der fünftägigen Ab- bzw. Anmeldefrist festgesetzt werden. Bis zu dieser Festsetzung ist für die 1. Klassen bzw. Jahrgänge einer Schule sowie für die 5. Klassen der AHS der RU mit dem im Lehrplan festgesetzten Wochenstundenausmaß, für die anderen Klassen bzw. Jahrgänge zumindest in dem im vorangegangenen Schuljahr tatsächlich bestehenden Wochenstundenausmaß vorzusehen.[7]

---

7 vgl. Durchführungserlass zum Religionsunterricht, Rundschreiben des Bundesministeriums für Unterricht, Kunst und Kultur, 2007-05; BMUKK-10.014/2-III/3/2007

5.1.5 Die Bestellung von ReligionslehrerInnen

Nach § 3 RelUG werden RL an den öffentlichen Schulen, an denen RU Pflicht- oder Freigegenstand ist, entweder:

1. „(...) von der Gebietskörperschaft (Bund, Länder), die die Diensthoheit über die Lehrer der entsprechenden Schulen ausübt, angestellt oder
2. von der betreffenden gesetzlich anerkannten Kirche oder Religionsgesellschaft bestellt".

Allerdings dürfen die Gebietskörperschaften gemäß § 4 Abs. 2 RelUG nur solche Personen als RL anstellen, die von der zuständigen Kirche bzw. Religionsgemeinschaft als hierzu befähigt und ermächtigt erklärt sind. Wird einem/er Religionslehrer/in nach erfolgter Anstellung diese Ermächtigung entzogen, so darf er/sie für die Erteilung des RUs nicht mehr eingesetzt werden. Bei einer/em als Vertragsbedienstete/r angestellten Religionslehrer/in gilt der Entzug der kirchlichen bzw. religionsgesellschaftlichen Ermächtigung für den Dienstgeber als Kündigungsgrund, sofern nicht nach den Vorschriften des Vertragsbedienstetenrechtes zugleich ein Grund zur Entlassung oder zu einer sonstigen vorzeitigen Auflösung des Dienstverhältnisses vorliegt.

Nach § 5 RelUG müssen die von den gesetzlich anerkannten Kirchen und Religionsgesellschaften bestellten RL die österreichische Staatsbürgerschaft besitzen und hinsichtlich der Vorbildung die besonderen Anstellungserfordernisse erfüllen. In besonders begründeten Ausnahmefällen kann der zuständige Bundesminister von dem Erfordernis der österreichischen Staatsbürgerschaft Nachsicht erteilen. Diese Bestimmung ist inzwischen allerdings mit EU-Recht unvereinbar (Potz et al. 2005: 38).

Nach § 4 (1) des RelUG sind RL, die von den Gebietskörperschaften (Bund, Länder) angestellt sind, Bedienstete der betreffenden Gebietskörperschaft. „Auf sie finden die für die Lehrer an den betreffenden öffentlichen Schulen geltenden Vorschriften des Dienstrechtes einschließlich des Besoldungsrechtes (...) Anwendung" (RelUG § 4 [1]). Die Besoldung der muslimischen RL erfolgt also durch die jeweilige Gebietskörperschaft (Stadt- bzw. Landesschulräte).

5.2 Rechtliche Aspekte des Religionsunterrichts in Deutschland

Die Beziehung von Staat und Religionsgemeinschaften wurde in Deutschland bereits in der Weimarer Verfassung von 1919 beschlossen. Schon seit damals ist die Staatskirche verboten. Der Staat darf sich also mit keiner Religion identifizieren. Eine Kooperation mit den Kirchen bzw. Religionsgemeinschaften ist hingegen erlaubt und sogar erwünscht. Dabei muss der Staat allen Religions- und Weltanschauungsgemeinschaften neutral gegenüberstehen. Zu der Kooperation zwischen Staat und Religion gehört auch der RU an öffentlichen Schulen.

Anders als in Österreich ist in Deutschland nicht die jeweilige Glaubensgemeinschaft, sondern der Staat für den jeweiligen konfessionellen RU zuständig.

In Deutschland ist der schulische RU als einziges Unterrichtsfach im Grundgesetz als ordentliches Lehrfach abgesichert. Er ist im Artikel 7, Absatz 3 des Grundgesetzes verankert, welcher lautet:

„Der Religionsunterricht ist in den öffentlichen Schulen mit Ausnahme der bekenntnisfreien Schulen ordentliches Lehrfach. Unbeschadet des staatlichen Aufsichtsrechtes wird der Religionsunterricht in Übereinstimmung mit den Grundsätzen der Religionsgemeinschaften erteilt. Kein Lehrer darf gegen seinen Willen verpflichtet werden, Religionsunterricht zu erteilen."

Die Religionspflege ist zwar keine staatliche Aufgabe, nach dem Grundgesetz ist sie dennoch als öffentliche Aufgabe anzusehen. Korioth sieht im Art. 7 Abs. 3 GG das stärkste Element des geltenden Staatskirchenrechts, das den Staat so eng mit den Angelegenheiten der Religion verknüpft: „Islamischer Religionsunterricht nach Art. 7 Abs. 3 GG – das ist derzeit, neben den Voraussetzungen zum Erwerb des Körperschaftsstatus nach Art. 140 GG, i. V. m. Art. 137 Abs. 5 WRV, der Prüfstein der Anpassungsfähigkeit des geltenden Staatskirchenrechts überhaupt. Nicht von ungefähr gehört beides zusammen" (Korioth 2006: 35).

Als ordentliches Fach ist der RU in Deutschland ein integrierter Teil des schulischen Unterrichts und somit wie jeder andere Unterricht auch demokratischen Grundsätzen verpflichtet, er ist staatlichem Schulrecht und staatlicher Schulaufsicht unterworfen. Der Staat selbst ist also Unternehmer des jeweiligen, konfessionell gebunden RUs. Da dieser auch ein Pflichtfach ist, muss der Staat gewährleisten, dass er ein Unterrichtsfach mit derselben Stellung und Behandlung wie andere ordentliche Lehrfächer ist. Das Bundesverfassungsgericht hat die Rolle des Staates und die Bedeutung des Art. 7 Abs. 3 Satz 1 GG folgendermaßen beschrieben:

„Die Erklärung des Religionsunterrichts zum ordentlichen Lehrfach (…) stellt klar, dass seine Erteilung staatliche Aufgabe und Angelegenheit ist, er ist staatlichem Schulrecht und staatlicher Schulaufsicht unterworfen. Seine Einrichtung als Pflichtfach ist für den Schulträger obligatorisch; der Staat muss gewährleisten, dass er ein Unterrichtsfach mit derselben Stellung und Behandlung wie andere ordentliche

Lehrfächer ist. Sein Pflichtfachcharakter entfällt nicht dadurch, dass Art. 7 Abs. 2 GG ein Recht zur Abmeldung einräumt. Diese Befreiungsmöglichkeit hebt ihn zwar aus den übrigen Pflichtfächern heraus, macht ihn aber nicht zu einem Wahlfach im Sinne der allgemeinen schulrechtlichen Terminologie" (BVerfGE 74, 244).

Der RU ist also eine staatliche, nicht kirchliche Veranstaltung und ist so zu behandeln wie jedes andere Lehrfach. Der Staat trägt die Kosten des RUs und muss ihn im Lehrplan angemessen berücksichtigen. Die Gewährleistung des RUs gemäß Art. 7 Abs. 3 GG kommt nicht nur den (Groß)-Kirchen zugute, sondern kann auch von kleineren Religionsgemeinschaften in Anspruch genommen werden. Außer Frage steht die Eigenschaft des Islam als Religion im Sinne des Grundgesetzes (vgl. Korioth 2006: 37).

Der Staat bekundet sein Interesse daran, dass die islamische Glaubenslehre nicht in den seinem Einflussbereich entzogenen privaten Koranschulen stattfindet, die zum Teil im Ruf stehen, radikalen politisch-religiösen Gruppen ein verborgenes Tätigkeitsfeld zu eröffnen. Der Islam soll im Rahmen und Raum der öffentlichen Schule seinen Platz finden. Dem sozial segregativen Einfluss der Korankurse soll schulischer islamischer Unterricht entgegenwirken (ebd.: 38).

Der Staat ist Unternehmer des RUs; die staatliche Schulaufsicht nach Art. 7 Abs. 1 GG erstreckt sich auch auf den RU, sodass den Staat grundsätzlich eine Verantwortung für dessen Inhalte trifft. Der Staat hat Interesse, den RU im Dienste der für ihn unentbehrlichen sittlichen Erziehung von Jugendlichen zu stellen (vgl. Axel Freiherr von Campenhausen 1967: 144).

Nach Art. 7 Abs. 3 Satz 2 GG wird der RU „in Übereinstimmung mit den Grundsätzen der Religionsgemeinschaften" erteilt. Für die Inhalte und Ziele des RUs sind die Vorstellungen der beteiligten Religionsgemeinschaften maßgeblich. Der Staat ist zur weltanschaulichen Neutralität verpflichtet und darf daher nicht entscheiden, welchen Inhalt der RU haben soll und welche Glaubenslehren „richtig" sind. Der Staat ist somit auf die Zusammenarbeit mit den Religionsgemeinschaften angewiesen. Allerdings bestehen die Bestimmungsrechte der Religionsgemeinschaften nach Art. 7 Abs. 1 GG „unbeschadet des staatlichen Aufsichtsrechts". Das Bundesverfassungsgericht versteht die Schulaufsicht im Sinne des Art. 7 Abs. 1 GG als die Befugnis des Staates zur Planung und Organisation des Schulwesens mit dem Ziel der Gewährleistung eines Schulsystems, das allen jungen Bürgern ihren Fähigkeiten entsprechend die dem heutigen gesellschaftlichen Leben entsprechenden Bildungsmöglichkeiten eröffnet.

Der RU muss die grundlegenden staatlichen Erziehungsziele beachten. Der Staat muss und darf somit nicht jede inhaltliche Gestaltung des RUs hinnehmen. „Die Vermittlung von Religion in der öffentlichen Schule steht unter dem Vorbehalt der Beachtung grundlegender staatlicher Erziehungsziele" (vgl. Korioth 2006: 39).

Die im RU von den Schülern erbrachten Leistungen werden benotet. Diese Noten sind versetzungsrelevant. Melden sich Schüler im Laufe des Schuljahres ab, kann trotzdem unter Angabe der Teilnahmedauer eine Note vergeben werden. Wie jeder ordentliche Unterricht ist der RU grundsätzlich vom Schulträger mit eigenen Lehrkräften zu unterrichten und zu finanzieren.

Das Neutralitätsgebot und das damit verbundene Identifikationsverbot des Staates mit einer bestimmten Religion kommt in Art. 140 GG zum Ausdruck. Vereinzelt wird aber versucht, aus diesem Artikel ein Verbot des schulischen RUs herzuleiten, Art. 7 Abs. 3 GG sei danach eine prinzipienwidrige Durchbrechung des Neutralitätsgrundsatzes (Renck 1992: 1171). Nach Renck stellt Art. 7 Abs. 3 GG eine Ausnahmevorschrift vom Prinzip der staatlichen Bekenntnisneutralität dar, da sich ein staatlicher RU nicht mit dieser Neutralität vereinbaren lasse. Für Renck bedeutet die Bekenntnisneutralität ein Konfrontationsverbot mit weltanschaulichen Fragen. Dies ist jedoch ein Missverständnis des Neutralitätsprinzips. Die Trennung von Staat und Kirche in Deutschland ist nicht im Sinne einer laizistischen Trennung in einen kirchlich-religiösen und einen staatlich-weltlichen Bereich zu verstehen. Das Grundgesetz sieht vielmehr eine Kooperation zwischen Staat und Religionsgemeinschaften vor und sorgt damit für eine Ordnung, die die Begegnung zwischen Staat und Religionsgemeinschaften zulässt. Das Identifikationsverbot des Staates mit einer Religionsgemeinschaft bedeutet nicht, dass jede Form des Zusammenwirkens, z. B. beim RU, untersagt ist (vgl. Spriewald 2003: 52).

Der Staat hat sich jedoch bei diesem Zusammenwirken auf einen säkularen Rahmen zu beschränken, er muss ‚säkulare Rahmenformen' und neutrale Rechtsformen schaffen, die die Entfaltung einer Religion ihrem Selbstverständnis nach möglich macht (ebd.).

Der Staat stellt den organisatorischen Rahmen für den RU zur Verfügung und integriert diesen somit in die schulische Bildung und Erziehung. Die Religionsgemeinschaften bestimmen die Inhalte des Unterrichts. Die Lehrpläne des RUs werden von der staatlichen Schulverwaltung und den Religionsgemeinschaften gemeinsam erstellt (ebd.: 53). Damit hat der Staat die Möglichkeit, sich zu vergewissern, dass seine Prinzipien eingehalten werden, zugleich haben die Religionsgemeinschaften die Möglichkeit, in dieser säkularen Rahmenform ihre eigenen religiösen Inhalte zu vermitteln.

In Deutschland wie auch in Österreich ist der Staat zwar von den Religionsgemeinschaften institutionell getrennt, beide kooperieren aber sehr eng miteinander. Die Verpflichtung des Staates zur weltanschaulichen Neutralität ist zugleich eine Verpflichtung, die Freiheit jeder Religionsausübung zu garantieren. Einige Länder bzw. Städte, in denen der islamische RU in Kooperation zwischen Staat und einigen muslimischen Verbänden eingeführt wurde, haben diesen als Projektversuch gestartet (vgl. Potz et al 2005, 4); diese Schulversuche bieten allerdings keinen RU im Sinne des Grundgesetzes (Art. 7, Abs. 3 GG) an, das eine Übereinstimmung mit den Grundsätzen der Religionsgemeinschaft fordert. Das Fehlen einer staatlich anerkannten Repräsentation der Muslime in Deutschland erschwert diese von Art. 7, Abs. 3 GG vorgesehene konstruktive Kooperation mit dem Staat. Als „Unternehmer" des RUs besitzt der deutsche Staat, im Vergleich zum österreichischen, mehr Mitspracherecht in der Gestaltung und Ausführung des RUs. Die Situation in Österreich räumt den Religionsgemeinschaften zwar mehr Autonomie ein, das Zurückziehen des Staates kann allerdings Raum für Missbrauch öffnen.

In einigen Bundesländern herrschen Ausnahmeregelungen. In Berlin ist nach § 23 des Berliner Schulgesetzes vom 26. Juni 1948 die jeweilige Kirche bzw. Religionsgemeinschaft und nicht der Staat für den RU verantwortlich, somit ist er in Berlin kein ordentliches Lehr-, sondern ein Wahlfach, und die Anforderungen sind im Vergleich zu den anderen Bundesländern, in denen RU ordentliches Lehrfach nach Art. 7 Abs. 3 GG ist, wesentlich geringer. Die Teilnahme ist freigestellt. Man muss sich zum RU anmelden und die Benotung ist nicht versetzungsrelevant. Im Unterschied zu den anderen Bundesländern sind die Kirchen und Religionsgemeinschaften für die organisatorischen Rahmenbedingungen, für Beauftragung und Bevollmächtigung der Lehrkräfte und für die Gestaltung der Lehrpläne und -bücher zuständig. Es findet keine staatliche Kontrolle bzw. Einsichtnahme statt. Die Schulverwaltung ist – ähnlich wie in Österreich – lediglich für die Bereitstellung der äußeren Rahmenbedingungen des RUs (Unterrichtsräume, Teilbesoldung der RL usw.) zuständig.

Auf der Grundlage dieser Berliner Gesetzgebung hat die Islamische Föderation Berlin am 23.02.2000 vor dem Bundesverwaltungsgericht das Recht auf Erteilung eines islamischen RUs ab Herbst 2000 an Berliner Schulen erstritten, ohne Korporationsqualität zu besitzen (vgl. Heimbach 2001: 142).

In Bremen ist der RU ausschließlich Angelegenheit des Staates (ebd.: 143). Dort herrscht die sog. „Berliner Klausel" nach Art. 141 GG, welche lautet: „Artikel 7 Absatz 3 Satz 1 findet keine Anwendung in einem Lande, in dem am 1. Januar 1949 eine andere landesrechtliche Regelung bestand." Der RU findet in Form von christlicher Religionskunde unter staatlicher Schulaufsicht mit versetzungsrelevanter Benotung statt, dieser gilt als ordentliches Unterrichtsfach für alle, also auch nichtchristliche Schüler. Allerdings ist eine Abmeldung möglich; inzwischen werden an einigen Schulen auch Alternativen wie Ethik oder Philosophie angeboten. Das Alternativfach ist in § 7 des Bremer Schulgesetzes geregelt. Aktuell läuft ein Modellversuch an einer Schule zur Einrichtung einer Islamkunde.

In Baden Württemberg begann Ende 2007 an drei Pädagogischen Hochschulen eine Zusatzausbildung für Lehrer für den islamischen RU. Diese wird von Professoren für katholische Theologie an den beteiligten staatlichen Hochschulen organisiert und getragen. In Hamburg, wo es keine bekenntnisfreie öffentliche Schule gibt, ist die evangelische Kirche für die Erteilung des RUs verantwortlich. Dieser hat allerdings einen interreligiösen Charakter.

Nach der Wiedervereinigung kam die Ausnahmeregelung von Art. 141 GG nur in Brandenburg zur Anwendung, wo statt eines RUs „Lebensgestaltung-Ethik-Religionskunde" (LER) als neues Pflichtfach eingeführt wurde. Auch die christlichen Kirchen sehen dies als Benachteiligung des RUs. Die Teilnahme am RU ist grundsätzlich Pflicht. Nach Art. 140 GG i. V. m. Art. 136 Absatz 4 WRV darf als Konsequenz der Religions- und Gewissensfreiheit aber niemand zur Teilnahme am RU gezwungen werden. Die Erziehungsberechtigten dürfen daher die Kinder vom Unterricht abmelden. Bis zum 14. Lebensjahr entscheiden die Eltern des Kindes über dessen Teilnahme am RU. Vom 12. Lebensjahr an bedarf diese Entscheidung der Zustimmung des Kindes. Ab der Religionsmündigkeit (nach dem 14. Lebensjahr, in Bayern und in Saarland nach dem 18. Lebensjahr), wenn der Schüler im rechtlichen Sinne also kein „Kind" mehr ist, entscheidet er selbst über die Teilnahme. Schüler können grundsätzlich auch am RU einer Konfession teilnehmen, der sie nicht angehören. Beim Kirchenaustritt oder beim Übertritt zu einer Konfession, für die kein RU angeboten wird, entfällt die Verpflichtung zur Teilnahme am RU einer Konfession.

5.2.1 Modelle des islamischen Religionsunterrichts in Deutschland

In Deutschland bemühte sich Nordrhein-Westfalen schon seit Ende der 1970er Jahre um eine systematische Entwicklung des islamischen RUs. Im Dezember 1979 wurde das Landesinstitut für Schule und Weiterbildung in Soest beauftragt, einen Lehrplan für den islamischen RU in den Klasen 1-4 der Grundschule zu entwickeln (vgl. Ucar 2006, 14ff.). Mangels Mitwirkung muslimischer Organisationen an der Konzeption der Lehrpläne wurde der Titel des Unterrichts von „Religionsunterricht" auf „Religiöse Unterweisung für Schüler islamischen Glaubens" geändert. Die Soester Kommission veröffentlichte mehrere Lehrpläne, nach denen die islamische Unterweisung in den muttersprachlichen Unterricht integriert wurde. In Bayern fand ein ähnliches Projekt statt; dort wurde ab 1986 ebenfalls islamische Unterweisung im muttersprachlichen Unterricht erteilt.

Alle Versuchsmodelle für den islamischen RU in Deutschland unterscheiden sich vom österreichischen Modell in folgenden Punkten:

1. Organisation und Aufsicht des Unterrichts liegen in der Hand des Staates.
2. Richtlinien und Lehrpläne werden vom Staat erstellt.
3. Lehrkräfte werden vom Staat eingestellt.

Darüber hinaus fehlt in Deutschland – obwohl die Muslime dort wie in Österreich das Recht auf individuelle sowie korporative Religionsfreiheit besitzen – eine der IGGiÖ ähnliche Institution, die die Muslime nach außen repräsentiert und die in der Gestaltung des RUs und der Entwicklung der Lehrpläne mit dem Staat kooperiert. Das Haupthindernis ist vor allem die fehlende Einigung der muslimischen Organisationen über die Vertretungskompetenzen. Im April 2007 konnten sich die großen muslimischen Verbände schließlich einigen und gründeten einen Dachverband aller Organisationen mit dem Namen „Koordinierungsrat der Muslime in Deutschland" (KMD). Die muslimischen Verbände sind allerdings skeptisch und werfen dem deutschen Staat mangelnden Willen zur Anerkennung einer islamischen Glaubensgemeinschaft als offizielle Repräsentanz der Muslime vor.

Folgende Schulversuche für den islamischen RU existieren zurzeit in Deutschland (vgl. Potz et al. 2005: 49f.):

1. Im Modell des „Konsulatsunterrichts" (in Baden-Württemberg, Berlin, Saarland und Schleswig-Holstein) werden Inhalt und Auswahl des Lehrpersonals dem türkischen Staat, seinen Konsulaten, überlassen.
2. Im Modell der religiösen Unterweisung muslimischer SchülerInnen im Rahmen des muttersprachlichen Ergänzungsunterrichts (MEU) in Bayern, Hessen, Niedersachsen, Nordrhein-Westfalen (NRW) und Rheinland- Pfalz ist die jeweilige Kultusbehörde für die Inhalte und die Fortbildung der Lehrkräfte verantwortlich. Dieses Modell wurde in Kooperation mit ausgewählten Muslimen in Deutschland sowie mit islamischen Theologen in der Türkei und in Ägypten konzipiert. Die muslimischen Verbände in Deutschland wurden dabei nicht einbezogen.
3. Beim Modell „Islamkunde" in Nordrhein-Westfalen handelt es sich um ein religionskundliches, jedoch bekenntnisfreies Angebot in deutscher Sprache, welches somit für muslimische SchülerInnen aller Nationalitäten zugänglich ist. Die muslimischen Verbände wurden auch hier nicht miteinbezogen.

Die muslimischen Verbände betrachten die meisten dieser Modelle, mit der Begründung, diese seien ein Eingriff in die Angelegenheiten der Muslime und somit in ihre Religionsfreiheit, als verfassungswidrig (vgl. Dietrich 2006: 76, 96; Özdil 1999: 95ff.; Köhler 2004). DITIB besteht auf dem Abhalten des RUs in türkischer Muttersprache. Die meisten türkischen Lehrervereine sprechen sich ebenfalls für einen RU in türkischer Sprache aus. Diese Meinung wird aber von vielen anderen muslimischen Großverbänden nicht geteilt, sie fordern einen RU in deutscher Sprache.

Einige Modelle der Einführung des islamischen RUs an öffentliche Schulen sind Teil einer Rückkehrförderungspolitik und nicht als integrativer Bestandteil einer Religionspolitik im Sinne der Entwicklung der islamischen Gemeinschaft in Deutschland zu betrachten. 1986 hieß es:

„Die Unterrichtung der jungen Türken in unseren Schulen [muss] auch in ihrer Sprache und in ihrer Religion stattfinden, damit die Rückkehrfähigkeit der türkischen Familien aufrechterhalten bleibt. Es muss verhindert werden, dass sie als Fremde, die ihre eigene Sprache und Religion nicht kennen, in ihre Heimat zurückkehren müssen oder sollen. Hierin sehe ich einen ganz wichtigen Punkt der Religionspolitik und im weiteren Sinne der Ausländerpolitik" (Starck 1986: 138).

Dazu gehören die Modellversuche in Nordrhein-Westfalen und Bayern, wo der RU im Rahmen des Muttersprachlichen Ergänzungsunterrichts (MEU) eingeführt wurde. 1980 wurde in Nordhein-Westfalen ein eigener Curriculumentwurf für die Grundschulen durch eine vom Kultusminister eingesetzte Lehrplankommission ausgearbeitet. Dieser Entwurf wurde 1986 unter dem Titel „Religiöse Unterweisung für Schüler islamischen Glaubens/Müslüman Cocuklara Dini Eatim" vorgelegt. Die Kommission setzte sich aus sechs türkischen MEU-Lehrern zusammen, die bereits Religionskunde unterrichtet hatten, sowie dem Islamwissenschaftler Tilman Nagel und zwei evangelischen Theologen. Für die fachliche Beratung waren sechs Theologen aus den Universitäten Ankara und Istanbul, zwei Berater des türkischen Erziehungsministeriums und Mahmud Zaqzuq als einziger nicht-türkischer Berater zuständig.

Dieser Modellversuch entspricht nicht den Bestimmungen von Art. 7 GG, wonach mit Ausnahme von Berlin und Bremen der Lehrplan für den „Religionsunterricht in Übereinstimmung mit den Grundsätzen der Religionsgemeinschaften" gestaltet wird. Die islamischen Organisationen kritisieren an diesen Modellversuchen die Zusammenarbeit mit türkischen Behörden unter Ausschluss der Verbände in Deutschland (vgl. Abdullah 1994: 236-238).

5.2.2 Die Frage der Anerkennung der Muslime als Körperschaft des öffentlichen Rechts

Der Status einer Körperschaft des öffentlichen Rechts räumt den Kirchen und Glaubensgesellschaften Hoheitsrechte ein, die sonst nur dem Staat selbst zustehen. Zu diesen Hoheitsrechten gehört, dass die Religionsgemeinschaften einseitig Gesetze und Verordnungen erlassen können, die für ihre Mitglieder verbindlich und von Behörden und Gerichten zu beachten sind. Es dürfen Steuern erhoben werden und Beschäftigungsverhältnisse können öffentlich-rechtlich in einem Beamtenstatus begründet werden. Steuerliche Begünstigungen, Gebührenbefreiung, Freistellung von staatlichen Kontrollen im Datenschutzrecht, Schutzbestimmungen für Titel, Würden, Amtsbezeichnungen u. a. gehören zu den Begünstigungen für Körperschaften des öffentlichen Rechts.

Die Verfassung der Religionsgemeinschaft muss gegenüber dem Staat und gegenüber den Mitgliedern eine klare, rechtlich fassbare Organisationsstruktur aufweisen, in der die vertretungsberechtigten Organe bestimmt werden, die im Hinblick auf Glaubenslehre und Ordnung verbindliche Aussagen treffen und Rechtshandlungen vornehmen können. Da der Islam keine Lehrautorität kennt, stellt dieser Aspekt ein wesentliches Problem der Anerkennung dar.

Muslime besitzen in Deutschland – ähnlich wie in Österreich – das Recht auf individuelle sowie korporative Religionsfreiheit, dennoch existiert in Deutschland keine Körperschaft des öffentlichen Rechts, die Muslime nach außen repräsentiert. Dadurch kommt die notwendige Kooperation mit dem Staat nicht zustande. Das Haupthindernis ist vor allem die fehlende Einigung der muslimischen Organisationen über die Vertretungskompetenzen.

Die rechtliche Grundlage für die Anerkennung von Kirchen und Glaubensgemeinschaften als Körperschaften des öffentlichen Rechts bilden der Art. 4 GG bezüglich der Religionsfreiheit und ungestörten Glaubensausübung sowie Artikel 137 der Weimarer Verfassung, übernommen in Art. 140 GG, der das Rechtsverhältnis zwischen Staat und Religionsgemeinschaften regelt. Er formuliert, dass keine Staatskirche besteht. Die Beziehung zwischen dem Staat und den Religionsgemeinschaften gestaltet sich partnerschaftlich. Der Staat selbst ist zur religiösen Neutralität verpflichtet. Art. 140 GG lautet:

„(1) Es besteht keine Staatskirche.
(2) 1. Die Freiheit der Vereinigung zu Religionsgesellschaften wird gewährleistet. 2. Der Zusammenschluss von Religionsgesellschaften innerhalb des Reichsgebiets unterliegt keinen Beschränkungen.
(3) 1. Jede Religionsgesellschaft ordnet und verwaltet ihre Angelegenheiten selbständig innerhalb der Schranken des für alle geltenden Gesetzes. 2. Sie verleiht ihre Ämter ohne Mitwirkung des Staates oder der bürgerlichen Gemeinde.

(4) Religionsgesellschaften erwerben die Rechtsfähigkeit nach den allgemeinen Vorschriften des bürgerlichen Rechtes.
(5) 1. Die Religionsgesellschaften bleiben Körperschaften des öffentlichen Rechtes, soweit sie solche bisher waren. 2. Anderen Religionsgesellschaften sind auf ihren Antrag gleiche Rechte zu gewähren, wenn sie durch ihre Verfassung und die Zahl ihrer Mitglieder die Gewähr der Dauer bieten. 3. Schließen sich mehrere derartige öffentlich-rechtliche Religionsgesellschaften zu einem Verbande zusammen, so ist auch dieser Verband eine öffentlich-rechtliche Körperschaft.
(6) Die Religionsgesellschaften, welche Körperschaften des öffentlichen Rechtes sind, sind berechtigt, auf Grund der bürgerlichen Steuerlisten nach Maßgabe der landesrechtlichen Bestimmungen Steuern zu erheben.
(7) Den Religionsgesellschaften werden die Vereinigungen gleichgestellt, die sich die gemeinschaftliche Pflege einer Weltanschauung zur Aufgabe machen.
(8) Soweit die Durchführung dieser Bestimmungen eine weitere Regelung erfordert, liegt diese der Landesgesetzgebung ob."

Damit wird ein religionsverfassungsrechtliches System begründet, das die institutionelle Trennung von Staat und Kirche durchsetzt und den Staat für weltanschaulich neutral erklärt, sich aber nicht dem laizistischen Vorbild Frankreichs anschließt, sondern Religionsfreiheit und kirchliches Selbstbestimmungsrecht auch im öffentlichen Bereich gewährleistet.

Der Islam an sich stellt keine Religionsgemeinschaft im Sinne der Art. 4 und 140 GG dar. Voraussetzung für die rechtliche Anerkennung der islamischen Glaubensgemeinschaft als Körperschaft des öffentlichen Rechts ist, dass die Muslime in Deutschland „die Gewähr der Dauer bieten, und diese Einschätzung muss sich aus ihrer Verfassung und ihrer Mitgliederzahl" ableiten. Die Muslime müssen sich auf eine Repräsentanz auf religiöser Grundlage mit einem Mindestmaß an „amtlicher" Organisation einigen. Da der Islam durch sein ihm immanentes religiöses Selbstverständnis eine solche zentrale Institution nicht kennt, stellt die Anerkennungsfrage eine Herausforderung auch für das islamische Recht und Selbstverständnis dar. Es ist wichtig festzuhalten, dass es sich hierbei nicht um die formale Anerkennung des Islam handelt, diese ist im Rahmen des GG Art. 4 bereits gegeben:

„Abs. 1: Die Freiheit des Glaubens, des Gewissens und die Freiheit des religiösen und weltanschaulichen Bekenntnisses sind unverletzlich.
Abs. 2: Die ungestörte Religionsausübung wird gewährleistet."

Nach österreichischem Recht ist hingegen jede in Österreich gesetzlich anerkannte Religionsgesellschaft auch mit dem Status der öffentlichen Rechtlichkeit ausgestattet.

In Deutschland stellen momentan einzelne Organisationen Ansprechpartner für den Staat. Schon 1974 betonte der Imam der „Geistlichen Verwaltung der Muslimflüchtlinge" in München, Cemalettin Ibramovic, die Notwendigkeit der Anerkennung der Muslime in Deutschland: „Unsere Zukunft hängt von der Anerkennung der islamischen Religionsgemeinschaft durch den deutschen Staat ab, sie ist für uns lebenswichtig" (Abdullah 1981: 43). Die Anerkennungsfrage war schon vor den Anwerbeabkommen ein wichtiges Thema für die Muslime in Deutschland. Schon in den 50er Jahren stellte die „Deutsche-Muslim-Liga Hamburg e.V." einen Antrag auf Anerkennung als Körperschaft des öffentlichen Rechts. Dieser war allerdings erfolglos.

1976 stellte der Verein „Islamische Gemeinde Deutschlands e.V." mit Sitz in Schwetzingen einen Antrag für Anerkennung als Körperschaft des öffentlichen Rechts, der allerdings ablehnend beschieden wurde und zugleich von einigen islamischen Organisationen kritisiert wurde; die „Islamische Gemeinde Karlsruhe", die „Islamische Gemeinde Mannheim", das Islamische Kulturzentrum Köln (Süleymanci, heute VIKZ) und die „Islamische Union in Baden-Württemberg" sprachen dem Verein „Islamische Gemeinde Dcutschlands e.V." die Kompetenz und Berechtigung zur Vertretung islamischer Interessen ab (vgl. Heimbach 2001: 131). 1979 wurde ein vom VIKZ (damals noch IKZ) gestellter Antrag ebenfalls abgelehnt. Als Reaktion auf diesen Antrag verteilte die Ayrupa Milli Görüs Teskilat (heute IGMG) ein gegen das VIKZ gerichtetes Flugblatt mit schweren Vorwürfen gegen die Süleymancis. Milli Görüs selbst betonte damals noch, der Anerkennung als Körperschaft nicht zu bedürfen und dass dieses von Christen vorgeschlagene Integrationsmodell den Tatbestand des Verrats am Islam erfülle (vgl. Abdullah 1981: 120). Das Hauptargument von Milli Görüs war damals die Unvereinbarkeit des deutschen Grundgesetzes mit dem Islam. Einige Jahre später stellte sie allerdings den Antrag auf Anerkennung als Körperschaft und traf 1999 in einem Gutachten die Feststellung, dass das Bekenntnis zum Grundgesetz doch mit dem Islam vereinbar sei (vgl. Pressemitteilung der IGMG 1999). Bis heute wurde keinem der Anträge stattgegeben. Die Befürchtungen reichen vom Vorwurf des Extremismus, Islamismus und Fundamentalismus der Organisationen bis hin zu Behauptungen, der Islam sei mit dem Grundgesetz und mit den Menschenrechten nicht vereinbar. Aus rechtlicher Perspektive wurden die Körperschaftsanträge aufgrund der Bestimmungen in Art. 140 abgelehnt. Nach Art. 140 muss der Antragsteller durch seine Verfassung und die Zahl seiner Mitglieder die Gewähr auf Dauer bieten. Das bedeutet, der Zusammenschluss zu einer repräsentativen Institution muss religiös bedingt sein und nicht auf politischen, ethnischen, oder sprachlichen Gemeinsamkeiten beruhen. Verwaltungsrechtlich ist die Frage der „Gewähr auf Dauer" durch die 30-Jahre-Frist geregelt (vgl. Spuler-Stegemann 1998: 224).

Formell bedeutet dies, dass erst 30 Jahre nach dem organisatorischen Zusammenschluss die Anerkennung möglich ist. Für Abdullah sei aber die Gewähr auf Dauer „allein durch das Vorhandensein und die Geschichte des Islam in Deutschland (...) beantwortet" (Abdullah 1981: 51). Die muslimischen Verbände werfen dem deutschen Staat mangelnden Willen zur Anerkennung einer islamischen Glaubensgemeinschaft als offizielle Repräsentanz der Muslime vor. Spuler-Stegemann kommt daher nicht zu Unrecht zu folgendem Schluss:

> „Manches an der bisherigen Diskussion mag verwundern angesichts der Tatsache, daß in Deutschland sowohl die katholische als auch die evangelische Kirche und kleinere christliche Gruppierungen als Körperschaften des öffentlichen Rechts fungieren können, hier also im Falle der Christen *keine gemeinsame* Religionsvertretung erforderlich ist. Selbst wenn die Beziehung zwischen unserem Staat und den Christen historisch ganz anders gewachsen ist als die zwischen diesem Staat und seinen Muslimen, so mag man doch den Schluß ziehen, daß hier vergleichbare Tatbestände vorliegen und daß man gerechterweise den Muslimen nicht abverlangen darf, was man auch von den Christen nicht fordert" (Spuler-Stegemann 1998: 225f.).

Im April 2007 konnten sich die großen muslimischen Verbände in Deutschland einigen und gründeten einen Dachverband aller Organisationen mit dem Namen „Koordinierungsrat der Muslime in Deutschland" (KMD).

Ein weiteres Problem ist, dass die einzelnen Verbände nicht benennen können, wer über den Kreis der eingetragenen Vereinsmitglieder hinaus eindeutig ihrer Gemeinschaft angehört. Die Moscheegemeinde ist kein Personalverband, weshalb auch nicht alle Gemeindemitglieder Vereinsmitglieder sein müssen. Der Rechtstatus einer Körperschaft des öffentlichen Rechts setzt allerdings eine eindeutige personale Struktur voraus, damit zum Beispiel Hoheitsrechte nicht gegenüber Nicht-Mitgliedern ausgeübt werden können (vgl. Heimbach 2001: 140). Die Tatsache, dass die Mehrheit der Muslime in Deutschland (ähnlich wie in Österreich) unorganisiert ist, also keiner bestimmten Organisation angehört, ist ein weiterer Diskussionspunkt in der Frage der Anerkennung; In den 80er Jahren wurden rund 20 % der Muslime von islamischen Organisationen betreut, rund 5 % waren ordentliche Mitglieder (vgl. Abdullah 1981: 79). 1996 gab das „Zentralinstitut Islam-Archiv Deutschland" 12 % als organisierte Mitglieder an. Im Jahre 2000 gab die moslemische Revue einen Anteil von 10 % an (vgl. Moslemische Revue 2, 2000: 112-114). Heimbach wertet diesen niedrigen Organisationsgrad der Muslime als Votum der nicht organisierten Muslime gegen die bestehenden Organisationen und weist zugleich darauf hin, dass daraus keinesfalls die Erkenntnis resultiert, dass dies ein Votum gegen den Islam sei, man dürfe aufgrund der politischen Orientierung und Geschichte der Verbände die nicht organisierte Mehrheit nicht als andersgläubig, ungläubig oder unter der Bezeichnung Kulturmuslim aus der sie betreffenden Diskussion ausschließen (vgl. Heimbach 2001: 152).

5.3 Ausbildung von muslimischen ReligionslehrerInnen in Österreich und Deutschland

Die Einführung des islamischen RUs an den österreichischen Schulen im Schuljahr 1982/1983 stellte die Regierung wegen der rasch steigenden Zahl von SchülerInnen, die am islamischen RU teilnahmen, vor eine sehr schwierige Aufgabe, nämlich die der Bereitstellung qualifizierter RL. Verschiedene Varianten wurde ausprobiert, wie die Heranziehung von in Österreich lebenden Muslimen oder etwas später die Verpflichtung von im Ausland (vornehmlich in der Türkei) ausgebildeten RL. Bei der ersten Gruppe mangelte es an der pädagogischen und nicht selten an der theologischen Qualifikation, bei der zweiten an der deutschen Sprache. Diese LehrerInnen waren auch mit dem österreichischen Schulsystem nicht vertraut (vgl. Schakfeh 2001: 186).

Seit 1998 werden die RL für den Islamunterricht an österreichischen Pflichtschulen (Volks-, Haupt- und Sonderschulen sowie Polytechnische Schulen) an der Islamischen Religionspädagogischen Akademie (IRPA) ausgebildet. Allerdings unterziehen sich nicht alle RL, die schon im Berufsleben stehen, dieser Ausbildung. Die IRPA wurde mit Bescheid des Bundesministeriums für Unterricht und Kulturelle Angelegenheiten ZI. 241 170/II-III/A/4/987 vom 23. 04. 1998 als konfessionelle Privatschule mit Öffentlichkeitsrecht genehmigt (Bauman 2001: 186). Da das Akademiestudiengesetz 1999 am 30. September 2007 außer Kraft getreten ist, wurde die Islamische Religionspädagogische Akademie mit diesem Datum aufgelöst und als privater Studiengang nach Hochschulgesetz neu gegründet, der Bakkalaureats-Abschlüsse verleiht; dieser hat jetzt die Bezeichnung „Privater Studiengang für das Lehramt für Islamische Religion an Pflichtschulen". In den ersten Jahren ihrer Errichtung wurden an der IRPA nur theologische Fächer in arabischer Sprache durch Al-Azhar-Dozenten angeboten. Die Studierenden mussten die pädagogischen Fächer an einer pädagogischen Akademie absolvieren. Die Konzentration lag auf theologischen Fächern, Pädagogik war zweitrangig, in ihr wurde lediglich eine Anwendungswissenschaft im Dienste der Theologie gesehen. Erst ab dem Schuljahr 2003/04 wurden die ersten Fächer in deutscher Sprache angeboten. Die Personalkosten werden vom Staat übernommen.

Seit dem Wintersemester 2006/07 werden die RL für die höheren Schulen (Allgemeinbildende höhere Schulen – Gymnasien und Berufsbildende höhere

Schulen – z. B. Handelsakademien) an der Universität Wien am Institut für Bildungswissenschaft/Islamische Religionspädagogik ausgebildet. Dabei handelt es sich um einen viersemestrigen Master-Lehrgang.

In Deutschland wird der RU grundsätzlich von staatlichen LehrerInnen unterrichtet, die beide Staatsexamina haben, auf die Verfassung vereidigt sind und über die Zulassung (evang.: vocatio, kath.: missio canonica) der jeweiligen Religionsgemeinschaft verfügen. Die Religionsgemeinschaften haben das Recht, bei gröberen Verstößen der Lehrkraft gegen ihre Glaubensgrundsätze die Vokatio bzw. Missio zu entziehen. Die Lehrkraft ist dann nicht mehr zur Erteilung des RUs berechtigt. Der Staat hat ebenfalls das Recht zu überprüfen, ob der RU die staatlichen Anforderungen erfüllt.

Während es in Österreich nach der Einführung des islamischen RUs mehr als 15 Jahre gedauert hat, ehe für die fachliche und pädagogische Ausbildung der RL gesorgt wurde (Errichtung der IRPA im Jahre 1998), ist man sich in Deutschland darüber einig, dass die RL an deutschen Universitäten ausgebildet werden müssen. Folgende Schritte wurden bislang unternommen:

- Die Errichtung des Lehrstuhls für „Religion des Islam" an der Universität Münster im Jahre 2004. Erster Inhaber des Lehrstuhls ist der deutsche Konvertit Muhammad Sven Kalisch, der im Juni 2004 die Professur erhielt.[8]
- Die Errichtung des Lehrstuhls für die Ausbildung von muslimischen RL an der Friedrich-Alexander-Universität Erlangen-Nürnberg. Der deutsche Konvertit Harry Harun Behr hat zurzeit diesen Lehrstuhl inne.
- Die Errichtung des Lehrstuhls für die Ausbildung von muslimischen RL an der Universität Osnabrück. Der erste Lehrstuhlinhaber ist Bülent Ucar.
- Die Errichtung der Stiftungsprofessur „Islamische Religion" an der Universität Frankfurt/Main seit 2003. Dieser Lehrstuhl wird allerdings vom türkischen Präsidium für religiöse Angelegenheiten (Diyanet Isleri Baskanligi) finanziert. Derzeit hat Ömer Özsoy diesen Lehrstuhl inne.
- Darüber hinaus sind weitere Lehrstühle in Münster, Osnabrück und Hamburg für die nächsten Jahre geplant.

---

8 siehe Lehrstuhl für Religion des Islam, Westfälische Wilhelms-Universität Münster, www.uni-muenster.de/ReligioeseStudien/Islam/ (April 2008)

6 Forschungsdesign und Methode

In der vorliegenden Studie handelt es sich um eine Vollerhebung der RL für den islamischen RU in Wien und Niederösterreich. Es wurden sowohl qualitative als auch quantitative Verfahren angewandt, um ein möglichst komplexes Bild über Einstellungen der muslimischen RL zu verschiedenen Themen gewinnen zu können. Ein vollstandardisierter Fragebogen wurde entwickelt, dem eine intensive qualitative Forschungsphase voranging; 18 qualitative Leitfadengespräche mit RL für den islamischen RU wurden geführt. Der Fragebogen wurde in der Pretest-Phase auf Verständlichkeit hin geprüft und überarbeitet. Das qualitativ erhobene Datenmaterial bietet auch die Möglichkeit, anhand der Analysen von Einzelfällen Zusammenhänge und Merkmale herauszuarbeiten (vgl. Heinze 1987: 8).

Im quantitativen Teil der Studie werden die im qualitativen Teil gesammelten und strukturierten Informationen über die Einstellungen der RL quantifiziert. Da bei den RL keine gravierenden sprachlichen Probleme zu erwarten waren, wurden die qualitativen Interviews in deutscher Sprache geführt. Der Fragebogen war ebenfalls in deutscher Sprache verfasst worden.

Von den insgesamt 250 an muslimische RL ausgeteilten Fragebögen wurden knapp 210 ausgefüllt zurückgebracht, von denen aber nur 199 verwertbar waren.[9]

6.1 Struktur der Stichprobe

In der Stichprobe sind 44 % der befragten LehrerInnen männlich und 56 % weiblich. 38 % sind im Alter zwischen 20 und 29 Jahren, 32 % im Alter zwischen 30 und 39, und 30 % sind über 39 Jahre alt. 28 % der LehrerInnen sind in Österreich geboren, der Rest kommt hauptsächlich aus der Türkei. 64 % der befragten RL unterrichten hauptsächlich in Wien, 21 % in Niederösterreich und die restlichen 15 % sind auf die anderen Bundesländer verteilt. 57 % der RL

---

[9] Die Austeilung und das Ausfüllen der Fragebögen fanden hauptsächlich in der Religionslehrerkonferenz im Juni 2007 statt. Die LehrerInnen wurden im Anschluss an die Konferenz von Vertretern der IGGiÖ aufgefordert, die Fragebögen auszufüllen und sie dem Autor der vorliegenden Untersuchung persönlich auszuhändigen.

unterrichten hauptsächlich an Volksschulen, 29 % an Haupt- und 14 % an höheren Schulen. 85 % der muslimischen RL besitzen die österreichische Staatsbürgerschaft und 12 % sind türkische Staatsbürger. 30 % der LehrerInnen haben die IRPA absolviert bzw. studieren dort noch. 36 % haben einen Universitätsabschluss, die restlichen 34 % besitzen einen Schulabschluss bis zur Matura als höchstem formalen Bildungsabschluss.

Tabelle 6.1: Struktur der Stichprobe der muslimischen RL (n = 199); Prozentangaben

	Muslimische ReligionslehrerInnen
Geschlecht	
männlich	44
weiblich	56
Alter	
20 bis 29	38
30 bis 39	32
über 39	30
Geburtsort	
Österreich	28
nicht Österreich	72
Bundesland	
Wien	64
NÖ	21
andere	15
Staatsbürgerschaft	
Österreich	85
Türkei	12
andere	3
höchster formaler Bildungsabschluss	
bis Matura	34
Islam. Rel. Pädagog. Akademie (IRPA)	30
Universität	36
Schultyp	
Volksschule	57
Hauptschule	29
höhere Schulen	14

6.2 Methodisches Vorgehen

Den RL wurden mehrere Items vorgelegt. Alle Statements sind auf einer vierstufigen Skala angeordnet. Die Befragten hatten dann die Möglichkeit, den ihnen vorgelegten Aussagen auf dieser vierstufigen Skala in abgestufter Form zuzustimmen oder sie abzulehnen. Für die Auswertung der Antworten der RL bezüglich ihrer Einstellungen zu Zielen und Aufgaben des RUs, zur normativen Auslegung der Religion hinsichtlich des Zusammenlebens in einer pluralen Gesellschaft und bezüglich ihrer Einstellungen zu Geschlechtsrollen wurde zunächst die Verdichtung der Iteminformationen mittels Faktorenanalyse auf wenige Dimensionen vorgenommen. Danach erfolgte – vor der eigentlichen Zusammenhangsanalyse – die Skalenbildung.

Die gebildeten Skalen wurden anschließend zum

- Geschlecht der RL,
- Geburtsort der RL,
- Schultyp, an dem die RL vorwiegend unterrichten,
- Alter der RL und
- Bildungshintergrund (höchster formaler Bildungsabschluss) der RL

in Beziehung gesetzt und auf vorhandene signifikante Unterschiede bzw. Zusammenhänge überprüft.

Das Merkmal „Geburtsort" wurde in zwei Kategorien zusammengefasst: „in Österreich geboren" und „nicht in Österreich geboren".

Mit Schultyp ist hier die Schulform (Volks-, Hauptschule, höhere Schulen), an der die/der Befragte unterrichtet, gemeint. In der Praxis unterrichtet ein Teil der RL an mehreren Schulformen gleichzeitig, daher wurden sie nach der Schulform, an der sie überwiegend unterrichten, eingeordnet.

Das Merkmal „Alter" wurde zu drei Kategorien gruppiert: 20- bis 29-jährige, 30- bis 39-jährige und über 39-jährige RL.

Mit dem Bildungshintergrund der befragten RL ist der höchste formale Abschluss gemeint. Es wurden drei Kategorien gebildet: 1. bis Matura, 2. AbsolventInnen der Islamischen Religionspädagogischen Akademie (IRPA) und 3. Universitätsabschluss.

Bei der Zusammenhangsanalyse geht es darum, anhand der Daten zu prüfen, ob hier systematische Zusammenhänge zwischen der Fragenbeantwortung und etwa Geschlecht, Alter, Schulform usw. der Befragten bestehen. Bei den ersten drei Aspekten (Geschlecht, Geburtsort und Schulform der Befragten) geht es um die Prüfung von Unterschiedshypothesen, bei den letzten beiden Aspekten (Alter und Bildungshintergrund), die intervallskalierte Variablen sind, um Zusammenhangshypothesen.

Bei Unterschiedshypothesen wird überprüft, ob sich verschiedene Gruppen (die sich in der Datendatei durch die Variablen wie Geschlecht oder Schultyp ergeben) in der Fragebeantwortung unterscheiden, und ob diese Unterschiede jenseits möglicherweise rein zufälliger Unterschiede liegen (Signifikanzprüfung). Bei Zusammenhangshypothesen geht es um die Prüfung eines Zusammenhangs zwischen zwei Variablen in der Form „je mehr ... desto ...". Es geht also um die Frage, ob man z. B. sagen kann: Je höher das Lebensalter der Befragten, desto eher beantworten sie die Fragen tendenziell in die eine oder die andere Richtung.

Die Abfolge der Darstellung ergibt sich also wie folgt:

1. Durchführung einer Faktorenanalyse zur Gruppierung der Items.
2. Überprüfung der Itemzusammenstellung auf Reliabilität als testtheoretisches Gütekriterium mittels Cronbach's Alpha.
3. Bildung der Skalen und Skalenwerte in der Datendatei nach den Ergebnissen von 1 und 2.
4. Durchführung der Zusammenhangsanalysen mit den so gebildeten Skalenwerten:

   a. T-Tests auf Mittelwertunterschiede zwischen den Geschlechtern bzw. den Geburtsorten (zwei Gruppen).
   b. Varianzanalysen zum Test auf Mittelwertunterschiede zwischen den Schulformen (mehr als zwei Gruppen). Die Varianzanalyse ist eine Verallgemeinerung des T-Tests. Der T-Test vergleicht zwei verschiedene Gruppen hinsichtlich ihrer Mittelwertunterschiede in der (intervallskalierten) abhängigen Variablen. Die Varianzanalyse macht im Prinzip genau dasselbe, nur wird die Einschränkung fallengelassen, dass immer nur zwei Gruppen miteinander verglichen werden können. Die Varianzanalyse untersucht also drei oder mehr verschiedene Gruppen auf nachweisliche Mittelwertunterschiede.
   c. Prüfung der Zusammenhänge mit dem Alter (intervallskaliertes Merkmal) bzw. dem formalen Bildungsabschluss (ordinales Merkmal) mittels Korrelationen.

In den Schritten 4 a bis 4 c wird die „eigentliche" Hypothesenprüfung durchgeführt, die Schritte 1 bis 3 sind vorbereitende Schritte zur Bildung der Skalen, mittels derer die Hypothesen geprüft werden sollen.

7 Einstellungen der ReligionslehrerInnen zu Aufgaben und Zielen des islamischen Religionsunterrichts

Die islamische Glaubensgemeinschaft in Österreich definiert folgende Ziele für den islamischen RU an öffentlichen Schulen: [10]

Einheitliche und gesicherte Inhalte

Damit ist gemeint, „eine solide und ausgewogene Vermittlung religiöser Inhalte weitergeben zu können, die sowohl inhaltlich hochwertig ist, als [auch] pädagogischen Ansprüchen Folge leistet".

Betonung des islamischen Weges der Mitte

Die Unterrichtsführung soll zu eigenem kritischem Denken anregen, um „zu einer Haltung der Mäßigung, der Bewusstheit der eigenen gesellschaftlichen Verantwortung im Sinne des Gemeinwohls und einem ethischen Handeln, das auf gegenseitigen Respekt und Verständnis ausgerichtet ist", zu erziehen.

Förderung der eigenen Identität

Der islamische RU soll „eine lebendige Reflexion über die eigene Identität als Muslime" fördern. „Gerade für junge Menschen der zweiten und dritten Generation" soll der „Religionsunterricht eine wichtige Orientierung und einen geschützten Raum, um über die eigene soziale Rolle nachzudenken", bieten.

---

10 vgl. http://www.derislam.at/islam.php?name=Themen&pa=showpage&pid=154 (Zugriff am 10.12.2008)

Bewusstmachung der Kompatibilität einer islamischen Lebensweise mit dem Gefühl der Zugehörigkeit zu Österreich und Europa

Die Vereinbarkeit der Identität der SchülerInnen „als Muslime und Menschen, die den Lebensmittelpunkt Österreich teilen", soll im RU herausgearbeitet werden.

Umgang mit Vielfalt

Der RU soll zur Pluralität und Berücksichtigung des „Anderen" erziehen.

Förderung des konstruktiven innermuslimischen Dialogs

Der Islamunterricht soll „zu einer Beschäftigung mit Unterschieden zwischen Tradition und islamischer Lehre" anregen.

Eintreten für Chancengleichheit zwischen Männern und Frauen

Der islamische RU soll eine „kritische Auseinandersetzung mit Traditionen, die mit dem Islam scheinbar begründet werden, aber diesem mitunter zuwiderlaufen", fördern. Daher ist die Behandlung der Stellung der Frau im RU wichtig „und kann helfen, alte dem Islam widersprechende Rollenmuster zu revidieren".

Kompetenz im Umgang mit Vielfalt in der eigenen Gruppe als Schlüssel zu einer generellen Bejahung von Vielfalt

Der islamische RU soll sich „mit Vielfalt innerhalb des eigenen Kontextes" auseinandersetzen. Dadurch können „leichter die so gewonnenen Erfahrungen gesamtgesellschaftlich übertragen" werden.

Wissen als Prämisse für einen breiten Dialog

Der islamische RU soll die Dialogfähigkeit der muslimischen SchülerInnen fördern.

Integration durch Partizipation

Der islamische RU hat auch das Ziel, „junge muslimische Menschen dazu heranzubilden, wertvolle Mitglieder in der Gesellschaft zu sein, und sie zu ermutigen, durch Teilhabe an einem friedlichen und respektvollen Zusammenleben mitzuwirken".

Nun ergibt sich die Frage, wie werden diese Ziele in der Praxis umgesetzt? Welche Themen und Inhalte werden im islamischen RU vermittelt? Welche Themen haben für die RL eine höhere Priorität als andere? Worauf legen sie besonderen Wert? Welche Vorstellungen haben sie bezüglich der Aufgaben und Ziele des RUs? Um Antworten auf diese Fragen geben zu können, wurden den RL insgesamt 35 Statements zu verschiedenen Themen des RUs vorgelegt (s. Tabelle 7.1). Alle Aussagen sind auf einer vierstufigen Skala (sehr vorrangig, eher vorrangig, eher nicht vorrangig, gar nicht vorrangig) angeordnet. Die Befragten hatten dann die Möglichkeit, den ihnen vorgelegten Aussagen auf dieser vierstufigen Skala in abgestufter Form zuzustimmen oder sie abzulehnen.

Die Aufgabe, den SchülerInnen zu ermöglichen, ihre Gefühle wahrzunehmen und auszudrücken, hat den höchsten Vorrang. 95,4 % der RL halten diese Aufgabe für vorrangig. Die Vermittlung von Ritualen, Glaubensgrundsätzen, Gesetzen und Gehorsam haben ebenfalls einen hohen Vorrang und kommen an zweiter Stelle; über 90 % der RL sind dieser Meinung. Wenig Zustimmung findet die Aufgabe der kritischen Reflexion. 48,4 % der LehrerInnen sehen in der Befähigung der SchülerInnen, die traditionelle islamische Theologie in Bezug auf das Leben in Europa kritisch zu betrachten, eine vorrangige Aufgabe. 43 % der LehrerInnen sehen in der Befähigung der SchülerInnen, über die Meinungen der frühen islamischen Gelehrten kritisch nachzudenken, eine vorrangige Aufgabe des RUs. Den SchülerInnen eine gegenüber den AnhängerInnen anderer Religionen überlegene Haltung zu vermitteln, ist für die muslimischen RL im Vergleich zu anderen Aufgaben wenig vorrangig. 43 % der LehrerInnen stufen das Vermitteln von Argumenten gegen das Christentum als vorrangige Aufgabe des islamischen RUs ein. Das Statement „Meine SchülerInnen befähigen, zu erkennen, dass sie, weil sie Muslime sind, besser als ihre MitschülerInnen sind", findet bei 44,1 % der RL Zustimmung.

Tabelle 7.1: Aufgaben und Ziele des islam. RUs nach Mittelwert aufsteigend geordnet

Wie wichtig und vorrangig sind folgende Aufgaben und Ziele im IRU?	Mittelwert	sehr vorrangig %	eher vorrangig %	eher nicht vorrangig %	gar nicht vorrangig %
Meinen SchülerInnen ermöglichen, ihre Gefühle wahrzunehmen und auszudrücken.	1,21	83,7	11,7	4,6	
Meinen SchülerInnen das Beten und Fasten beibringen.	1,21	80,9	17,0	2,1	
Meinen SchülerInnen die Glaubensgrundsätze beibringen.	1,24	84,0	8,2	7,7	
Meinen SchülerInnen die Gesetze des Islam (Gebote und Verbote) beibringen.	1,25	77,2	20,3	2,5	
Meinen SchülerInnen Gehorsam gegenüber Menschen (Eltern, Geschwister, ältere Menschen) beibringen.	1,28	81,3	11,1	6,1	1,5
Meinen SchülerInnen allgemeine Wertvorstellungen für eine menschliche Lebensgestaltung vermitteln.	1,31	74,9	20,5	3,6	1,0
Meinen SchülerInnen erklären, dass die Geschichte der Propheten und Khalifen ein Vorbild für die islamische Lebensweise ist.	1,33	77,2	16,8	2,0	4,1
Meine SchülerInnen unterstützen, Argumente zu formulieren, warum nur der Islam die einzig richtige Religion ist.	1,42	71,2	19,7	4,5	4,5
Meine SchülerInnen zum Eintreten für Frieden ermutigen.	1,42	68,7	24,1	4,1	3,1
Meinen SchülerInnen helfen, ihre persönlichen Probleme zu formulieren, in den IRU einzubringen und zu verarbeiten.	1,53	63,9	23,2	9,3	3,6
Das Verständnis für die Sicht Andersgläubiger fördern.	1,53	61,4	27,2	8,7	2,7

7 Einstellungen der RL zu Aufgaben und Zielen des islamischen RUs 71

Gemeinsamkeiten zwischen den Religionen aufzeigen.	1,57	60,5	23,6	14,4	1,5
Meine SchülerInnen befähigen, selbstständig Antworten auf ihre Alltagsfragen zu finden.	1,61	58,5	26,7	10,3	4,6
Meinen SchülerInnen die Fähigkeit vermitteln, ihre eigene Religiosität zu gestalten.	1,68	56,9	24,6	12,3	6,2
Die interreligiöse Dialogfähigkeit meiner SchülerInnen fördern.	1,70	50,8	32,8	11,6	4,8
Ausgehend von den Büchern und Werken der frühen islamischen Gelehrten, meinen SchülerInnen beibringen, was im Islam erlaubt und was verboten ist.	1,73	50,0	32,0	13,4	4,6
Meinen SchülerInnen die Lehrmeinung der frühen islamischen Gelehrten verständlich machen.	1,78	50,8	27,2	15,4	6,7
Meinen SchülerInnen einen Überblick über andere Religionen vermitteln.	1,82	36,0	47,7	14,2	2,0
Meine SchülerInnen Koran-Suren auswendig lernen lassen.	1,83	38,5	41,5	19,0	1,0
Meine SchülerInnen befähigen, eine islamisch-europäische Identität zu entwickeln.	1,91	44,7	27,9	18,9	8,4
Differenzen zwischen den Religionen aufzeigen.	1,92	39,4	35,2	19,7	5,7
Meinen SchülerInnen die gesellschaftliche und politische Dimension des Islam nahe bringen.	1,94	43,9	28,3	17,6	10,2
Meine SchülerInnen über Demokratie und Menschenrechte aufklären.	2,02	37,1	34,5	17,8	10,7
Meine SchülerInnen befähigen, einen europakonformen Islam zu entwickeln und zu leben.	2,09	41,1	24,7	18,4	15,8

Meinen SchülerInnen verdeutlichen, dass der einzige Weg, sich vor der Strafe Gottes zu retten, das Einhalten der Gebete am Tag ist.	2,13	35,6	28,9	22,7	12,9
Meine SchülerInnen befähigen, ihre eigene Meinung zu religiösen Themen zu bilden, auch wenn sie damit den frühen islamischen Gelehrten widersprechen.	2,28	26,6	34,4	23,4	15,6
Meinen SchülerInnen Sitten und Bräuche beibringen.	2,38	26,9	28,5	23,8	20,7
Meinen SchülerInnen erklären, dass es respektlos ist, den frühen islamischen Gelehrten zu widersprechen.	2,52	24,2	25,8	24,2	25,8
Meine SchülerInnen befähigen, die traditionelle islamische Theologie in Bezug auf das Leben in Europa kritisch zu betrachten.	2,65	14,9	33,5	22,7	28,9
Meine SchülerInnen befähigen, über die Meinungen der frühen islamischen Gelehrten kritisch nachzudenken.	2,66	20,7	22,3	27,5	29,5
Meine SchülerInnen unterstützen, Argumente gegen das Christentum zu formulieren.	2,72	17,9	25,1	23,6	33,3
Meine SchülerInnen befähigen, zu erkennen, dass sie, weil sie Muslime sind, besser als ihre MitschülerInnen sind.	2,73	18,5	25,6	20,0	35,9
Meine SchülerInnen befähigen, die islamische Geschichte kritisch zu betrachten.	2,79	16,0	22,7	27,8	33,5
Meinen SchülerInnen die arabische Sprache beibringen.	2,83	15,3	21,4	28,6	34,7
Meinen SchülerInnen erzählen, dass die Umayyaden und Abbasiden vorbildliche Herrscher waren.	2,94	11,3	25,8	21,0	41,9

Exkurs: Einstellungen der katholischen und evangelischen ReligionslehrerInnen zu Aufgaben und Zielen des christlichen Religionsunterrichts

Zum Vergleich mit den Einstellungen der muslimischen RL sind in den Tabellen 7.2 und 7.3 die Ergebnisse der Studie von Feige und Tzscheetzsch über die Einstellungen der katholischen und evangelischen RL zu den Aufgaben des christlichen RUs dargestellt.

Andreas Feige und Werner Tzscheetzsch erhoben in ihrer Studie „Christlicher Religionsunterricht im religionsneutralen Staat" (Feige 2005) die Zielvorstellungen von über 4.000 evangelischen und katholischen RL aller Schularten in Baden-Württemberg im Hinblick auf den RU. Was die Einstellungen der RL zu Aufgaben und Zielen des katholischen und evangelischen RUs betrifft, kamen sie zu dem Ergebnis, dass die Lehrer für den evangelischen und katholischen RU die Emanzipation ihrer SchülerInnen zur christlich-religiösen Entfaltung ihrer personalen Existenz fördern wollen. Die Vermittlung von christlicher Ethik („Frieden, Gerechtigkeit und Bewahrung der Schöpfung") sowie eine christliche Grundbildung bilden die Basis dafür. Die RL wollen Hilfestellungen anbieten, die eigene „Weltsicht" zu formulieren. Es geht im RU nicht um religiös-dogmatische Indoktrination, sondern um ein lehrerseits begleitendes „Entlassen der SchülerInnen in die Freiheit des Ergebnisses", kurz: um religiöse Bildung (vgl. ebd.).

Tabelle 7.2: Fragebogen-Auszug: Zielvorstellungen für den RU, kath.

Ziel meines Religionsunterrichts ist, …	gar nicht				vorrangig	Mittelwert
meine Schüler/-innen zum Eintreten für *Frieden, Gerechtigkeit und Bewahrung der Schöpfung* zu ermutigen.	0	1	7	27	64	4,54
allgemeine *Wertvorstellungen* für eine menschliche Lebensgestaltung zu vermitteln.	1	4	12	30	53	4,31
meinen Schülern/-innen *eine persönliche Orientierung* für ihre *Identitätsbildung* zu ermöglichen.	0	3	12	38	47	4,29
eine christliche *Grundbildung* zu vermitteln.	1	3	16	39	41	4,16

meinen Schülern/-innen zu ermöglichen, ihre *Gefühle* wahrzunehmen und auszudrücken.	1	7	18	37	37	4,01
meinen Schülern/-innen *Verstehens- und Formulierungshilfen* zu geben, *ihre persönlichen Probleme* einzubringen und zu bearbeiten.	1	6	20	39	34	3,98
durch Verkündigung der *frohen Botschaft* von Jesus Christus die jungen Menschen zur persönlichen Glaubensentscheidung zu führen.	2	7	19	37	35	3,95
meinen Schülern/-innen zu helfen, ihre *Lebensfragen* möglicherweise als *'Glaubensfragen'* zu erkennen und zu erschließen.	2	7	24	35	32	3,88
Meinen Schülern/-innen eine christlich geprägte *Lebensbegleitung* anzubieten.	2	9	20	36	33	3,88
in den Vordergrund zu stellen, was den Religionen *gemeinsam* ist.	2	9	25	38	26	3,76
zu kreativem und zugleich sensiblem Umgang mit *religiösen Zeichen und Symbolen* anzuleiten.	1	8	27	40	23	3,75
die *interreligiöse* und *interkulturelle Dialogfähigkeit* meiner SchülerInnen zu fördern.	3	10	24	39	24	3,71
die ökumenische *(kath./ev.) Dialogfähigkeit* meiner SchülerInnen zu fördern.	4	10	24	38	24	3,68
die *christliche Ethik* in ihrem eigenen Profil herauszuarbeiten.	3	11	27	38	21	3,62
die Wahrnehmungsfähigkeit für die *Perspektiven Andersgläubiger* zu fördern.	3	11	30	40	16	3,56
Schwerpunktmäßig Zugänge zur *Bibel* zu schaffen.	2	14	35	32	17	3,49
zu *Nachdenklichkeit* in theologischen Fragen anzuleiten.	6	15	30	32	17	3,39

7 Einstellungen der RL zu Aufgaben und Zielen des islamischen RUs

Eine *'Oase'* in der täglichen Leistungsroutine der Schule zu bieten.	7	17	28	27	21	3,36
Meinen Schülern/-innen die *gesellschaftlich-politische* Dimension von Religion nahe zu bringen.	8	15	27	34	15	3,32
Bezüge zu Formen gelebter Religion in der Kirche/Gemeinde *aufzuzeigen*.	4	17	34	34	11	3,30
Meine Schüler/-innen in der Kirche zu *beheimaten*.	7	19	33	26	15	3,22
Konkrete Gelegenheiten zum *gemeinschaftlichen Feiern und Gestalten* von Religion zu bieten.	7	21	29	28	15	3,21
Meine Schüler/-innen für mögliche *Transzendenzerfahrungen* zu öffnen.	8	21	29	29	13	3,18
Die kritische *Urteilsfähigkeit* über die Kirche *als Institution* zu stärken.	13	19	32	26	9	3,00
Meinen Schülern/-innen auch die *weibliche Seite Gottes* nahe zu bringen.	16	21	28	23	12	2,92
Theologisches *Fachwissen* in Ansätzen zu vermitteln.	11	27	32	23	7	2,87
Bezüge zu Formen gelebter Religion in der Kirche/Gemeinde praktisch *herzustellen*.	13	26	31	21	9	2,87
Bestehende *Unterschiede* zwischen den Religionen und Konfessionen deutlich aufzuzeigen.	12	27	34	20	7	2,83
meinen Schüler/-innen die *Lehrmeinung* der Kirche verständlich zu machen.	16	34	32	14	4	2,54
meine Schüler/-innen in ihren bewussten und/oder unbewussten *konfessionellen* Positionen argumentativ zu stützen und emotional zu stärken.	23	27	30	16	4	2,49
Eine *konstruktive Auseinandersetzung* mit Lehrtraditionen (z. B. [ev.] Rechtfertigungslehre, [kath.] Amtsverständnis) zu fördern.	33	23	24	16	4	2,35

Tabelle 7.3: Fragebogen-Auszug: Zielvorstellungen für den RU, evang.

Ziel meines Religionsunterrichts ist, …	gar nicht			vorrangig	Mittelwert
meine Schüler/-innen zum Eintreten für *Frieden, Gerechtigkeit und Bewahrung der Schöpfung* zu ermutigen.	1	3	11	30	54	4,33
Allgemeine *Wertvorstellungen* für eine menschliche Lebensgestaltung zu vermitteln.	1	3	13	37	46	4,25
meinen Schülern/-innen *eine persönliche Orientierung* für ihre *Identitätsbildung* zu ermöglichen.	1	4	16	38	41	4,15
Eine christliche *Grundbildung* zu vermitteln.	1	5	17	39	37	4,05
meinen Schülern/-innen zu ermöglichen, ihre *Gefühle* wahrzunehmen und auszudrücken.	2	8	16	31	43	4,03
meinen Schülern/-innen *Verstehens- und Formulierungshilfen* zu geben, *ihre persönlichen Probleme* einzubringen und zu bearbeiten.	2	7	18	37	37	4,01
Durch Verkündigung der *frohen Botschaft* von Jesus Christus die jungen Menschen zur persönlichen Glaubensentscheidung zu führen.	3	11	23	34	30	3,77
meinen Schülern/-innen zu helfen, ihre *Lebensfragen* möglicherweise als *'Glaubensfragen'* zu erkennen und zu erschließen.	3	9	26	34	28	3,75
meinen Schülern/-innen eine christlich geprägte *Lebensbegleitung* anzubieten.	2	12	25	35	27	3,72
in den Vordergrund zu stellen, was den Religionen *gemeinsam* ist.	5	12	23	37	24	3,63
zu kreativem und zugleich sensiblem Umgang mit *religiösen Zeichen und Symbolen* anzuleiten.	3	11	28	39	20	3,61
die *interreligiöse* und *interkulturelle Dialogfähigkeit* meiner SchülerInnen zu fördern.	5	12	24	36	23	3,58
die ökumenische *(kath./ev.) Dialogfähigkeit* meiner SchülerInnen zu fördern.	3	12	27	41	17	3,55
die *christliche Ethik* in ihrem eigenen Profil herauszuarbeiten.	6	14	25	33	22	3,50
die Wahrnehmungsfähigkeit für die *Perspektiven Andersgläubiger* zu fördern.	7	14	25	33	21	3,47

7 Einstellungen der RL zu Aufgaben und Zielen des islamischen RUs

schwerpunktmäßig Zugänge zur *Bibel* zu schaffen.	3	16	31	34	16	3,43
zu *Nachdenklichkeit* in theologischen Fragen anzuleiten.	7	18	26	28	21	3,37
eine *'Oase'* in der täglichen Leistungsroutine der Schule zu bieten.	12	16	23	28	21	3,28
meinen Schülern/-innen die *gesellschaftlich-politische* Dimension von Religion nahe zu bringen.	10	15	27	34	14	3,26
Bezüge zu Formen gelebter Religion in der Kirche/Gemeinde *aufzuzeigen*.	8	22	29	27	13	3,14
meine Schüler/-innen in der Kirche zu *beheimaten*.	5	21	37	30	7	3,13
konkrete Gelegenheiten zum *gemeinschaftlichen Feiern und Gestalten* von Religion zu bieten.	8	23	34	27	8	3,05
meine Schüler/-innen für mögliche *Transzendenzerfahrungen* zu öffnen.	9	23	33	26	9	3,01
die kritische *Urteilsfähigkeit* über die Kirche *als Institution* zu stärken.	14	27	29	22	9	2,85
meinen Schülern/-innen auch die *weibliche Seite Gottes* nahe zu bringen.	17	24	31	22	6	2,76
theologisches *Fachwissen* in Ansätzen zu vermitteln.	13	31	31	20	6	2,74
Bezüge zu Formen gelebter Religion in der Kirche/Gemeinde praktisch *herzustellen*.	17	26	30	21	7	2,74
bestehende *Unterschiede* zwischen den Religionen und Konfessionen deutlich aufzuzeigen.	27	22	24	20	7	2,56
meinen Schüler/-innen die *Lehrmeinung* der Kirche verständlich zu machen.	26	29	27	15	3	2,39
meine Schüler/-innen in ihren bewussten und/oder unbewussten *konfessionellen* Positionen argumentativ zu stützen und emotional zu stärken.	33	26	22	15	4	2,33
eine *konstruktive Auseinandersetzung* mit Lehrtraditionen (z. B. [ev.] Rechtfertigungslehre, [kath.] Amtsverständnis) zu fördern.	26	39	25	8	1	2,17

7.1 Methodisches Vorgehen

Nach der Verdichtung der Iteminformationen mittels Faktorenanalyse auf wenige Dimensionen wurden Skalen gebildet, die anschließend zum

- Geschlecht der RL,
- Geburtsort der RL,
- Schultyp, an dem die RL vorwiegend unterrichten,
- Alter der RL,
- Bildungshintergrund (höchster formaler Bildungsabschluss) der RL

in Beziehung gesetzt und auf vorhandene signifikante Unterschiede bzw. Zusammenhänge überprüft wurden.

7.1.1 Faktorenanalyse

Die durchgeführte Faktorenanalyse extrahierte zehn Faktoren (gesamt erklärte Varianz 67,7 %), davon waren folgende fünf Faktoren (erklärte Varianz 45,4 %) inhaltlich interpretierbar (KMO-Wert: 0,738):

- Faktor 1 (12,7 % Varianzerklärung): „Glaubenslehre und Gesetze". Hier geht es um „Glaubenslehre" im engeren Sinn, also eher im Sinne von „Verkündigung" und nicht im Sinne der kritischen Reflexion der Tradition.
- Faktor 2 (11,6 % Varianzerklärung): „Aufklärung und kritische Reflexion der Tradition". Hier geht es um die kritische Auseinandersetzung mit Traditionen und Geschichte sowie um die Ermutigung zur Hinterfragung dieser Traditionen.
- Faktor 3 (8,4 % Varianzerklärung): „Dialogfähigkeit". Hier geht es um die Befähigung zur Offenheit, Toleranz und Dialogfähigkeit.
- Faktor 4 (6,4 % Varianzerklärung): „Allgemeine Wertvorstellungen, Demokratie, Menschenrechte". Hier geht es um die Vermittlung allgemeiner Werte für eine menschliche Lebensgestaltung sowie von modernen Werten und Prinzipien, wie Demokratie und Menschenrechte.
- Faktor 5 (6,2 % Varianzerklärung): „Intoleranz und Überlegenheitsgefühle". Hier geht es um Abgrenzung der Religionen und Superiorität des Islam.

7.1.2 Reliabilitätsanalyse

Im Anschluss an die Faktorenanalyse wurden nun Skalen gebildet. Die Qualität der zu bildenden Skala wurde mittels Reliabilitätsanalyse (Kennwert: Cronbach's Alpha) überprüft. Es handelt sich hierbei um ein testtheoretisches Gütekriterium.

Faktor 1: „Glaubensgrundsätze und Gesetze"

Der Alpha-Wert für Faktor 1 beträgt bei fünf Variablen 0,815, was ein sehr guter Wert ist. Die Skala ist im testtheoretischen Sinn befriedigend reliabel.

Faktor 2: „Aufklärung und kritische Reflexion der Tradition"

Der Alpha-Wert für Faktor 2 beträgt bei fünf Variablen 0,823, was ein sehr guter Wert ist. Die Skala ist im testtheoretischen Sinn ebenfalls befriedigend reliabel.

Faktor 3: „Dialogfähigkeit"

Wegen der niedrigen Zahl der Variablen (zwei Variablen) ist der Alpha-Wert für Faktor 3 niedrig (,574), was in diesem Fall trotzdem akzeptabel ist.

Faktor 4: „Allgemeine Wertvorstellungen, Demokratie, Menschenrechte"

Wegen der niedrigen Zahl der Variablen (zwei Variablen) ist der der Alpha-Wert für Faktor 4 ebenfalls niedrig (,512), was in diesem Fall auch akzeptabel ist.

Faktor 5: „Intoleranz und Überlegenheitsgefühle"

Der Alpha-Wert für Faktor 5 beträgt bei drei Variablen 0,679, was ein guter Wert ist. Die Skala ist im testtheoretischen Sinn befriedigend reliabel.

7.1.3 Skalenbildung

Nach Durchführung der Faktorenanalyse und Überprüfung der Itemzusammenstellung auf Reliabilität wurden die Skalen und Skalenwerte gebildet.
Die Skalen wurden aus den Summenscores der Items gebildet und wegen der schiefen Verteilung am Median orientiert, unter Berücksichtigung der Verteilungen der einzelnen Items, die zur Bildung der Skalen herangezogen wurden, in zwei Kategorien „vorrangig" und „nicht vorrangig" dichotomisiert.
Skalenwerte dienen den Zusammenhangsauswertungen. Die Bildung der Skalenwerte wird durch die Bildung der Mittelwerte über die Items beschritten; dies erleichtert die Interpretation der Skalenwerte und damit auch die Interpretation von z. B. Mittelwertunterschieden, wenn die aus den Items gebildete Skala denselben Wertebereich hat wie die ihr zugrunde liegenden Items. Berechnet wird also eine neue Variable in der Datendatei, welche für jeden Befragten den Mittelwert der Antworten über bestimmte Items enthält.

7.2 Aufgaben und Ziele des islamischen Religionsunterrichts

Analysiert man die Items, welche zu den einzelnen fünf oben dargestellten Faktoren gehören, und berücksichtigt dabei, mit welchem Vorzeichen und in welcher Höhe sie auf dem jeweiligen Faktor laden, dann lassen sich folgende fünf Aufgaben des islamischen RUs beschreiben:

5. Die Vermittlung von Glaubensgrundsätzen, Ritualen und Gesetzen.
6. Aufklärung und Befähigung zur kritischen Reflexion der Tradition.
7. Vermittlung von Toleranz und Förderung der Dialogfähigkeit.
8. Vermittlung von allgemeinen Werten für eine menschliche Lebensgestaltung sowie von modernen Werten und Prinzipien wie Demokratie und Menschenrechte.
9. Vermittlung von Differenz und Überlegenheitsgefühlen.

7.3 Aufgabe des IRUs: Vermittlung von Glaubensgrundsätzen, Ritualen und Gesetzen

Die Vermittlung von Glaubensgrundsätzen, Ritualen und Gesetzen findet unter den RL sehr starke Zustimmung (s. Tabelle 7.4). Ebenfalls finden die Items „Vermittlung der Geschichte des Propheten Mohammed und seiner Nachfolger als Vorbild für eine islamische Lebensweise" sowie die „Vermittlung von Gehorsam" sehr starke Zustimmung.

Tabelle 7.4: Aufgabe des IRUs: Vermittlung von Glaubensgrundsätzen, Ritualen und Gesetzen; Prozentangaben

Wie wichtig und vorrangig sind folgende Aufgaben und Ziele im IRU?	sehr vorrangig	eher vorrangig	eher nicht vorrangig	gar nicht vorrangig
Meinen SchülerInnen erklären, dass die Geschichte der Propheten und Khalifen ein Vorbild für die islamische Lebensweise ist.	77,2	16,8	2,0	4,1
Meinen SchülerInnen die Glaubensgrundsätze beibringen.	84,0	8,2	7,7	
Meinen SchülerInnen das Beten und Fasten beibringen.	80,9	17,0	2,1	
Meinen SchülerInnen die Gesetze des Islam (Gebote und Verbote) beibringen.	77,2	20,3	2,5	
Meinen SchülerInnen Gehorsam gegenüber Menschen (Eltern, Geschwister, ältere Menschen) beibringen.	81,3	11,1	6,1	1,5

Aus den Summenscores dieser fünf Items wurde die Skala „Glaubensgrundsätze und Gesetze" erstellt und wegen der schiefen Verteilung der Items am Median orientiert, unter Berücksichtigung der Verteilungen der einzelnen Items, die zur Bildung der Skalen herangezogen wurden, in zwei Kategorien „vorrangig" und „nicht vorrangig" dichotomisiert (s. Tabelle 7.5). Demnach betrachten 70,4 % der befragten RL die Vermittlung von Glaubensgrundsätzen, Ritualen und Gesetzen als vorrangige Aufgabe des islamischen RUs.

Tabelle 7.5: Skala „Glaubensgrundsätze und Gesetze"

Aufgabe des IRUs: Vermittlung von Glaubensgrundsätzen, Ritualen und Gesetzen	vorrangig	nicht vorrangig
Skala „Glaubensgrundsätze und Gesetze"	70,4 %	29,6 %

Die Einstellung der RL zur Priorität der Aufgabe der Vermittlung von Glaubensgrundsätzen, Ritualen und Gesetzen soll nun in Verbindung gesetzt werden zum

- Geschlecht der RL,
- Geburtsort der RL,
- Schultyp, an dem die RL vorwiegend unterrichten,
- Alter der RL,
- Bildungshintergrund (höchster formaler Bildungsabschluss) der RL.

Es gilt also anhand der Daten zu prüfen, ob hier systematische Zusammenhänge zwischen der Fragenbeantwortung und dem Geschlecht, Alter, Schultyp usw. der Befragten (s. Tabelle 7.6 und 7.7.) vorliegen.

Tabelle 7.6: Kreuztabelle: Skala „Glaubensgrundsätze und Gesetze" * Geschlecht und Geburtsort der RL; Prozentangaben

Glaubensgrundsätze und Gesetze	männlich	weiblich	Sig.
vorrangig	68,7	72,3	n. s.
nicht vorrangig	31,3	27,7	
	in Österreich geboren	nicht in Österreich geboren	
vorrangig	71,1	68,9	<,01
nicht vorrangig	28,9	31,1	

Tabelle 7.7: Kreuztabelle: Skala „Glaubensgrundsätze und Gesetze" * Schultyp, Alter und Bildung der RL; Prozentangaben

Glaubensgrundsätze und Gesetze	Schultyp der RL			Sig.
	Volksschule	Hauptschule	höhere Schulen	
vorrangig	68,8	78,8	60,7	<,05
nicht vorrangig	31,2	21,2	39,3	
	Alter der RL			
	20 bis 29	30 bis 39	über 39	
vorrangig	69,2	70,8	64,2	n. s.
nicht vorrangig	30,8	29,2	35,8	
	höchster Bildungsabschluss			
	bis Matura	IRPA	Universität	
vorrangig	68,9	67,2	74,6	n. s.
nicht vorrangig	31,1	32,8	25,4	

7.3.1 Vermittlung von Glaubensgrundsätzen, Ritualen und Gesetzen und Geschlecht der ReligionslehrerInnen

Eine Kreuztabellierung der Skala „Glaubensgrundsätze und Gesetze" mit dem Geschlecht der RL (s. Tabelle 7.6) zeigt, dass die Aufgabe der Vermittlung von Glaubensgrundsätzen, Ritualen und Gesetzen für weibliche RL geringfügig mehr Priorität hat (72,3 % vorrangig) als für ihre männlichen Kollegen (68,7 % vorrangig). Ein Mittelwertvergleich bestätigt ebenfalls diese Tendenz: Der Mittelwert bei den männlichen Religionslehrern beträgt 1,3446 und bei den weiblichen 1,2146. Man sieht hier, dass die Mittelwertunterschiede in die Richtung gehen, dass die männlichen Befragten die höheren Mittelwerte aufweisen. Aufgrund der Polung der Items (sehr vorrangig = 1, gar nicht vorrangig = 4) bedeutet das, dass die weiblichen Befragten in dieser Skala die höheren Ausprägungen aufweisen.

Dieser Mittelwertsunterschied ist mit p = 0,063 auf dem 5 %-Niveau allerdings nicht signifikant. Die beiden Geschlechter unterscheiden sich also in den Skalenwerten nicht signifikant voneinander, die Unterschiede sind somit als rein zufälliger Effekt der Stichprobenziehung zu erklären. Der Geschlechtsunterschied kann von der Stichprobe nicht auf die Grundgesamtheit generalisiert werden.

7.3.2 Vermittlung von Glaubensgrundsätzen, Ritualen und Gesetzen und Geburtsort der ReligionslehrerInnen

Hier soll nun geklärt werden, ob man aufgrund des Merkmals „in Österreich geboren" bzw. „nicht in Österreich geboren" Unterschiede in den Einstellungen der RL zu der Priorität der Aufgabe der Vermittlung von Glaubensgrundsätzen, Ritualen und Gesetzen feststellen kann, und ob diese Unterschiede gegebenenfalls signifikant sind.

Eine Kreuztabellierung der Skala „Glaubensgrundsätze und Gesetze" mit dem Geburtsort der RL (s. Tabelle 7.6) zeigt, dass die Aufgabe der Vermittlung von Glaubensgrundsätzen, Ritualen und Gesetzen für RL, die in Österreich geboren sind, mehr Priorität hat (71,1 % vorrangig) als für ihre KollegInnen, die nicht in Österreich geboren sind (68,9 % vorrangig). Ein Mittelwertvergleich bestätigt diese Tendenz: Der Mittelwert beträgt bei den in Österreich geborenen RL 1,1574 und bei den nicht in Österreich geborenen 1,3161 (sehr vorrangig = 1, gar nicht vorrangig = 4).

Dieser Mittelwertunterschied ist mit p = 0,009 auf dem 1 %-Niveau hoch signifikant. Die beiden Gruppen („in Österreich geboren" und „nicht in Österreich geboren") unterscheiden sich in den Skalenwerten also signifikant voneinander, und diese Unterschiede sind somit nicht als rein zufälliger Effekt der Stichprobenziehung zu erklären. Der Geburtsortunterschied kann von der Stichprobe auf die Grundgesamtheit generalisiert werden.

7.3.3 Vermittlung von Glaubensgrundsätzen, Ritualen und Gesetzen und Schultyp

Es geht hier um die Frage, ob man aufgrund des Merkmals „Schultyp" Unterschiede in den Einstellungen der RL zur Priorität der Aufgabe der Vermittlung von Glaubensgrundsätzen, Ritualen und Gesetzen feststellen kann, und ob diese Unterschiede gegebenenfalls signifikant sind.

Eine Kreuztabellierung der Skala „Glaubensgrundsätze und Gesetze" mit dem Schultyp (s. Tabelle 7.7) zeigt, dass die Aufgabe der Vermittlung von Glaubensgrundsätzen, Ritualen und Gesetzen für RL an Hauptschulen am meisten Vorrang hat (78,8 % vorrangig), gefolgt von LehrerInnen an Volksschulen (68,8 % vorrangig). RL an höheren Schulen halten diese Aufgabe im Vergleich zu ihren anderen KollegInnen für weniger vorrangig, nur 60,7 % von ihnen stufen diese Aufgabe als vorrangig ein. Ein Mittelwertvergleich bestätigt ebenfalls diese Tendenz: Der Mittelwert bei den VolksschullehrerInnen beträgt 1,2740, bei den HauptschullehrerInnen 1,1578 und bei den LehrerInnen an höheren Schulen 1,4500 (sehr vorrangig = 1, gar nicht vorrangig = 4). Man sieht also, dass die LehrerInnen an höheren Schulen die höchsten und die Lehrer an Hauptschulen die niedrigsten Mittelwerte aufweisen. Das bedeutet (aufgrund der Polung der Items), dass diese Skala bei den Hauptschulen am höchsten und bei den höheren Schulen am geringsten ausgeprägt ist.

Überprüfung der Mittelwertunterschiede auf Signifikanz mittels T-Test

Da es sich beim Schultyp um drei Ausprägungen handelt (mehr als zwei Gruppen) wird die Signifikanzanalyse mittels Varianzanalyse durchgeführt.

Der Levene-Test (s. Tabelle 13.1 im Anhang), der prüft, ob signifikante Abweichungen von der Annahme der Varianzhomogenität vorhanden sind, zeigt einen Wert, der kleiner als 0,05 ist (0,000). Das bedeutet, dass die signifikanten Abweichungen von der Varianzhomogenität nachgewiesen sind. Je größer die Wahrscheinlichkeit für die Nullhypothese, nämlich der Homogenität, ist, desto eher kann Varianzhomogenität unterstellt werden. Hier ist also eine Verletzung der Modellannahme der Varianzhomogenität deutlich nachgewiesen; die Ab-

7.3 Vermittlung von Glaubensgrundsätzen, Ritualen und Gesetzen 85

weichungen der Varianzen untereinander sind auf dem 1 %-Niveau signifikant. Die Modellannahme der Varianzhomogenität ist also in den Daten nachweislich verletzt, das bedeutet, dass man für die eigentliche Varianzanalyse ein reduziertes Signifikanzniveau von maximal 1 % Irrtumswahrscheinlichkeit ansetzen sollte.

Die eigentliche Signifikanz beträgt $p = 0{,}019$. Damit hat man auf dem 1 %-Niveau kein signifikantes Ergebnis, wohl aber auf dem 5 %-Niveau.

Die Varianzaufklärung beträgt 4 %. Der Effekt der Schulform ist also eher schwach, 96 % der Gesamtunterschiedlichkeit finden sich innerhalb der Gruppen, nur 4 % der Variabilität gehen auf die Schulform als Einflussfaktor zurück.

Im Scheffé-Test (s.Tabelle 13.2 im Anhang), in dem die paarweisen Einzelvergleiche, also jede der drei Gruppen mit jeder anderen Gruppe verglichen wird, zeigt sich, dass nur einer der drei Einzelvergleiche signifikant ist, die anderen zwei nicht. Nur der Unterschied zwischen höheren Schulen und Hauptschulen ist nicht zufällig, nicht aber die Unterschiede zwischen Volksschulen einerseits und den beiden anderen Schultypen andererseits.

7.3.4 Vermittlung von Glaubensgrundsätzen, Ritualen und Gesetzen und Alter der ReligionslehrerInnen

Eine Kreuztabellierung der Skala „Glaubensgrundsätze und Gesetze" mit dem Alter der RL (drei Kategorien: 20- bis 29-jährige, 30- bis 39-jährige, über 39-jährige RL) (s. Tabelle 7.7) zeigt, dass keine nennenswerten Unterschiede zwischen den Altersgruppen in der Einstellung zur Priorität der Aufgabe der Vermittlung von Glaubensgrundsätzen, Ritualen und Gesetzen, existieren. Lediglich für die über 39-jährigen RL hat diese Aufgabe geringfügig weniger Priorität (64,2 % vorrangig) als für die beiden anderen Gruppen (20- bis 29-jährige RL mit 69,2 % und 30- bis 39-jährige mit 70,8 %).

Nun geht es darum, zu überprüfen, ob diese geringen Einstellungsunterschiede zwischen den Altersgruppen signifikant sind. Da es sich bei der Variable „Alter" um ein intervallskaliertes Merkmal handelt, verwendet man hier Korrelationen zur Prüfung der Zusammenhänge.

Da der Skalenwert „Glaubensgrundsätze und Gesetze" ebenfalls intervallskaliert ist, wie das Alter in Jahren, wird für die Beziehung zwischen diesen Variablen die Pearson-Korrelation verwendet.

Bei einem N von 173 besteht in der Stichprobe eine Korrelation von fast 0 ($r = 0{,}043$). Diese Korrelation entspricht einer Varianzaufklärung von nur 0,2 %. Es gibt also in der Stichprobe so gut wie keine gemeinsame Varianz zwischen den Variablen. Entsprechend ist das Ergebnis auch deutlich nicht signifikant, und mit einer Wahrscheinlichkeit von p = 0,572 ist die Korrelation nur zufällig von 0 verschieden. In der Grundgesamtheit sind die Skalenwerte „Glaubensgrundsätze und Gesetze" und das Alter mit hoher Wahrscheinlichkeit völlig unabhängig voneinander.

7.3.5 Vermittlung von Glaubensgrundsätzen, Ritualen und Gesetzen und Bildungsstatus der ReligionslehrerInnen

Hier soll untersucht werden, ob zwischen dem Bildungsstatus der RL und ihren Einstellungen zur Priorität der Aufgabe der Vermittlung von Glaubensgrundsätzen, Ritualen und Gesetzen ein Zusammenhang existiert, und ob gegebenenfalls signifikante Unterschiede vorliegen.

Eine Kreuztabellierung (s. Tabelle 7.7) der Skala „Glaubensgrundsätze und Gesetze" mit dem Merkmal „Bildungsstatus der ReligionslehrerInnen" zeigt, dass LehrerInnen mit Universitätsabschluss in der Aufgabe der Vermittlung von Glaubensgrundsätzen, Ritualen und Gesetzen geringfügig mehr Priorität sehen (74,6 % vorrangig) als ihre KollegInnen mit Matura als höchstem formalen Bildungsabschluss (68,9 %) und die IRPA-AbsolventInnen (67,2 %).

Nun geht es darum, zu überprüfen, ob diese Einstellungsunterschiede zwischen den Gruppen signifikant sind. Da es sich bei der Variable „Bildung" um ein ordinal skaliertes Merkmal handelt, verwendet man hier Korrelationen zur Prüfung der Zusammenhänge.

Für die Zusammenhangsanalyse zwischen dem Skalenwert „Glaubensgrundsätze und Gesetze" und „Bildungsstatus" wird die Spearman-Korrelation verwendet, da eines der beiden Merkmale (hier Bildungsstatus) ordinal skaliert ist.

Auch hier ist die Korrelation sehr schwach (r = 0,052), die Varianzaufklärung beträgt nur 0,27 %, und die Variablen in der Stichprobe sind weitestgehend unkorreliert. 99,73 % der Variabilität der Skalenwerte können nicht durch das Bildungsniveau erklärt werden, sondern gehen auf andere Einflussfaktoren zurück.

Ebenso ist das Ergebnis mit p = 0,475 nicht signifikant. Nach den Stichprobendaten kann man die Nullhypothese, dass in der Grundgesamtheit zwischen dem Skalenwert „Glaubensgrundsätze und Gesetze" und dem Bildungsstatus der RL gar keine Beziehung besteht, nicht zurückweisen.

7.3.6 Zusammenfassung

70,4 % der muslimischen RL sehen in der Vermittlung von Glaubensgrundsätzen, Ritualen und Gesetzen eine vorrangige Aufgabe des islamischen RUs. Diese Aufgabe hat für in Österreich geborene RL signifikant mehr Priorität als für ihre nicht in Österreich geborenen KollegInnen. Für RL an Hauptschulen hat die Aufgabe der Vermittlung von Glaubensgrundsätzen, Ritualen und Gesetzen mehr Priorität als für ihre KollegInnen an Volks- und höheren Schulen. Für RL an höheren Schulen hat diese Aufgabe am wenigsten Vorrang. Der Scheffé-Test zeigt, dass der Unterschied zwischen HauptschullehrerInnen und LehrerInnen an höheren Schulen signifikant ist.

Die Einstellung der muslimischen RL zur Vorrangigkeit der Aufgabe der Vermittlung von Glaubensgrundsätzen, Ritualen und Gesetzen steht in keinem signifikanten Zusammenhang zu ihrem Geschlecht, Alter und Bildungsstatus.

7.4 Aufgabe des IRUs: Aufklärung und Befähigung zur kritischen Reflexion der Tradition

Mit Aufklärung ist hier vor allem die Befreiung von geistiger Bevormundung, die Meinungsfreiheit und die kritische Reflexion des Tradierten gemeint.

Die den RL vorgelegten Items zur Messung ihrer Einstellung zur Vorrangigkeit der Aufgabe der Aufklärung und der Befähigung zur kritischen Reflexion fanden im Vergleich zur Aufgabe der Vermittlung von Glaubensgrundsätzen, Ritualen und Gesetzen vor allem in der Kategorie „sehr vorrangig" eher wenig Zustimmung (s. Tabelle 7.8). Auffällig geringe Zustimmung fand die Aussage „Meine SchülerInnen befähigen, die traditionelle islamische Theologie in Bezug auf das Leben in Europa kritisch zu betrachten"; lediglich 14,9 % der RL stufen diese Aufgabe als sehr und 33,5 % als eher vorrangig ein. Die höchste Zustimmung fand die Aussage „Meinen SchülerInnen die Fähigkeit vermitteln, ihre eigene Religiosität zu gestalten" (56,9 % sehr und 24,6 % eher vorrangig).

Tabelle 7.8: Aufgabe des IRUs: Aufklärung und Befähigung zur kritischen Reflexion der Tradition; Prozentangaben

Wie wichtig und vorrangig sind folgende Aufgaben und Ziele im IRU?	sehr vorrangig	eher vorrangig	eher nicht vorrangig	gar nicht vorrangig
Meine SchülerInnen befähigen, ihre eigene Meinung zu religiösen Themen zu bilden, auch wenn sie damit den frühen islamischen Gelehrten widersprechen.	26,6	34,4	23,4	15,6
Meinen SchülerInnen die Fähigkeit vermitteln, ihre eigene Religiosität zu gestalten.	56,9	24,6	12,3	6,2
Meine SchülerInnen befähigen, über die Meinungen der frühen islamischen Gelehrten kritisch nachzudenken.	20,7	22,3	27,5	29,5
Meine SchülerInnen befähigen, die traditionelle islamische Theologie in Bezug auf das Leben in Europa kritisch zu betrachten.	14,9	33,5	22,7	28,9
Meine SchülerInnen befähigen, die islamische Geschichte kritisch zu betrachten.	16,0	22,7	27,8	33,5

Aus den Summenscores dieser fünf Items wurde die Skala „Aufklärung und kritische Reflexion der Tradition" erstellt und wegen der schiefen Verteilung der Items am Median orientiert, unter Berücksichtigung der Verteilungen der einzelnen Items, die zur Bildung der Skalen herangezogen wurden, in zwei Kategorien „vorrangig" und „nicht vorrangig" dichotomisiert (s. Tabelle 7.9). Demnach betrachten 42,3 % der befragten RL die Aufklärung und Befähigung zur kritischen Reflexion des Tradierten als vorrangige Aufgabe des islamischen RUs. 57,7 % finden diese Aufgabe als nicht vorrangig.

Tabelle 7.9: Skala „Aufklärung und kritische Reflexion der Tradition"

Aufgabe des IRUs: Aufklärung und Befähigung zur kritischen Reflexion der Tradition	vorrangig	nicht vorrangig
Skala „Aufklärung und kritische Reflexion der Tradition"	42,3 %	57,7 %

Die Einstellung der RL zur Priorität der Aufgabe der Aufklärung und Befähigung zur kritischen Reflexion soll nun in Verbindung gesetzt werden zum

7.4 Aufklärung und Befähigung zur kritischen Reflexion der Tradition

- Geschlecht der RL,
- Geburtsort der RL,
- Schultyp, an dem die RL vorwiegend unterrichten,
- Alter der RL,
- Bildungshintergrund (höchster formaler Bildungsabschluss) der RL.

Es gilt also anhand der Daten zu prüfen, ob hier systematische Zusammenhänge zwischen der Fragenbeantwortung und Geschlecht, Alter, Schulform usw. der Befragten bestehen.

Tabelle 7.10: Kreuztabelle: Skala „Aufklärung und kritische Reflexion der Tradition" * Geschlecht und Geburtsort der RL; Prozentangaben

Aufklärung und kritische Reflexion der Tradition	männlich	weiblich	Sig.
vorrangig	49,4	35,9	<,05
nicht vorrangig	50,6	64,1	
	in Österreich geboren	nicht in Österreich geboren	
vorrangig	35,6	41,5	<,05
nicht vorrangig	64,4	58,5	

Tabelle 7.11: Kreuztabelle: Skala „Aufklärung und kritische Reflexion der Tradition" * Schultyp, Alter und Bildung der RL; Prozentangaben

| Aufklärung und kritische Reflexion der Tradition | Schultyp der RL | | | Sig. |
	Volksschule	Hauptschule	höhere Schulen	
vorrangig	33,0	50,9	60,7	<,05
nicht vorrangig	67,0	49,1	39,3	
	Alter der RL			
	20 bis 29	30 bis 39	über 39	
vorrangig	30,8	38,5	52,8	<,05
nicht vorrangig	69,2	61,5	47,2	
	höchster Bildungsabschluss			
	bis Matura	IRPA	Universität	
vorrangig	46,0	24,1	55,1	n. s.
nicht vorrangig	54,0	75,9	44,9	

7.4.1 Aufklärung und Befähigung zur kritischen Reflexion und Geschlecht der ReligionslehrerInnen

Eine Kreuztabellierung der Skala „Aufklärung und kritische Reflexion der Tradition" mit dem Geschlecht der RL (s. Tabelle 7.10) zeigt, dass die Aufgabe der Aufklärung und Befähigung zur kritischen Reflexion für männliche Religionslehrer deutlich mehr Priorität hat (49,4 % vorrangig) als für ihre weiblichen Kolleginnen (35,9 % vorrangig). Ein Mittelwertvergleich bestätigt ebenfalls diese Tendenz: Der Mittelwert beträgt bei den männlichen Religionslehrern 2,2548 und bei den weiblichen 2,5208. Man sieht hier, dass die weiblichen Befragten tendenziell die höheren Mittelwerte aufweisen. Entsprechend der Polung der Items (sehr vorrangig = 1, gar nicht vorrangig = 4) weisen die männlichen Befragten in dieser Skala folglich die höheren Ausprägungen auf.

Dieser Mittelwertsunterschied ist mit $p = 0,023$ auf dem 5 %-Niveau signifikant. Die beiden Geschlechter unterscheiden sich also in den Skalenwerten signifikant voneinander, und diese Unterschiede sind somit nicht als rein zufälliger Effekt der Stichprobenziehung zu erklären. Der Geschlechtsunterschied kann von der Stichprobe auf die Grundgesamtheit generalisiert werden.

7.4.2 Aufklärung und Befähigung zur kritischen Reflexion und Geburtsort der ReligionslehrerInnen

Hier geht es um die Frage, ob das Merkmal „in Österreich geboren" bzw. „nicht in Österreich geboren" mit Einstellungsunterschieden der RL zur Priorität der Aufgabe „Aufklärung und Befähigung zur kritischen Reflexion der Tradition" verbunden ist und ob diese Unterschiede gegebenenfalls signifikant sind.

Eine Kreuztabellierung der Skala „Aufklärung und kritische Reflexion der Tradition" mit dem Geburtsort der RL (s. Tabelle 7.10) zeigt, dass die Aufgabe der Aufklärung und Befähigung zur kritischen Reflexion für nicht in Österreich geborene RL mehr Priorität hat (41,5 % vorrangig) als für ihre in Österreich geborenen KollegInnen (35,6 % vorrangig). Ein Mittelwertvergleich bestätigt ebenfalls diese Tendenz: Der Mittelwert beträgt bei den nicht in Österreich geborenen RL 2,3675 und bei den in Österreich geborenen RL 2,6596 (sehr vorrangig = 1, gar nicht vorrangig = 4).

Dieser Mittelwertunterschied ist mit $p = 0,023$ auf dem 5 %-Niveau signifikant. Die beiden Gruppen („in Österreich geboren", „nicht in Österreich geboren") unterscheiden sich also in den Skalenwerten signifikant voneinander, und diese Unterschiede sind somit nicht als rein zufälliger Effekt der Stichprobenziehung zu erklären. Der Geburtsortunterschied kann also von der Stichprobe auf die Grundgesamtheit generalisiert werden.

7.4.3 Aufklärung und Befähigung zur kritischen Reflexion und Schultyp

Es geht nun um die Frage, ob das Merkmal „Schultyp" mit Einstellungsunterschieden der RL zur Priorität der Aufgabe „Aufklärung und Befähigung zur kritischen Reflexion der Tradition" verbunden ist und ob diese Unterschiede gegebenenfalls signifikant sind.

Eine Kreuztabellierung der Skala „Aufklärung und kritische Reflexion" mit dem Schultyp (s. Tabelle 7.11) zeigt, dass die Aufgabe der Aufklärung und Befähigung zur kritischen Reflexion der Tradition für RL an höheren Schulen am meisten Vorrang hat (60,7 % vorrangig), gefolgt von LehrerInnen an Hauptschulen (50,9 % vorrangig). RL an Volksschulen halten diese Aufgabe im Vergleich zu ihren anderen KollegInnen für weniger vorrangig, nur ein Drittel von ihnen (33 %) sieht diese Aufgabe als vorrangig an. Ein Mittelwertvergleich bestätigt ebenfalls diese Tendenz: Der Mittelwert beträgt bei den LehrerInnen an höheren Schulen 2,1714, bei den HauptschullehrerInnen 2,2728 und bei den VolksschullehrerInnen 2,5250 (sehr vorrangig = 1, gar nicht vorrangig = 4). Man sieht also, dass die VolksschullehrerInnen die höchsten und die LehrerInnen an höheren Schulen die niedrigsten Mittelwerte aufweisen. Das bedeutet (entsprechend der Polung der Items), dass diese Skala bei den LehrerInnen an höheren Schulen am höchsten und bei den LehrerInnen an Volksschulen am geringsten ausgeprägt ist.

Überprüfung der Mittelwertunterschiede auf Signifikanz mittels T-Test

Da es sich aber bei der Schulform um drei Ausprägungen handelt (mehr als zwei Gruppen) wird die Signifikanzanalyse mittels Varianzanalyse durchgeführt.

Der Levene-Test (s. Tabelle 13.3 im Anhang), der prüft, ob signifikante Abweichungen von der Annahme der Varianzhomogenität vorhanden sind, zeigt einen Wert, der größer als 0,05 ist (0,800). Das bedeutet: Die signifikanten Abweichungen von der Varianzhomogenität sind nicht nachgewiesen. Hier liegt keine Verletzung der Modellannahme der Varianzhomogenität vor. Man kann also von genügend homogenen Varianzen ausgehen.

Die eigentliche Signifikanz beträgt p = 0,037. Damit hat man auf dem 5 %-Niveau ein signifikantes Ergebnis. Es gibt also nachweisliche Unterschiede zwischen den Schultypen.

Die Varianzaufklärung beträgt allerdings nur 3,3 %. Der Effekt der Schulform ist also eher schwach, 96,7 % der Gesamtunterschiedlichkeit finden sich innerhalb der Gruppen, nur 3,3 % der Variabilität gehen auf die Schulform als Einflussfaktor zurück.

7.4.4 Aufklärung und Befähigung zur kritischen Reflexion und Alter der ReligionslehrerInnen

Eine Kreuztabellierung der Skala „Aufklärung und kritische Reflexion" mit dem Alter der RL (drei Kategorien: 20- bis 29-jährige RL, 30- bis 39-jährige, über 39- jährige) zeigt, dass es große Unterschiede, vor allem zwischen RL über 39 Jahren und den jüngeren LehrerInnen, gibt (s. Tabelle 7.11). Für 52,8 % der über 39-jährigen RL hat diese Aufgabe im islamischen RU einen Vorrang, dies sehen jedoch nur 38,5 % der 30- bis 39-jährigen und lediglich 30,8 % der 20- bis 29-jährigen RL auch so.

Man erkennt in Tabelle 7.12, dass bei einem N von 173 in der Stichprobe eine geringfügige Korrelation von (r = -0,184) besteht. Diese Korrelation ist trotzdem signifikant p = 0,016. Sie ist also nicht zufällig von 0 verschieden, in der Grundgesamtheit sind die Skalenwerte „Aufklärung und kritische Reflexion der Tradition" und das Alter nicht völlig unabhängig voneinander.

Tabelle 7.12: Korrelationen nach Pearson

		Skalenwert: „Aufklärung und kritische Reflexion der Tradition"
Alter der RL	Korrelation nach Pearson	-,184(*)
	Signifikanz (2-seitig)	,016
	N	172

* Die Korrelation ist auf dem Niveau von 0,05 (2-seitig) signifikant.

7.4.5 Aufklärung und Befähigung zur kritischen Reflexion und Bildungsstatus der ReligionslehrerInnen

Hier soll analysiert werden, ob Zusammenhänge zwischen dem Bildungsstatus der RL und ihren Einstellungen zur Priorität der Aufgabe „Aufklärung und Befähigung zur kritischen Reflexion der Tradition" vorliegen und ob diese etwaigen Zusammenhänge gegebenenfalls signifikant sind.

Eine Kreuztabellierung (s. Tabelle 7.11) der Skala „Aufklärung und kritische Reflexion der Tradition" mit dem Merkmal „Bildung der RL" zeigt, dass

LehrerInnen mit Universitätsabschluss in der Aufklärung und Befähigung zur kritischen Reflexion eine höhere Priorität sehen (55,1 % vorrangig) als ihre KollegInnen mit Matura als höchstem formalen Bildungsabschluss (46 %). Die geringste Priorität hat diese Aufgabe für die IRPA-AbsolventInnen, lediglich ein Viertel von ihnen (24,1 %) stufen diese Aufgabe als vorrangig für den islamischen RU ein.

Die Korrelation ist mit r = -0,133 schwach, die Varianzaufklärung beträgt nur 1,77 %. Die Variablen sind in der Stichprobe weitestgehend unkorreliert, 98,33 % der Variabilität der Skalenwerte können nicht durch das Bildungsniveau erklärt werden, sondern gehen auf andere Einflussfaktoren zurück. Mit p = 0,065 ist das Ergebnis nicht signifikant. Nach den Stichprobendaten kann man die Nullhypothese, dass in der Grundgesamtheit zwischen dem Skalenwert „Aufklärung und kritische Reflexion der Tradition" und Bildungsstatus der RL gar keine Beziehung besteht, nicht zurückweisen.

7.4.6 Zusammenfassung

42,3 % der muslimischen RL sehen in der Aufklärung und Befähigung zur kritischen Reflexion des Tradierten eine vorrangige Aufgabe des islamischen RUs; 57,7 % finden diese Aufgabe nicht vorrangig. Für männliche Religionslehrer hat sie deutlich mehr Priorität als für ihre weiblichen Kolleginnen. Ebenfalls eine höhere Priorität geben dieser Aufgabe nicht in Österreich geborene gegenüber in Österreich geborenen RL.

Für RL an höheren Schulen hat Aufklärung und kritische Reflexion einen größeren Vorrang als für HauptschullehrerInnen. RL an Volksschulen halten diese Aufgabe im Vergleich zu ihren anderen KollegInnen für weniger vorrangig.

Mit höherem Alter der RL steigt auch die Zustimmung zu Aufklärung und kritischer Reflexion der Tradition als Aufgabe des RUs.

Zwischen der Einstellung der muslimischen RL zur Aufgabe der Aufklärung und Befähigung zur kritischen Reflexion der Tradition und ihrem Bildungsstatus besteht kein signifikanter Zusammenhang.

7.5 Aufgabe des IRUs: Vermittlung von Toleranz und Förderung der Dialogfähigkeit

Die den RL vorgelegten Items zur Vorrangigkeit der Aufgabe „Befähigung zum interreligiösen Dialog und zur Toleranz" fanden große Zustimmung (s. Tabelle

7.13). 83,6 % der befragten LehrerInnen betrachten die Förderung der interreligiösen Fähigkeit der SchülerInnen als vorrangig (50,8 % sehr, 32,8 % eher), 88,6 % von ihnen stufen die Förderung des Verständnisses Andersgläubiger ebenfalls als eine vorrangige Aufgabe des islamischen RUs ein (61,4 % sehr, 27,2 % eher).

Tabelle 7.13: Aufgabe des IRUs: Vermittlung von Toleranz und Förderung der Dialogfähigkeit; Prozentangaben

Wie wichtig und vorrangig sind folgende Aufgaben und Ziele im IRU?	sehr vorrangig	eher vorrangig	eher nicht vorrangig	gar nicht vorrangig
Die interreligiöse Dialogfähigkeit meiner SchülerInnen fördern.	50,8	32,8	11,6	4,8
Das Verständnis für die Sicht Andersgläubiger fördern.	61,4	27,2	8,7	2,7

Aus den Summenscores dieser zwei Items wurde ein Summenindex „Dialogfähigkeit" erstellt und wegen der schiefen Verteilung der Items am Median orientiert, unter Berücksichtigung der Verteilungen der einzelnen Items, die zur Bildung der Skalen herangezogen wurden, in zwei Kategorien „vorrangig" und „nicht vorrangig" dichotomisiert. Demnach sehen 65,1 % der befragten RL die Befähigung zum interreligiösen Dialog und zur Toleranz als vorrangige Aufgabe des islamischen RUs an (s. Tabelle 7.14).

Tabelle 7.14: Summenindex „Dialogfähigkeit"

Aufgabe des IRUs: Vermittlung von Toleranz und Förderung der Dialogfähigkeit	vorrangig	nicht vorrangig
Summenindex „Dialogfähigkeit"	65,1 %	34,9 %

Die Einstellung der RL zur Priorität der Aufgabe „Vermittlung von Toleranz und Förderung der Dialogfähigkeit" soll nun in Verbindung gesetzt werden zum

- Geschlecht der RL,
- Geburtsort der RL,
- Schultyp, an dem die RL vorwiegend unterrichten,
- Alter der RL,
- Bildungshintergrund (höchster formaler Bildungsabschluss) der RL.

Es geht also darum, anhand der Daten zu prüfen, ob hier systematische Zusammenhänge zwischen der Fragenbeantwortung und dem Geschlecht, Alter, Schultyp usw. der Befragten bestehen.

Tabelle 7.15: Kreuztabelle: Summenindex „Dialogfähigkeit" * Geschlecht und Geburtsort der RL; Prozentangaben

Dialogfähigkeit	Männlich	weiblich	Sig.
vorrangig	66,3	66,3	n. s.
nicht vorrangig	33,7	33,7	
	in Österreich geboren	nicht in Österreich geboren	
vorrangig	51,1	70,6	n. s.
nicht vorrangig	48,9	29,4	

Tabelle 7.16: Kreuztabelle: Summenindex „Dialogfähigkeit" * Schultyp, Alter und Bildung der RL; Prozentangaben

Dialogfähigkeit	Schultyp der RL			Sig.
	Volksschule	Hauptschule	höhere Schulen	
vorrangig	58,9	68,5	82,1	<,05
nicht vorrangig	41,1	31,5	17,9	
	Alter der RL			
	20 bis 29	30 bis 39	über 39	
vorrangig	55,4	74,0	72,5	n. s.
nicht vorrangig	44,6	26,0	27,5	
	höchster Bildungsabschluss			
	bis Matura	IRPA	Universität	
vorrangig	72,1	60,7	63,2	n. s.
nicht vorrangig	27,9	39,3	36,8	

7.5.1 Vermittlung von Toleranz und Förderung der Dialogfähigkeit und Geschlecht der ReligionslehrerInnen

Eine Kreuztabellierung des Summenindex „Dialogfähigkeit" mit dem Geschlecht der RL zeigt, dass hier überhaupt kein geschlechtsspezifischer Einstellungsunterschied der RL zur Aufgabe „Vermittlung von Toleranz und Befähigung zum Dialog" besteht (s. Tabelle 7.15). Für beide Geschlechter ist diese

Aufgabe gleich wichtig, sowohl 66,3 % der männlichen als auch 66,3 % der weiblichen Befragten stufen diese Aufgabe als vorrangig ein.

Ein Mittelwertvergleich zeigt ebenfalls, dass hier kaum nennenswerte Unterschiede zwischen beiden Geschlechtern vorliegen. Der Mittelwert beträgt bei den männlichen Religionslehrern 1,5843 und bei den weiblichen 1,5850. Mit p = 0,995 wird bestätigt, dass hier keine signifikanten geschlechtsspezifischen Unterschiede bestehen.

7.5.2 Vermittlung von Toleranz und Förderung der Dialogfähigkeit und Geburtsort der ReligionslehrerInnen

Hier geht es um die Frage, ob das Merkmal „in Österreich geboren" bzw. „nicht in Österreich geboren" mit Einstellungsunterschieden der RL zur Priorität der Aufgabe „Vermittlung von Toleranz und Förderung der Dialogfähigkeit" verbunden ist und ob diese Unterschiede gegebenenfalls signifikant sind.

Eine Kreuztabellierung des Summenindex „Dialogfähigkeit" mit dem Geburtsort der RL (s. Tabelle 7.15) zeigt, dass die Vermittlung von Toleranz und Förderung der Dialogfähigkeit für nicht in Österreich geborene RL mehr Priorität hat (70,6 % vorrangig) als für ihre in Österreich geborenen KollegInnen (51,1 % vorrangig). Ein Mittelwertvergleich bestätigt diese Tendenz: Der Mittelwert beträgt bei den RL, die nicht in Österreich geboren sind, 1,5462 und bei denen, die in Österreich geboren sind, 1,7889. Man sieht hier, dass die in Österreich geborenen LehrerInnen die höheren Mittelwerte aufweisen. Entsprechend der Polung der Items (sehr vorrangig = 1, gar nicht vorrangig = 4) weisen die nicht in Österreich geborenen LehrerInnen in diesem Summenindex folglich die höheren Ausprägungen auf.

Dieser Mittelwertunterschied ist mit p = 0,078 auf dem 5 %-Niveau allerdings nicht signifikant. Die beiden Gruppen („in Österreich geboren" und „nicht in Österreich geboren") unterscheiden sich in den Skalenwerten also nicht signifikant voneinander, die Unterschiede sind somit als rein zufälliger Effekt der Stichprobenziehung zu erklären. Der Geburtsortunterschied kann von der Stichprobe nicht auf die Grundgesamtheit generalisiert werden.

7.5.3 Vermittlung von Toleranz und Förderung der Dialogfähigkeit und Schultyp

In diesem Abschnitt soll geklärt werden, ob das Merkmal „Schultyp" mit Einstellungsunterschieden der RL zur Priorität der Aufgabe „Vermittlung von Toleranz und Förderung der Dialogfähigkeit" verbunden ist und ob diese Unterschiede gegebenenfalls signifikant sind.

Eine Kreuztabellierung des Summenindex „Dialogfähigkeit" mit dem Schultyp (s. Tabelle 7.16) zeigt, dass die Aufgabe der Vermittlung von Toleranz und Förderung der Dialogfähigkeit für RL an höheren Schulen am meisten Vorrang hat (82,1 % vorrangig), gefolgt von LehrerInnen an Hauptschulen (68,5 % vorrangig). RL an Volksschulen halten diese Aufgabe im Vergleich zu ihren anderen KollegInnen für weniger wichtig, nur 58,9 % von ihnen betrachten diese Aufgabe als vorrangig. Ein Mittelwertvergleich bestätigt diese Tendenz: Der Mittelwert beträgt bei den VolksschullehrerInnen 1,7176, bei den HauptschullehrerInnen 1,5545 und bei den LehrerInnen an höheren Schulen 1,3750 (sehr vorrangig = 1, gar nicht vorrangig = 4). Man sieht also, dass die LehrerInnen an Volksschulen die höchsten Mittelwerte und die an höheren Schulen die niedrigsten Werte aufweisen. Das bedeutet (entsprechend der Polung der Items), dass dieser Summenindex bei den LehrerInnen an höheren Schulen am höchsten und bei denen an Volksschulen am geringsten ausgeprägt ist.

Überprüfung der Mittelwertunterschiede auf Signifikanz mittels T-Test

Da es sich bei der Schulform um drei Ausprägungen handelt (mehr als zwei Gruppen), wird die Signifikanzanalyse mittels Varianzanalyse durchgeführt.

Der Levene-Test (s. Tabelle 13.4 im Anhang), der prüft, ob signifikante Abweichungen von der Annahme der Varianzhomogenität vorhanden sind, zeigt einen Wert, der größer als 0,05 ist (0,122). Das bedeutet, dass keine signifikanten Abweichungen von der Varianzhomogenität nachgewiesen sind. Die Modellannahme der Varianzhomogenität ist in den Daten nicht verletzt, so dass man für die eigentliche Varianzanalyse ein Signifikanzniveau von 5 % Irrtumswahrscheinlichkeit ansetzen sollte.

Die eigentliche Signifikanz beträgt p = 0,040. Damit hat man auf dem 5 %-Niveau ein signifikantes Ergebnis. Es gibt also signifikante Unterschiede zwischen den Schultypen.

Die Varianzaufklärung beträgt 3,4 %. Der Effekt der Schulform ist also eher schwach, 96,6 % der Gesamtunterschiedlichkeit findet sich innerhalb der

Gruppen, nur 3,4 % der Variabilität gehen auf die Schulform als Einflussfaktor zurück.

7.5.4 Vermittlung von Toleranz und Förderung der Dialogfähigkeit und Alter der ReligionslehrerInnen

Eine Kreuztabellierung des Summenindex „Dialogfähigkeit" mit dem Alter der RL (drei Kategorien: 20- bis 29-jährige, 30- bis 39-jährige, über 39-jährige). Tabelle 7.16 zeigt keine nennenswerten Unterschiede zwischen den Altersgruppen der 30- bis 39-jährigen und der über 39-jährigen RL hinsichtlich ihrer Einstellung zur Aufgabe „Vermittlung von Toleranz und Förderung der Dialogfähigkeit". Für 74 % der 30- bis 39-jährigen und für 72,5 % der über 39-jährigen RL ist diese Aufgabe vorrangig gegenüber lediglich 55,4 % ihrer jüngeren (20- bis 29-jährigen) KollegInnen, die dieser Aufgabe eine Priorität zumessen.

Bei einem N von 166 besteht in der Stichprobe eine Korrelation von fast 0 ($r = -0{,}070$). Diese Korrelation entspricht einer Varianzaufklärung von nur 0,5 %. Es gibt also in der Stichprobe so gut wie keine gemeinsame Varianz zwischen den Variablen. Entsprechend ist das Ergebnis auch deutlich nicht signifikant; mit einer Wahrscheinlichkeit von $p = 0{,}373$ ist die Korrelation nur zufällig von 0 verschieden, in der Grundgesamtheit sind die Skalenwerte und das Alter mit hoher Wahrscheinlichkeit völlig unabhängig voneinander.

7.5.5 Vermittlung von Toleranz und Förderung der Dialogfähigkeit und Bildungsstatus der ReligionslehrerInnen

Hier geht es um die Frage, ob zwischen dem Bildungsstatus der RL und deren Einstellungen zur Priorität der Aufgabe „Vermittlung von Toleranz und Förderung der Dialogfähigkeit" – gegebenenfalls signifikante – Zusammenhänge existieren.

Eine Kreuztabellierung des Summenindex „Dialogfähigkeit" mit dem Merkmal „Bildung der ReligionslehrerInnen" (s. Tabelle 7.16) zeigt kaum nennenswerte Einstellungsunterschiede zwischen LehrerInnen mit Universitätsabschluss und IRPA-AbsolventInnen. 60,7 % der LehrerInnen mit IRPA-Abschluss und 63,2 % mit Universitätsabschluss halten diese Aufgabe für den islamischen RU für vorrangig. LehrerInnen mit Matura als höchstem formalen Bildungsabschluss halten diese Aufgabe mit 72,1 % für vorrangiger als die beiden anderen Gruppen.

Mit r = 0,084 ist die Korrelation sehr schwach, die Varianzaufklärung beträgt nur 0,71 %, in der Stichprobe sind die Variablen weitestgehend unkorreliert. 99,29 % der Variabilität der Skalenwerte können nicht durch das Bildungsniveau erklärt werden, sondern gehen auf andere Einflussfaktoren zurück. Ebenso ist das Ergebnis mit p = 0,256 nicht signifikant. Nach den Stichprobendaten kann man die Nullhypothese, dass in der Grundgesamtheit zwischen dem Skalenwert „Dialogfähigkeit" und dem Bildungsstatus der RL keine Beziehung besteht, nicht zurückweisen.

7.5.6 Zusammenfassung

65,1 % der muslimischen RL halten die Befähigung der SchülerInnen zum interreligiösen Dialog und zur Toleranz für eine vorrangige Aufgabe des islamischen RUs. Diese Aufgabe hat für RL an höheren Schulen am meisten Vorrang, gefolgt von LehrerInnen an Hauptschulen. RL an Volksschulen halten diese Aufgabe im Vergleich zu den anderen beiden Gruppen für weniger vorrangig. Die Varianzanalyse zeigt, dass diese Unterschiede signifikant sind.

Es besteht jedoch kein signifikanter Zusammenhang zwischen der Einstellung der muslimischen RL zur Vorrangigkeit der Aufgabe „Vermittlung von Toleranz und der Befähigung zum interreligiösen Dialog" und ihrem Geschlecht, Geburtsort, Alter und Bildungsstatus.

7.6 Aufgabe des IRUs: Vermittlung von allgemeinen Werten für eine menschliche Lebensgestaltung sowie von modernen Werten und Prinzipien wie Demokratie und Menschenrechten

71,6 % der befragten RL halten die Aufgabe der Vermittlung von Demokratie und Menschenrechten im islamischen RU für vorrangig. Allerdings bemerkt man hier eine schwache Zustimmung bei der Kategorie „sehr vorrangig", nur 37,1 % der RL finden diese Aufgabe sehr vorrangig, 34,5 % halten sie für eher vorrangig. Hingegen besteht in der Frage der Vermittlung allgemeiner Wertvorstellungen für eine menschliche Lebensgestaltung eine große Zustimmung in der Kategorie „sehr vorrangig". 74,9 % der RL betrachten diese Aufgabe als sehr vorrangig im RU, 20,5 % von ihnen halten sie für eher vorrangig (s. Tabelle 7.17).

Tabelle 7.17: Aufgabe des RUs: Vermittlung von allgemeinen Wertvorstellungen; Prozentangaben

Wie wichtig und vorrangig sind folgende Aufgaben und Ziele im IRU?	sehr vor-rangig	eher vor-rangig	eher nicht vor-rangig	gar nicht vor-rangig
Meine SchülerInnen über Demokratie und Menschenrechte aufklären.	37,1	34,5	17,8	10,7
Meinen SchülerInnen allgemeine Wertvorstellungen für eine menschliche Lebensgestaltung vermitteln.	74,9	20,5	3,6	1,0

Aus den Summenscores dieser zwei Items wurde der Summenindex „Allgemeine Wertvorstellungen, Demokratie, Menschenrechte" erstellt und wegen der schiefen Verteilung der Items am Median orientiert, unter Berücksichtigung der Verteilungen der einzelnen Items, die zur Bildung der Skalen herangezogen wurden, in zwei Kategorien „vorrangig" und „nicht vorrangig" dichotomisiert (s. Tabelle 7.18). Demnach stufen 58,7 % der befragten RL die Vermittlung von allgemeinen Werten für eine menschliche Lebensgestaltung sowie von modernen Werten und Prinzipien wie Demokratie und Menschenrechten als vorrangige Aufgabe des islamischen RUs ein.

Tabelle 7.18: Summenindex: „Allgemeine Wertvorstellungen, Demokratie, Menschenrechte"

Aufgabe des IRUs: Vermittlung von allgemeinen Werten, Demokratie und Menschenrechten	vorrangig	nicht vorrangig
Summenindex: „Allgemeine Wertvorstellungen, Demokratie, Menschenrechte"	58,7 %	41,3 %

Die Einstellung der RL zur Priorität der Aufgabe „Vermittlung von allgemeinen Werten für eine menschliche Lebensgestaltung sowie von modernen Werten und Prinzipien wie Demokratie und Menschenrechten" soll nun in Verbindung gesetzt werden zum

- Geschlecht der RL,
- Geburtsort der RL,
- Schultyp, an dem die RL vorwiegend unterrichten,
- Alter der RL,
- Bildungshintergrund (höchster formaler Bildungsabschluss) der RL.

7.6 Vermittlung von modernen Werten

Es gilt also anhand der Daten zu prüfen, ob hier systematische Zusammenhänge zwischen der Fragenbeantwortung und dem Geschlecht, Alter, Schultyp usw. der Befragten bestehen.

Tabelle 7.19: Kreuztabelle: Summenindex „Allgemeine Wertvorstellungen, Demokratie, Menschenrechte" * Geschlecht und Geburtsort der RL; Prozentangaben

Allgemeine Wertvorstellungen, Demokratie, Menschenrechte	männlich	weiblich	Sig.
vorrangig	67,5	52,4	<,01
nicht vorrangig	32,5	47,6	
	in Österreich geboren	nicht in Österreich geboren	
vorrangig	61,7	58,5	n. s.
nicht vorrangig	38,3	41,5	

Tabelle 7.20: Kreuztabelle: Summenindex „Allgemeine Wertvorstellungen, Demokratie, Menschenrechte" * Schultyp, Alter und Bildung der RL; Prozentangaben

Allgemeine Wertvor- stellungen, Demokratie, Menschenrechte	Schultyp der RL			Sig.
	Volksschule	Hauptschule	höhere Schulen	
vorrangig	47,7	71,9	75,0	<,05
nicht vorrangig	52,3	28,1	25,2	
	Alter der RL			
	20 bis 29	30 bis 39	über 39	
vorrangig	47,7	66,7	62,3	n. s.
nicht vorrangig	52,3	33,3	37,7	
	höchster Bildungsabschluss			
	bis Matura	IRPA	Universität	
vorrangig	60,0	46,6	66,7	<,05
nicht vorrangig	40,0	53,4	33,3	

7.6.1 Vermittlung von modernen Werten und Prinzipien und Geschlecht der ReligionslehrerInnen

Eine Kreuztabellierung des Summenindex „Allgemeine Wertvorstellungen, Demokratie, Menschenrechte" mit dem Geschlecht der RL zeigt (s. Tabelle 7.19), dass die Aufgabe „Vermittlung von allgemeinen Wertvorstellungen für eine menschliche Lebensgestaltung sowie von modernen Werten" für männliche Religionslehrer mehr Priorität hat (67,5 % vorrangig) als für ihre weiblichen KollegInnen (52,4 % vorrangig). Ein Mittelwertvergleich bestätigt diese Tendenz: Der Mittelwert beträgt bei den männlichen Religionslehrern 1,5060 und bei den weiblichen 1,7642. Die weiblichen Befragten weisen somit die höheren Mittelwerte auf. Entsprechend der Polung der Items (sehr vorrangig = 1, gar nicht vorrangig = 4) weisen die männlichen Befragten in diesem Summenindex „Allgemeine Wertvorstellungen, Demokratie, Menschenrechte" folglich die höheren Ausprägungen auf.

Dieser Mittelwertunterschied ist mit p = 0,008 auf dem 1 %-Niveau hoch signifikant. Die beiden Geschlechter unterscheiden sich also in den Skalenwerten signifikant voneinander, und diese Unterschiede sind somit als kein zufälliger Effekt der Stichprobenziehung zu erklären. Der Geschlechtsunterschied kann also von der Stichprobe auf die Grundgesamtheit generalisiert werden.

7.6.2 Vermittlung von modernen Werten und Prinzipien und Geburtsort der ReligionslehrerInnen

Hier soll untersucht werden, ob das Merkmal „in Österreich geboren" bzw. „nicht in Österreich geboren" mit Einstellungsunterschieden der RL zur Priorität der Aufgabe „Vermittlung von allgemeinen Werten für eine menschliche Lebensgestaltung sowie von modernen Werten und Prinzipien wie Demokratie und Menschenrechten" verbunden ist und ob diese Unterschiede gegebenenfalls signifikant sind.

Eine Kreuztabellierung des Summenindex „Allgemeine Wertvorstellungen, Demokratie, Menschenrechte" mit dem Geburtsort der RL (s. Tabelle 7.19) zeigt diesbezüglich jedoch kaum nennenswerte geburtsortspezifische Unterschiede. Für 61,7 % der in Österreich geborenen und für 58,5 % der nicht in Österreich geborenen RL ist die Aufgabe der Vermittlung von allgemeinen Wertvorstellungen sowie von modernen Werten vorrangig. Ein Mittelwertvergleich zeigt allerdings, dass diese Aufgabe für RL, die nicht in Österreich geboren sind, etwas mehr Vorrang (Mittelwert = 1,6301) als für ihre in Österreich geborenen KollegInnen (Mittelwert = 1,7021) hat. Die in Österreich geborenen LehrerInnen weisen somit die höheren Mittelwerte auf. Entsprechend der Polung der Items (sehr vorrangig = 1, gar nicht vorrangig = 4) weisen die nicht in Österreich geborenen LehrerInnen in diesem Summenindex folglich die höheren Ausprägungen auf.

Dieser Mittelwertunterschied ist mit p = 0,496 auf dem 5 %-Niveau allerdings nicht signifikant. Die beiden Gruppen („in Österreich geboren" und „nicht in Österreich geboren") unterscheiden sich in den Skalenwerten also nicht signifikant voneinander, die Unterschiede sind somit als rein zufälliger Effekt der Stichprobenziehung zu erklären. Der Geburtsortunterschied kann von der Stichprobe nicht auf die Grundgesamtheit generalisiert werden.

7.6.3 Vermittlung von modernen Werten und Prinzipien und Schultyp

Es geht nun um die Frage, ob das Merkmal „Schultyp" mit Einstellungsunterschieden der RL zur Priorität der Aufgabe „Vermittlung allgemeiner Wertvorstellungen für eine menschliche Lebensgestaltung sowie von modernen Werten" verbunden ist und ob diese Unterschiede gegebenenfalls signifikant sind.

Eine Kreuztabellierung des Summenindex „Allgemeine Wertvorstellungen, Demokratie, Menschenrechte" mit dem Schultyp zeigt (s. Tabelle 7.20), dass die Aufgabe „Vermittlung von allgemeinen Wertvorstellungen für eine menschliche Lebensgestaltung sowie von modernen Werten" für RL an höheren Schulen am meisten Vorrang hat (75 % vorrangig), gefolgt von den LehrerInnen an Hauptschulen (71,9 % vorrangig). Unter den RL an Volksschulen halten nur 47,7 % diese Aufgabe für vorrangig. Ein Mittelwertvergleich bestätigt diese Tendenz: Der Mittelwert beträgt bei den VolksschullehrerInnen 1,7813, bei den HauptschullehrerInnen 1,5603 und bei den LehrerInnen an höheren Schulen 1,4107. Die LehrerInnen an Volksschulen weisen somit die höchsten Mittelwerte und die Lehrer an höheren Schulen die niedrigsten Werte auf. Folglich ist (entsprechend der Polung der Items) dieser Summenindex bei den LehrerInnen an höheren Schulen am höchsten und bei den VolksschullehrerInnen am geringsten ausgeprägt.

Überprüfung der Mittelwertunterschiede auf Signifikanz mittels T-Test

Da es sich aber bei der Schulform um drei Ausprägungen handelt (mehr als zwei Gruppen), wird die Signifikanzanalyse mittels Varianzanalyse durchgeführt.

Der Levene-Test (s. Tabelle 13.5 im Anhang), der prüft, ob signifikante Abweichungen von der Annahme der Varianzhomogenität vorhanden sind, zeigt einen Wert, der größer als 0,05 ist (0,798). Das bedeutet: Die signifikanten Abweichungen von der Varianzhomogenität sind nicht nachgewiesen. Die Modellannahme der Varianzhomogenität ist in den Daten nicht verletzt, so dass man für die eigentliche Varianzanalyse ein Signifikanzniveau von 5 % Irrtumswahrscheinlichkeit ansetzen sollte.

Die eigentliche Signifikanz beträgt p = 0,011. Damit hat man auf dem 5 %-Niveau ein signifikantes Ergebnis. Es gibt also nachweisliche Unterschiede zwischen den Schultypen.

Die Varianzaufklärung beträgt 4,5 %. Der Effekt der Schulform ist also eher schwach, 95,5 % der Gesamtunterschiedlichkeit finden sich innerhalb der Gruppen, nur 4,5 % der Variabilität gehen auf die Schulform als Einflussfaktor zurück.

Der Scheffé-Test (s. Tabelle 13.6 im Anhang), in dem in paarweisen Einzelvergleichen jede der drei Gruppen mit jeder anderen Gruppe verglichen wird, zeigt, dass nur einer der drei Einzelvergleiche signifikant ist, die anderen zwei nicht. Nur der Unterschied zwischen höheren Schulen und Volksschulen ist signifikant, nicht aber die Unterschiede zwischen Hauptschulen einerseits und den beiden anderen Schultypen andererseits.

7.6.4 Vermittlung von modernen Werten und Prinzipien und Alter der ReligionslehrerInnen

Eine Kreuztabellierung des Summenindex „Allgemeine Wertvorstellungen, Demokratie, Menschenrechte" mit dem Alter der RL (drei Kategorien: 20- bis 29-jährige, 30- bis 39-jährige, über 39-jährige) zeigt keine nennenswerten Einstellungsunterschiede zwischen den Altersgruppen der 30- bis 39-jährigen und der über 39-jährigen RL zur Priorität der Aufgabe „Vermittlung von modernen Werten für eine menschliche Lebensgestaltung sowie von modernen Werten" (s. Tabelle 7.20). Für 66,7 % der LehrerInnen im Alter zwischen 30 und 39 Jahren und für 62,3 % der über 39-Jährigen ist diese Aufgabe im RU vorrangig. Lediglich für die jüngeren (20- bis 29-jährigen) LehrerInnen hat diese Aufgabe weniger Priorität, nur 47,7 % stufen sie als vorrangig ein.

Bei einem N von 172 besteht in der Stichprobe eine sehr geringe Korrelation (r = -0,149). Diese Korrelation entspricht einer Varianzaufklärung von nur 2,2 %. Es gibt demnach in der Stichprobe so gut wie keine gemeinsame Varianz zwischen den Variablen. Entsprechend ist das Ergebnis auch nicht signifikant, und mit einer Wahrscheinlichkeit von p = 0,052 ist die Korrelation nur zufällig von 0 verschieden. In der Grundgesamtheit sind der Summenindex „Allgemeine Wertvorstellungen, Demokratie, Menschenrechte" und das Alter der RL mit hoher Wahrscheinlichkeit völlig unabhängig voneinander.

7.6.5 Vermittlung von modernen Werten und Prinzipien und Bildungsstatus der ReligionslehrerInnen

Hier geht es um die Frage, ob zwischen dem Bildungsstatus der RL und ihren Einstellungen zur Priorität der Aufgabe „Vermittlung von allgemeinen Wertvorstellungen für eine menschliche Lebensgestaltung sowie von modernen Werten" ein Zusammenhang besteht und ob dieser gegebenenfalls signifikant ist.

Eine Kreuztabellierung (s. Tabelle 7.20) des Summenindex „Allgemeine Wertvorstellungen, Demokratie, Menschenrechte" mit dem Merkmal „Bildung der ReligionslehrerInnen" zeigt, dass LehrerInnen mit Universitäts-, aber auch mit Matura als höchstem formalen Bildungsabschluss, in der Aufgabe der Vermittlung von allgemeinen Wertvorstellungen für eine menschliche Lebensgestaltung sowie von modernen Werten mehr Priorität sehen (66,7 % und 60 % vorrangig), als ihre KollegInnen mit IRPA-Abschluss (46,6 %).

Hier ist die Korrelation zwar schwach (r = -0,165), mit p = 0,022 jedoch signifikant (s. Tabelle 7.21). Nach den Stichprobendaten kann man die Nullhypothese, dass in der Grundgesamtheit zwischen dem Summenindex „Allgemeine Wertvorstellungen, Demokratie, Menschenrechte" und Bildungsstatus der RL gar keine Beziehung besteht, zurückweisen.

Tabelle 7.21: Korrelationen nach Spearman

			Summenindex: „Allgemeine Wertvorstellungen, Demokratie, Menschenrechte"
Spearman-Rho	Bildung der RL	Korrelationskoeffizient	-,165(*)
		Sig. (2-seitig)	,022
		N	193

* Die Korrelation ist auf dem 0,05 Niveau signifikant (zweiseitig).

7.6.6 Zusammenfassung

58,7 % der muslimischen RL bezeichnen die „Vermittlung von allgemeinen Werten für eine menschliche Lebensgestaltung sowie von modernen Werten und Prinzipien wie Demokratie und Menschenrechten" als vorrangige Aufgabe des islamischen RUs.

Diese Aufgabe hat für die männlichen Religionslehrer mehr Priorität als für ihre weiblichen Kolleginnen.

Für RL an höheren Schulen hat sie am meisten Vorrang, gefolgt von LehrerInnen an Hauptschulen. RL an Volksschulen halten diese Aufgabe im Vergleich zu ihren anderen KollegInnen für weniger vorrangig. Die Varianzanalyse zeigt, dass diese Unterschiede signifikant sind.

LehrerInnen mit Universitätsabschluss, aber auch mit Matura als höchstem formalen Bildungsabschluss verleihen dieser Aufgabe mehr Priorität als ihre KollegInnen mit IRPA-Abschluss.

Kein signifikanter Zusammenhang besteht zwischen der Einstellung der RL zur Vorrangigkeit der Aufgabe „Vermittlung von allgemeinen Werten für eine menschliche Lebensgestaltung sowie von modernen Werten und Prinzipien wie Demokratie und Menschenrechten" und ihrem Geburtsort sowie ihrem Alter.

7.7 Aufgabe des IRUs: Vermittlung von Differenzen zwischen den Religionen und Überlegenheitsgefühlen

Auf die den RL vorgelegten Items zur Aufgabe „Vermittlung von Differenzen und Überlegenheitsgefühlen" erfolgten unterschiedliche Reaktionen (s. Tabelle 7.22). 74,6 % der RL sehen in der Vermittlung von Differenzen zwischen den Religionen eine vorrangige Aufgabe des islamischen RUs, 39,4 % von ihnen halten diese Aufgabe für sehr vorrangig, 35,2 % für eher vorrangig. 44,1 % der RL betrachten die Vermittlung von Überlegenheitsgefühlen als vorrangige Aufgabe (18,5 % sehr, 25,6 % eher), und 43 % von ihnen stufen die Vermittlung von Argumenten gegen das Christentum als vorrangige Aufgabe des islamischen RUs (17,9 % sehr, 25,1 % eher) ein.

Tabelle 7.22: Aufgabe des IRUs: Vermittlung von Differenzen und Überlegenheitsgefühlen; Prozentangaben

Wie wichtig und vorrangig sind folgende Aufgaben und Ziele im IRU?	sehr vorrangig	eher vorrangig	eher nicht vorrangig	gar nicht vorrangig
Differenzen zwischen den Religionen aufzeigen.	39,4	35,2	19,7	5,7
Meine SchülerInnen befähigen, zu erkennen, dass sie, weil sie Muslime sind, besser als ihre MitschülerInnen sind.	18,5	25,6	20,0	35,9
Meine SchülerInnen unterstützen, Argumente gegen das Christentum zu formulieren.	17,9	25,1	23,6	33,3

7.7 Vermittlung von Differenzen und Überlegenheitsgefühlen

Aus den Summenscores dieser drei Items wurde die Skala „Differenzen und Überlegenheitsgefühle" erstellt und wegen der schiefen Verteilung der Items am Median orientiert, unter Berücksichtigung der Verteilungen der einzelnen Items, die zur Bildung der Skalen herangezogen wurden, in zwei Kategorien „vorrangig" und „nicht vorrangig" dichotomisiert. Demnach betrachten 43,7 % der befragten RL die Vermittlung von Differenzen und Überlegenheitsgefühlen als vorrangige Aufgabe des islamischen RUs (s. Tabelle 7.23).

Tabelle 7.23: Skala „Differenzen und Überlegenheitsgefühle"; Prozentangaben

Aufgabe des IRUs: Vermittlung von Differenzen und Überlegenheitsgefühlen	vorrangig	nicht vorrangig
Skala „Differenzen und Überlegenheitsgefühle"	43,7 %	56,3 %

Die Einstellung der RL zur Priorität der Aufgabe „Vermittlung von Differenzen und Überlegenheitsgefühlen" soll nun in Verbindung gesetzt werden zum

- Geschlecht der RL,
- Geburtsort der RL,
- Schultyp, an dem die RL vorwiegend unterrichten,
- Alter der RL,
- Bildungshintergrund (höchster formaler Bildungsabschluss) der RL.

Es gilt also anhand der Daten zu prüfen, ob hier systematische Zusammenhänge zwischen der Einstellung und Merkmalen wie etwa Geschlecht, Alter oder Schultyp der befragten RL bestehen.

Tabelle 7.24: Kreuztabelle: Skala „Differenzen und Überlegenheitsgefühle" * Geschlecht und Geburtsort der RL; Prozentangaben

Differenzen und Überlegenheitsgefühle	männlich	weiblich	Sig.
vorrangig	36,1	50,0	n. s.
nicht vorrangig	63,9	50,0	
	in Österreich geboren	nicht in Österreich geboren	
vorrangig	53,2	40,3	n. s.
nicht vorrangig	46,8	59,7	

Tabelle 7.25: Kreuztabelle: Skala „Differenzen und Überlegenheitsgefühle" * Schultyp, Alter und Bildung der RL; Prozentangaben

Differenzen und Überlegenheitsgefühle	Schultyp der RL			Sig.
	Volksschule	Hauptschule	höhere Schulen	
vorrangig	39,3	61,4	25,0	<,05
nicht vorrangig	60,7	38,6	75,0	

	Alter der RL			
	20 bis 29	30 bis 39	über 39	
vorrangig	44,6	45,5	41,5	n. s.
nicht vorrangig	55,4	54,5	58,5	

	höchster Bildungsabschluss			
	bis Matura	IRPA	Universität	
vorrangig	56,1	41,4	33,3	n. s.
nicht vorrangig	43,9	58,6	66,7	

7.7.1 Vermittlung von Differenzen und Überlegenheitsgefühlen und Geschlecht der ReligionslehrerInnen

Eine Kreuztabellierung der Skala „Differenzen und Überlegenheitsgefühle" mit dem Geschlecht der RL (s. Tabelle 7.24) zeigt, dass die Aufgabe der Vermittlung von Differenzen zwischen den Religionen und Überlegenheitsgefühlen für weibliche RL höhere Priorität hat (50,0 % vorrangig) als für ihre männlichen Kollegen (36,1 % vorrangig). Ein Mittelwertvergleich bestätigt diese Tendenz: Der Mittelwert beträgt bei den männlichen Religionslehrern 2,5040 und bei den weiblichen 2,4513. Die männlichen Befragten weisen somit die höheren Mittelwerte auf. Entsprechend der Polung der Items (sehr vorrangig = 1, gar nicht vorrangig = 4) haben folglich die weiblichen Befragten in dieser Skala die höheren Ausprägungen aufweisen.

Dieser Mittelwertunterschied ist mit p = 0,668 auf dem 5 %-Niveau allerdings nicht signifikant. Die beiden Geschlechter unterscheiden sich also in den Skalenwerten nicht signifikant voneinander, die Unterschiede sind somit als rein zufälliger Effekt der Stichprobenziehung zu erklären. Der Unterschied der Geschlechter innerhalb der Stichprobe kann nicht auf die Grundgesamtheit generalisiert werden.

7.7.2 Vermittlung von Differenzen und Überlegenheitsgefühlen und Geburtsort der ReligionslehrerInnen

Hier geht es um die Frage, ob das Merkmal „in Österreich geboren" bzw. „nicht in Österreich geboren" mit Einstellungsunterschieden der RL zur Priorität der Aufgabe „Vermittlung von Differenzen zwischen den Religionen und Überlegenheitsgefühlen" verbunden ist und ob diese Unterschiede gegebenenfalls signifikant sind.

Eine Kreuztabellierung der Skala „Differenzen und Überlegenheit" mit dem Geburtsort der RL (s. Tabelle 7.24) zeigt, dass die Aufgabe „Vermittlung von Differenzen zwischen den Religionen und Überlegenheitsgefühlen" für die in Österreich geborenen RL eine höhere Priorität (53,2 % vorrangig) als für ihre nicht in Österreich geborenen KollegInnen, (40,3 % vorrangig) besitzt.

Ein Mittelwertvergleich bestätigt diese Tendenz: Der Mittelwert beträgt bei den in Österreich geborenen RL 2,4326, und bei den nicht in Österreich geborenen 2,4758. Die LehrerInnen, die nicht in Österreich geboren sind, weisen somit die höheren Mittelwerte auf. Entsprechend der Polung der Items (sehr vorrangig = 1, gar nicht vorrangig = 4) weisen folglich die in Österreich geborenen LehrerInnen in dieser Skala die höheren Ausprägungen auf.

Dieser Mittelwertunterschied ist mit p = 0,760 auf dem 5 %-Niveau allerdings nicht signifikant. Die beiden Gruppen („in Österreich geboren" und „nicht in Österreich geboren") unterscheiden sich in den Skalenwerten also nicht signifikant voneinander, die Unterschiede sind somit als rein zufälliger Effekt der Stichprobenziehung zu erklären. Der Geburtsortunterschied kann nicht von der Stichprobe auf die Grundgesamtheit generalisiert werden.

7.7.3 Vermittlung von Differenzen und Überlegenheitsgefühlen und Schultyp

Nun soll untersucht werden, ob das Merkmal „Schultyp" mit Unterschieden hinsichtlich der Einstellung der RL zur Priorität der Aufgabe „Vermittlung von Differenzen zwischen den Religionen und Überlegenheitsgefühlen" verbunden ist und ob diese Unterschiede gegebenenfalls signifikant sind.

Eine Kreuztabellierung der Skala „Differenzen und Überlegenheitsgefühle" mit dem Schultyp (s. Tabelle 7.25) zeigt, dass die Aufgabe „Vermittlung von Differenzen zwischen den Religionen und Überlegenheitsgefühlen" für RL an Hauptschulen am meisten Vorrang hat (61,4 % vorrangig), gefolgt von LehrerInnen an Volksschulen (39,3 % vorrangig). RL an höheren Schulen halten diese Aufgabe im Vergleich zu ihren anderen KollegInnen für weniger vorrangig, nur 25,0 % von ihnen stufen diese Aufgabe als vorrangig ein. Ein Mittelwertvergleich bestätigt diese Tendenz: Der Mittelwert beträgt bei den VolksschullehrerInnen 2,5744, bei den HauptschullehrerInnen 2,1930 und bei den LehrerInnen an höheren Schulen 2,6310 (sehr vorrangig = 1, gar nicht vorrangig = 4). Die LehrerInnen an höheren Schulen weisen also die höchsten und die Lehrer an Hauptschulen die niedrigsten Mittelwerte auf. Das bedeutet (entsprechend der Polung der Items), dass diese Skala bei den Hauptschulen am höchsten und bei den höheren Schulen am geringsten ausgeprägt ist.

Überprüfung der Mittelwertunterschiede auf Signifikanz mittels T-Test

Da es sich bei der Schulform um drei Ausprägungen handelt (mehr als zwei Gruppen), wird die Signifikanzanalyse mittels Varianzanalyse durchgeführt.

Der Levene-Test, der prüft, ob signifikante Abweichungen von der Annahme der Varianzhomogenität vorhanden sind, zeigt einen Wert, der größer als 0,05 ist (0,785) (s. Tabelle 13.7 im Anhang). Das bedeutet: Die signifikanten Abweichungen von der Varianzhomogenität sind nicht nachgewiesen. Die Modellannahme der Varianzhomogenität ist in den Daten nicht verletzt, das heißt, dass man für die eigentliche Varianzanalyse ein Signifikanzniveau von 5 % Irrtumswahrscheinlichkeit ansetzen sollte.

Die eigentliche Signifikanz beträgt p = 0,010. Damit hat man auf dem 5 %-Niveau ein signifikantes Ergebnis. Es gibt also signifikante Unterschiede zwischen den Schultypen.

Die Varianzaufklärung beträgt 4,6 %. Der Effekt der Schulform ist also eher schwach, 95,4 % der Gesamtunterschiedlichkeit finden sich innerhalb der Gruppen und nur 4,6 % der Variabilität gehen auf die Schulform als Einflussfaktor zurück.

Im Scheffé-Test (s. Tabelle 13.8 im Anhang), in dem die paarweisen Einzelvergleiche erfolgen, also jede der drei Gruppen mit jeder anderen Gruppe verglichen wird, zeigt sich, dass nur einer der drei Einzelvergleiche signifikant ist, die anderen beiden nicht. Nur der Unterschied zwischen Volks- und Hauptschulen ist signifikant, nicht aber die Unterschiede zwischen höheren Schulen einerseits und den beiden anderen Schultypen andererseits.

7.7.4 Vermittlung von Differenzen und Überlegenheitsgefühlen und Alter der ReligionslehrerInnen

Eine Kreuztabellierung der Skala „Differenzen und Überlegenheitsgefühle" mit dem Alter der RL (drei Kategorien: 20- bis 29-jährige, 30- bis 39-jährige, über

39-jährige) zeigt keine nennenswerten Unterschiede zwischen den Altersgruppen hinsichtlich der Einstellung zur Priorität der Aufgabe „Vermittlung von Differenzen zwischen den Religionen und Überlegenheitsgefühlen" (s. Tabelle 7.25). 44,6 % der 20- bis 29-jährigen, 45,5 % der 30- bis 39-jährigen und 41,5 % der über 39-jährigen RL halten diese Aufgabe für vorrangig.

Bei einem N von 173 besteht in der Stichprobe eine geringfügige Korrelation ($r = -0,106$). Diese Korrelation entspricht einer Varianzaufklärung von nur 1,1 %. Es gibt also in der Stichprobe so gut wie keine gemeinsame Varianz zwischen den Variablen. Entsprechend ist auch das Ergebnis nicht signifikant; mit einer Wahrscheinlichkeit von $p = 0,166$ ist die Korrelation nur zufällig von null verschieden. In der Grundgesamtheit sind die Skalenwerte „Differenzen und Überlegenheitsgefühle" und das Alter der RL mit hoher Wahrscheinlichkeit völlig unabhängig voneinander.

7.7.5 *Vermittlung von Differenzen und Überlegenheitsgefühlen und Bildungsstatus der ReligionslehrerInnen*

Nun soll analysiert werden, ob es einen Zusammenhang zwischen dem Bildungsstatus der RL und ihren Einstellungen zur Priorität der Aufgabe „Vermittlung von Differenzen zwischen den Religionen und Überlegenheitsgefühlen" gibt und ob dieser Zusammenhang gegebenenfalls signifikant ist.

Eine Kreuztabellierung (s. Tabelle 7.25) der Skala „Differenzen und Überlegenheitsgefühle" mit dem Merkmal „Bildung der ReligionslehrerInnen" zeigt, dass LehrerInnen mit Matura als höchstem formalen Bildungsabschluss der Aufgabe „Vermittlung von Differenzen zwischen den Religionen und Überlegenheitsgefühlen" eine höhere Priorität beimessen (56,1 % vorrangig), als IRPA-AbsolventInnen (41,4 %) und ihre KollegInnen mit Universitätsabschluss (33,3 %). Bei den Universitäts-AbsolventInnen findet diese Aufgabe also die geringste Zustimmung.

Die Korrelation ist mit $r = 0,028$ sehr schwach, die Varianzaufklärung beträgt nur 0,08 %. Die Variablen sind in der Stichprobe weitestgehend unkorreliert, 99,92 % der Variabilität der Skalenwerte können nicht durch das Bildungsniveau erklärt werden, sondern gehen auf andere Einflussfaktoren zurück.

Ebenso ist das Ergebnis mit $p = 0,700$ eindeutig nicht signifikant. Nach den Stichprobendaten kann man die Nullhypothese, dass in der Grundgesamtheit zwischen dem Skalenwert „Differenzen und Überlegenheitsgefühle" und Bildungsstatus der RL gar keine Beziehung besteht, nicht zurückweisen.

7.7.6 Zusammenfassung

43,7 % der muslimischen RL betrachten die Vermittlung von Differenzen und Überlegenheitsgefühlen als vorrangige Aufgabe des islamischen RUs. Diese Aufgabe hat für RL an Hauptschulen am meisten Vorrang, gefolgt von LehrerInnen an Volksschulen. RL an höheren Schulen halten diese Aufgabe im Vergleich zu den beiden anderen Gruppen für weniger vorrangig. Die Varianzanalyse zeigt, dass diese Unterschiede signifikant sind.

Es existiert kein signifikanter Zusammenhang zwischen der Einstellung der RL zur Vorrangigkeit dieser Aufgabe im RU und ihrem Geschlecht, Geburtsort, Alter und Bildungsstatus.

7.8 Ziele und Aufgaben des islamischen Religionsunterrichts – Resümee

Die Vermittlung von Ritualen und Gesetzen im islamischen RU hat für eine Mehrheit von 70 % der muslimischen RL eine hohe Priorität; die Förderung des kritischen Denkens und die Befähigung zur kritischen Reflexion ist hingegen nur für 42 % vorrangig und liegt auf der Prioritätsskala an letzter Stelle (s. Tabelle 7.26).

Die Vermittlung von Toleranz und Förderung der Dialogfähigkeit stellt die zweitwichtigste Aufgabe dar: 65 % der RL sehen in ihr eine Priorität für den islamischen RU. Danach folgt an dritter Stelle die Vermittlung von modernen humanen Werten (59 %). An vorletzter Stelle befindet sich mit einer Zustimmungsrate von 44 % die Vermittlung von Differenzen zwischen den Religionen und Überlegenheitsgefühlen gegenüber anderen Menschen.

Bei der Einstellung zu den Aufgaben und Zielen des islamischen RUs lassen sich alters- und geburtsortspezifische Unterschiede feststellen. In Österreich geborene LehrerInnen, also Angehörige der zweiten Generation sowie jüngere RL, sehen die Aufgabe des islamischen RUs primär in der Vermittlung von Ritualen, Glaubensgrundsätzen und Gesetzen und weniger in der Befähigung zur kritischen Reflexion der Tradition und zum kritischen Denken (s. Tabelle 7.26). Dieser Unterschied gilt auch für LehrerInnen unterschiedlicher Schultypen.

Für RL an höheren Schulen haben die Befähigung zur kritischen Reflexion der Tradition, zum kritischen Denken, zu Toleranz und Dialogfähigkeit sowie die Befähigung zur Vermittlung von allgemeinen humanen Werten als Aufgaben des islamischen RUs hohe Priorität, dagegen haben diese Aufgaben für Volks- und HauptschullehrerInnen keine Priorität. Gerade die Vorstellungen der HauptschullehrerInnen von den Aufgaben und Zielen des RUs sind weniger am

Alltagsleben der SchülerInnen orientiert; sie betrachten nicht nur die Vermittlung von Ritualen und Gesetzen, sondern auch von Überlegenheitsgefühlen der muslimischen SchülerInnen, von Argumenten gegen das Christentum sowie von Differenzen zwischen den Religionen als vorrangige Aufgaben des islamischen RUs. Männliche Religionslehrer setzen sich stärker für die Befähigung der SchülerInnen zu kritischer Reflexion der Tradition und zum kritischen Denken sowie für die Vermittlung von allgemeinen humanen Werten ein als ihre weiblichen KollegInnen. RL mit Universitätsabschluss als höchstem formalen Bildungsabschluss messen der Aufgabe der Vermittlung von allgemeinen humanen Werten im Gegensatz zu den IRPA-AbsolventInnen hohe Priorität bei.

Tabelle 7.26: Aufgaben und Ziele des IRUs, Vorrangigkeit; Prozentangaben

Aufgaben des IRUs	gesamt	erste Generation	zweite Generation	Sig.
Skala: Glaubensgrundsätze und Gesetze	70,4	68,9	71,1	<,01
Summenindex: Dialogfähigkeit	65,1	70,6	51,1	n. s.
Summenindex: Allgemeine Wertvorstellungen, Demokratie, Menschenrechte	58,7	58,5	61,7	n. s.
Skala: Differenzen und Überlegenheitsgefühle	43,7	40,3	53,2	n. s.
Skala: Aufklärung und kritische Reflexion der Tradition	42,3	41,5	35,6	<,05

Wie hängen die verschiedenen Dimensionen des RUs miteinander zusammen, d. h. welche ideologischen Muster zeichnen sich ab? Die Korrelationsmatrix (s. Tabelle 7.27) zeigt, dass das Ziel der Vermittlung von Glaubensgrundsätzen und Ritualen positiv mit allen anderen Zielen korreliert. Am schwächsten ist die Korrelation mit dem Ziel der Aufklärung und der Befähigung zur kritischen Reflexion der Tradition ($r = 0,14$). Das Ziel Aufklärung korreliert ebenfalls positiv mit den restlichen Zielen, überraschenderweise aber in stärkerem Maße mit der Vermittlung von Überlegenheitsgefühlen ($r = 0,31$). Dies könnte ein Hinweis auf die spezifische Funktion der Religion in der Migration sein; in ihr wird Schutz und Identität gesucht, was mit einer Verstärkung des „Wir-Gefühls" und mit einer Betonung von Überlegenheitsgefühlen einhergeht. Dass das Ziel der Vermittlung von Überlegenheitsgefühlen mit dem Ziel der Vermittlung von Dialogfähigkeit und Toleranz ebenfalls positiv ($r = 0,22$) korreliert, dass also diese beiden Ziele einander nicht ausschließen, stützt die Annahme, dass die

Überlegenheitsgefühle eher eine Schutzfunktion darstellen als eine gezielte Abschottung.

Die Vermittlung von allgemeinen humanen Werten korreliert am stärksten mit der Vermittlung von Dialogfähigkeit und Toleranz (r = 0,30), mit der Vermittlung von Überlegenheitsgefühlen besteht hingegen keine signifikante Korrelation.

Tabelle 7.27: Korrelationsmatrix: Aufgaben und Ziele des IRUs

	Ziel des RUs: Glaubensgrundsätze	Ziel des RUs: Aufklärung	Ziel des RUs: Dialogfähigkeit	Ziel des RUs: Allgemeine Werte
Ziel des RUs: Aufklärung	0,14*			
Ziel des RUs: Dialogfähigkeit	0,24**	0,17*		
Ziel des RUs: Allgemeine Werte	0,20**	0,18*	0,30**	
Ziel des RUs: Überlegenheitsgefühle	0,19**	0,31**	0,22**	0,13

* Die Korrelation ist auf dem Niveau von 0,05 (2-seitig) signifikant.
**Die Korrelation ist auf dem Niveau von 0,01 (2-seitig) signifikant.

8 Muslimische ReligionslehrerInnen und der islamische Religionsunterricht an öffentlichen Schulen

8.1 Motive für die Berufswahl der muslimischen ReligionslehrerInnen

Um die Motive der Berufswahl der muslimischen RL zu erheben, wurden die in Tabelle 8.1 aufgelisteten Statements zur Beurteilung vorgelegt, die Statements sind in der Tabelle nach Mittelwerten aufsteigend angeordnet.

Tabelle 8.1: Motive der RL für die Berufswahl, nach Priorität geordnet

Warum arbeiten Sie als RL? Wie sehr treffen diese Gründe auf Sie persönlich zu:	trifft sehr zu %	trifft eher schon zu %	trifft eher nicht zu %	trifft gar nicht zu %	Mittelwert
Weil ich immer LehrerIn sein wollte; das war immer mein Traumberuf.	38,3	30,1	7,8	23,8	2,17
Weil ich nach einem Job gesucht habe, durch den ich jungen Muslimen den wahren Islam vermitteln kann.	38,8	24,0	4,4	32,8	2,31
Weil ich Theologie studiert habe.	27,7	8,7	4,3	59,2	2,95
Weil es sich um eine Teilzeitarbeit handelt; ich kann nebenbei anderen Tätigkeiten nachgehen (Studium, Haushalt, anderer Beruf).	9,8	12,0	7,1	71,2	3,40
Weil ich mit diesem Job gut verdienen kann.	3,8	12,6	17,0	66,5	3,46

Weil ich hier in Österreich sonst schwer einen anderen Job finden würde.	7,7	9,3	8,2	74,9	3,50
Weil ich von der IGGiÖ aus der Türkei als RL bestellt wurde.	2,7	2,2	-	95,2	3,88

Demnach hatten die meisten RL (68,4 %) immer den Wunsch, LehrerIn zu werden; das sei ihr Traumberuf gewesen. An zweiter Stelle kommt ein Verkündigungsmotiv: 62,8 % der LehrerInnen entschieden sich für diesen Beruf, da sie nach einer Tätigkeit suchten, durch die sie jungen Muslimen den Islam vermitteln können. Die restlichen Statements finden nur schwache Zustimmung. An dritter Stelle wird mit 36,4 % das Absolvieren einer theologischen Ausbildung als Motiv für die Berufswahl der ReligionslehrerIn angegeben. An vierter Stelle steht ein praktisches Motiv: Für 21,8 % der LehrerInnen ist der Lehrberuf nämlich eine Nebenbeschäftigung, neben der man anderen Tätigkeiten wie etwa dem Studium nachgehen kann. An fünfter Stelle wird die gute Bezahlung als Motiv für die Berufswahl genannt; dies sehen 16,4 % der muslimischen RL so. Dass es für sie sonst keine andere berufliche Möglichkeit gibt, und es sich bei diesem Beruf um eine Art Ausweg handelt, wird an vorletzter Stelle angegeben – 17 % der befragten LehrerInnen teilen diese Meinung. Lediglich 4,9 % der befragten LehrerInnen wurden von der IGGiÖ aus der Türkei als RL bestellt.

8.2 Zufriedenheit der muslimischen ReligionslehrerInnen mit ihrem Beruf

Die Zufriedenheit der muslimischen RL stellt sich gemäß den vorgelegten Statements, wie sie sich in Tabelle 8.2 abgebildet finden, wie folgt dar: Das Item „Zufrieden mit dem Ausmaß an Stunden, die Sie unterrichten" findet am meisten Zustimmung (80,2 % sehr und eher zufrieden). 65,6 % der LehrerInnen sind mit der Zeiteinteilung ihrer Unterrichtsstunden, 68,4 % mit der Bezahlung, 61,6 % mit den Aus- und Weiterbildungsmöglichkeiten, 62,1 % mit dem Mitspracherecht und der Freiheit bei der Gestaltung des Unterrichts und 58,8 % mit den beruflichen Aufstiegsmöglichkeiten zufrieden. Knapp die Hälfte der RL ist mit der Entfernung ihrer Schulen voneinander nicht zufrieden, da viele LehrerInnen an mehreren Schulen, meist am gleichen Tag, unterrichten müssen.

Erstaunlich hoch ist die Unzufriedenheit der RL mit den vorhandenen Lehrplänen (57,5 %) und den Lehrmaterialien (79 %). 42,2 % der Befragten sind mit den Lehrmaterialien ganz und gar nicht zufrieden. Am wenigsten zufrieden sind die RL mit den vorhandenen Lehrbüchern für den islamischen RU (85,7 %). Auch in der qualitativen Befragung gaben die RL an, dass die vorhandenen Lehrbücher und -materialien den Bedürfnissen der SchülerInnen nicht entsprechen. Die meisten LehrerInnen verwenden daher ihre eigenen Lehrmaterialien, was einen erheblichen Aufwand für sie bedeutet.

Tabelle 8.2: Zufriedenheit der muslimischen RL mit ihrem Beruf; (aufsteigend nach Mittelwerten geordnet: trifft sehr zu = 1, trifft gar nicht zu = 4)

Wie zufrieden sind Sie mit folgenden Punkten, die den Beruf des RL betreffen; bitte vergeben Sie eine Note: 1 = sehr zufrieden, 4 = überhaupt nicht zufrieden	sehr zufrieden %	eher zufrieden %	eher nicht zufrieden %	überhaupt nicht zufrieden %	Mittelwert
mit dem Ausmaß an Stunden, die Sie unterrichten	35,6	44,6	15,3	4,5	1,89
mit der Zeiteinteilung Ihrer Unterrichtsstunden	29,1	36,5	24,3	10,1	2,15
mit der Bezahlung	23,8	44,6	18,7	13,0	2,21
mit den Aus- und Weiterbildungsmöglichkeiten der IRL	23,7	37,9	31,1	7,4	2,22
mit dem Mitspracherecht und der Freiheit der IRL bei der Gestaltung des IRUs	17,0	45,1	27,5	10,4	2,31
mit den beruflichen Aufstiegsmöglichkeiten	9,4	49,4	25,9	15,3	2,47
mit der Entfernung Ihrer Schulen voneinander	23,4	27,2	27,2	22,3	2,48
mit den vorhandenen Lehrplänen für den IRU	10,5	32,0	28,2	29,3	2,76
mit dem vorhandenen Lehrmaterial für den IRU	2,2	18,9	36,8	42,2	3,19
mit den vorhandenen Schulbüchern für den IRU	5,8	8,4	38,9	46,8	3,27

Die allgemeine berufliche Zufriedenheit der RL zeigt sich vor allem in ihrem Wunsch, diesen Beruf auch in Zukunft ausüben zu wollen; 91,5 % stimmen dem zu (72,4 % sehr und 19,1 % eher), und lediglich 8,2 % geben an, den Beruf als ReligionslehrerIn wechseln zu wollen, sobald sich eine bessere Gelegenheit ergibt.

8.3 Muslimische ReligionslehrerInnen an öffentlichen Schulen

Die RL haben zwar eine Stammschule – das ist in der Regel die Schule, an der die meisten Unterrichtsstunden abgehalten werden –, die meisten müssen jedoch an mehreren Schulen unterrichten, 29,8 % sogar an mehr als vier Schulen. Dies führt meist dazu, dass es lange dauert, bis die RL vom anderen Lehrpersonal als Teil der Schule angesehen werden. 43,4 % der RL haben das Gefühl, sie werden im Vergleich zu den LehrerInnen anderer Fächer unfair behandelt (10,6 % sehr, 32,8 % eher). Trotzdem fühlt sich die Mehrheit von ihnen (81,4 %) in den Schulen willkommen (37,6 % sehr, 43,8 % eher), und 83,8 % fühlen sich an den Schulen wohl (43,2 % sehr, 40,6 % eher; s. Tabelle 8.3). Vor allem bei RL, die nur wenige Stunden an derselben Schule unterrichten, besteht eine gewisse Distanz zwischen ihnen und dem restlichen Lehrpersonal, eine Begegnung findet nur selten statt, manchmal werden sie nicht einmal erkannt, sondern für Eltern oder Besucher an der Schule gehalten. Des Öfteren geht es um banale Dinge, wie „ich habe keinen Zugang zum Kopierer, ich muss immer privat kopieren" oder „ich bekomme keinen Schlüssel zum Lehrerzimmer, ich muss auf andere Lehrer warten, um ins Lehrerzimmer zu kommen", „am Nachmittag sind die Klassenzimmer zugesperrt, jedes Mal muss ich den Hauswart holen" usw. Solche negativen Erfahrungen hinterlassen letztendlich das Gefühl, unfair behandelt zu werden. Interessant ist allerdings das Erklärungsmuster vieler RL dafür: Sie begründen diese ungerechte Behandlung mit ihrer Zugehörigkeit zum Islam; sie sehen sich aufgrund ihres Muslimseins schlechter behandelt als andere. Eine Kreuzung des Items „Ich werde im Vergleich zu den LehrerInnen anderer Fächer unfair behandelt" mit dem Item „Ich habe das Gefühl, dass ich aufgrund meiner Religionszugehörigkeit an den Schulen benachteiligt werde" ergibt einen signifikanten Zusammenhang; 70 % derjenigen, die sich im Vergleich zu den LehrerInnen anderer Fächer sehr unfair behandelt fühlen, stimmen der Aussage zu, das Gefühl zu haben, aufgrund der eigenen Religionszugehörigkeit an den Schulen benachteiligt zu werden. Trotzdem herrscht, wie schon oben angeführt, im Allgemeinen ein positives Verhältnis: Die meisten RL fühlen sich in den Schulen, an denen sie unterrichten, willkommen (81,4 %) und wohl (83,8 %); fast drei Viertel (72,9 %) geben an, dass die Direktion auf ihre Wünsche bezüglich der Einteilung der Unterrichtsstunden eingeht, was für die LehrerInnen wegen der zeitlichen Abstimmung ihrer Unterrichtsstunden an den verschiedenen Schulen sehr wichtig ist.

Tabelle 8.3: Muslimische RL an öffentlichen Schulen; Prozentangaben

Wie beurteilen Sie Ihre Situation an den Schulen, an denen Sie unterrichten?	trifft sehr zu	trifft eher schon zu	trifft eher nicht zu	trifft gar nicht zu
Ich werde im Vergleich zu den LehrerInnen anderer Fächer unfair behandelt.	10,6	32,8	29,1	27,5
Ich fühle mich in den Schulen willkommen.	37,6	43,8	16,5	2,1
Die Direktion geht auf meine Wünsche, was die Einteilung der Unterrichtsstunden betrifft, ein.	27,6	45,3	20,3	6,8
Ich habe das Gefühl, dass ich aufgrund meiner Religionszugehörigkeit an den Schulen benachteiligt werde.	9,6	31,6	28,3	30,5
Ich fühle mich an den Schulen, an denen ich unterrichte, wohl.	43,2	40,6	12,5	3,6

8.4 Muslimischen ReligionslehrerInnen als Vermittler zwischen Eltern und Schule

Muslimische RL müssen öfters Brücken zwischen der Schule und den Eltern muslimischer Kinder herstellen. Sie sind auch die erste Adresse, wenn es Probleme oder Konflikte der Schule mit den muslimischen SchülerInnen oder ihren Eltern gibt. Von ihnen werden nämlich nicht nur praxisorientierte Antworten und Lösungen, sondern auch hohe soziale Kompetenzen erwartet, um mithilfe konstruktiver Kommunikation mit den SchülerInnen, LehrerInnen und Eltern Konflikte bewältigen zu können. Die RL erfüllen wichtige Mediationsaufgaben. 69,1 % von ihnen geben an, dass sie bei Problemen in der Schule mit muslimischen SchülerInnen zur Vermittlung zwischen Schule und Eltern bzw. zwischen Schule und SchülerInnen herangezogen werden (31 % sehr oft, 38,1 % manchmal), nur 16,2 % haben noch keine solche Erfahrung gemacht. Die muslimischen RL scheinen die Aufgabe des Brückenbaus gut zu bewältigen, lediglich 3,6 % erleben die Vermittlungssituation sehr oft als belastend, 24,7 % nur manchmal als belastend, für die übrigen 71,6 % der LehrerInnen sind solche Vermittlungssituationen nicht belastend (23,7 % selten, 47,9 % nie).

Tabelle 8.4: Muslimische RL als Vermittler zwischen Eltern und Schule; Prozentangaben

Wie oft haben Sie Folgendes erlebt?	sehr oft	manchmal	selten	nie
Ich werde bei Problemen mit muslimischen SchülerInnen zur Vermittlung zwischen Schule und Eltern bzw. zwischen Schule und SchülerInnen herangezogen.	31,0	38,1	14,7	16,2
Solche Vermittlungssituationen erlebe ich als belastend für mich.	3,6	24,7	23,7	47,9

8.5 Didaktische Mittel im islamischen Religionsunterricht

Um die bevorzugten didaktischen Mittel im islamischen RU zu erheben, wurden den RL mehrere didaktische Mittel zur Bewertung vorgelegt (s. Tabelle 8.5). Moderne didaktische Methoden finden dabei die größte Zustimmung; 91,6 % der RL halten moderne didaktische Methoden im islamischen RU für am besten geeignet.

Die geringste Zustimmung fanden die Kategorien „Koran auswendig lernen" (39,7 %) und „Hadithe auswendig lernen" (41,8 %). Gerade hier bemerkt man den Unterschied des islamischen RUs an öffentlichen Schulen gegenüber dem Koranunterricht in den Moscheen, wo sehr viel Wert auf das Auswendiglernen des Koran gelegt wird. Der islamische RU an öffentlichen Schulen öffnet somit neue Möglichkeiten, moderne pädagogische und didaktische Methoden einzusetzen.

Das Geschichtenerzählen findet unter 95,4 % der RL als geeignetes didaktisches Mittel im RU ebenfalls große Zustimmung. Auffällig groß war die Zustimmung der Kategorie „eigenes Lehrmaterial", denn 83,4 % der LehrerInnen stimmten dieser Kategorie zu. Dies deckt sich aber mit der festgestellten enormen Unzufriedenheit der RL mit den vorhandenen Lehrmaterialien und Lehrbüchern (s. Kapitel 8.2).

Tabelle 8.5: Verwendete didaktische Mittel im islamischen RU; (aufsteigend nach Mittelwerten geordnet: trifft sehr zu = 1, trifft gar nicht zu = 4)

Der Islam kann am besten unterrichtet werden durch:	das sehe ich genau so %	das sehe ich nicht ganz so %	das sehe ich eher nicht so %	das sehe ich absolut nicht so %	Mittelwerte
moderne didaktische Methoden (konstruktivistische und kommunikative Didaktik)	66,5	25,1	8,4		1,42
Erzählungen über die islamische Geschichte	62,8	32,6	1,2	3,5	1,45
mein eigenes Lehrmaterial	45,7	37,7	13,1	3,4	1,74
Lesen von Ausschnitten aus den Werken der frühen islamischen Gelehrten	37,4	33,5	22,9	6,1	1,98
Malen und Zeichnen (für jüngere SchülerInnen)	33,3	34,5	22,4	9,8	2,09
Lieder und Musik (für jüngere SchülerInnen)	23,5	35,2	29,1	12,3	2,30
Koran lesen	22,3	31,8	30,2	15,6	2,39
Hadithe auswendig lernen	20,3	21,5	40,7	17,5	2,55
Koran auswendig lernen	15,1	24,6	35,8	24,6	2,70

8.6 Was belastet die muslimischen ReligionslehrerInnen?

Der Lehrberuf gehört bekanntlich in die Kategorie derjenigen Berufe, die am meisten Stress verursachen. LehrerInnen sind ständig mit sensiblen Situationen konfrontiert, die sie mit großer Geduld und Sensibilität bewältigen müssen. Am meisten belastet sind die muslimischen RL durch mangelnde Disziplin ihrer SchülerInnen, 72 % der LehrerInnen sind davon betroffen. An zweiter Stelle steht der Vorbereitungsaufwand für den Unterricht als Belastungseffekt, 71 % der LehrerInnen sind davon betroffen. 65,8 % der RL fühlen sich durch die Suche nach geeigneten Themen für den Unterricht stark belastet.

Die Anforderungen des Lehrplans verursachen bei mehr als der Hälfte (54,4 %) der LehrerInnen Stress. Auch mangelndes Interesse der SchülerInnen im RU verursacht eine Belastung für mehr als die Hälfte der RL (54,8 %). Das

Unterrichten an mehreren Schulen ist für mehr als die Hälfte der LehrerInnen (50,9 %) aufwendig und belastend. Unter dem negativen Image des Islam in den Medien leiden 51,2 % der LehrerInnen. Auch die Abmeldemöglichkeit am Anfang des Jahres verursacht vielen LehrerInnen (40,5 %) eine Belastung, denn hohe Abmelderaten könnten als mangelnde Qualifikation des/r Lehrers/-in interpretiert werden. 46,5 % fühlen sich durch Benachteiligungen seitens der Schulen, an denen sie unterrichten, belastet. Die hohen Erwartungen der SchülerInnen, klare Antworten auf ihre Alltagsprobleme zu bekommen, belasten 41,3 % der LehrerInnen. 33 % der LehrerInnen fühlen sich durch das nichtislamische Umfeld der Schule belastet. Knapp über ein Drittel der LehrerInnen sind durch mangelnde Unterstützung seitens der IGGiÖ belastet. Am wenigsten belastet fühlen sich die RL durch mangelnde eigene Qualifikation bzw. durch den Grad ihrer Deutschkenntnisse (s. Tabelle 8.6).

Tabelle 8.6: Belastung der muslimischen RL; (aufsteigend nach Mittelwert geordnet: trifft sehr zu = 1, trifft gar nicht zu = 4)

Fühlen Sie sich belastet durch:	trifft sehr zu	trifft eher schon zu	trifft eher nicht zu	trifft gar nicht zu	Mittelwerte
mangelnde Disziplin der SchülerInnen	35,4	36,6	19,4	8,6	2,01
den Vorbereitungsaufwand für den Unterricht	23,7	47,3	22,5	6,5	2,12
den hohen Aufwand bei der Suche nach geeigneten Themen	20,1	45,7	26,2	7,9	2,22
die vielfältigen Anforderungen des Lehrplans	14,8	39,6	34,9	10,7	2,41
mangelndes Interesse der SchülerInnen am IRU	17,1	37,7	30,9	14,3	2,42
die Unterrichtstätigkeit an mehreren Schulen	24,3	26,6	27,8	21,3	2,46
das negative Image des Islam in Österreich	18,7	32,5	31,9	16,9	2,47
die Abmeldemöglichkeit der SchülerInnen	16,7	23,8	27,4	32,1	2,75
Benachteiligungen seitens der Schule	5,3	41,2	25,9	27,6	2,76
die hohen Erwartungen der SchülerInnen, ihre Alltagsprobleme zu lösen	9,6	31,7	31,7	26,9	2,76
das nicht islamische Umfeld der Schule	16,2	16,8	37,7	29,3	2,80
die geringe Unterstützung von der IGGiÖ	8,9	27,4	33,3	30,4	2,85
das Gefühl, nicht qualifiziert genug für den Job zu sein	4,2	31,0	26,2	38,7	2,99
meine nicht sehr guten Deutschkenntnisse	5,2	23,3	15,7	55,8	3,22

9 Muslimische ReligionslehrerInnen zwischen Integration und Parallelgesellschaft

Dem Islam wird oft vorgeworfen, er sei nicht nur eine Religion, sondern auch ein totalitäres politisches Konzept. Religion und Politik seien im Islam untrennbar miteinander verknüpft, und daher lasse sich der Islam mit den Prinzipien der Rechtsstaatlichkeit wie Demokratie, Pluralität und Menschenrechte nicht vereinbaren. Zur Ausbreitung des Islam seien alle Mittel, auch die Anwendung von Gewalt, erlaubt. Des Weiteren wird dem Islam vorgeworfen, dass er keine Religionsfreiheit kenne. Man kommt nicht selten zu dem Schluss, dass sich Muslim- und zugleich Europäersein nicht miteinander vereinbaren lassen. Demnach würde der RU zur Isolierung der Muslime und somit zur Bildung einer Parallelgesellschaft beitragen. Welche Einstellungen haben aber die RL für islamischen RU zur österreichischen Gesellschaft tatsächlich? Welche Einstellungen haben sie zu religiös begründeter Abgrenzung? Was halten sie von rechtsstaatlichen Prinzipien? Wie tolerant und weltoffen sind die islamischen RL? Und schließlich, was halten sie von religiös motivierter Gewalt?

Um Antworten auf diese Fragen zu finden, wurden den RL mehrere Statements vorgelegt (s. Tabelle 9.1). Alle Aussagen sind auf einer vierstufigen Skala (trifft sehr zu, trifft eher schon zu, trifft eher nicht zu, trifft gar nicht zu) angeordnet, und die Befragten hatten dann die Möglichkeit, den ihnen vorgelegten Aussagen auf dieser Skala in abgestufter Form zuzustimmen oder sie abzulehnen.

Tabelle 9.1: Einstellungen der RL zu Österreich, Rechtsstaatlichkeit und politische Partizipation; Prozentangaben

Wie sehr treffen diese Aussagen auf Sie zu?	trifft sehr zu	trifft eher schon zu	trifft eher nicht zu	trifft gar nicht zu
Ich empfinde Österreich als meine Heimat.	35,9	37,9	14,9	11,3
Ich kann mir vorstellen, für immer in Österreich zu bleiben.	38,6	36,0	16,2	9,1
Ich empfinde die Österreicher als ausländerfeindlich.	11,1	33,9	43,9	11,1

Ich habe das Gefühl, dass ich wegen meiner Religion von Österreichern schlecht behandelt werde.	12,8	30,8	37,9	18,5
Ich kann in Österreich meine islamische Identität ungehindert entfalten.	37,1	40,7	15,5	6,7
Ich sehe mich als Teil der österreichischen Gesellschaft.	42,4	34,8	18,2	4,5
Der Islam verbietet die Teilnahme an der österreichischen Kultur (Theater, Kunst).	4,6	12,7	23,9	58,9
Ich sehe einen Widerspruch zwischen Muslim sein und Europäer sein.	5,6	22,8	15,7	55,8
Ich lehne Demokratie ab, weil sie sich mit dem Islam nicht vereinbaren lässt.	7,1	14,8	14,8	63,3
Der Islam verbietet die Teilnahme an Wahlen in Österreich.	10,3	3,6	8,8	77,3
Ich lehne die österreichische Verfassung ab, weil sie im Widerspruch zum Islam steht.	4,2	10,5	11,1	74,2
Ich bin der Meinung, dass Muslime wegen ihres Verhaltens selber schuld sind, wenn sie diskriminiert werden.	9,9	42,7	30,2	17,2
Eine Integration der Muslime in Österreich ist nicht möglich, ohne die islamische Identität zu verlieren.	11,7	17,3	28,9	42,1
Es ist wichtig, dass Muslime versuchen, sich in die österreichische Gesellschaft zu integrieren, ohne ihre islamische Identität zu verlieren.	70,7	15,4	6,9	6,9
Ich lehne die Menschenrechtserklärung ab, weil sie sich mit dem Islam nicht vereinbaren lässt.	8,3	18,8	22,4	50,5
Ich finde es besser, wenn muslimische Mädchen und Frauen zusätzlich zum Kopftuch auch ihr Gesicht bedecken.	3,5	4,0	10,6	81,9
Ein Mann, der keinen Bart trägt, ist kein richtiger Muslim.	2,6	4,6	8,2	84,6
Ich hätte Verständnis dafür, wenn Muslime, die vom Islam abgefallen sind, mit dem Tod bestraft würden.	8,6	9,6	14,4	67,4
Meiner Ansicht nach ist jemand, der die 5 Pflichtgebete nicht einhält, kein Muslim.	3,6	16,1	15,1	65,1

Es fällt mir schwer, Menschen, die nicht Muslime sind, zu respektieren.	2,6	7,8	16,6	73,1
Mit Nichtmuslimen will ich nichts zu tun haben.	1,0	4,1	14,9	79,9
Wenn jemand kein Muslim ist, dann möchte ich mit ihm keine Freundschaft eingehen.	1,0	8,2	11,3	79,4
Ein Muslim sollte nur Muslime als Freunde haben.	3,8	5,4	16,8	74,1
Es ist besser, wenn muslimische SchülerInnen unter sich bleiben, um ihre islamische Identität nicht zu verlieren.	6,8	7,4	26,8	58,9
Für mich ist es verständlich, wenn Gewalt zur Verbreitung des Islam angewendet wird.	1,6	6,9	9,0	82,4
Mit Gewalt können Muslime sehr viel hier in Europa erreichen.	1,0	6,3	4,2	88,5
Ich habe Verständnis für Anschläge, die Muslime hier in Europa verüben.	0,5	2,1	5,2	92,1
Die Judenverfolgung durch die Nazis war ein sehr schlimmes Ereignis.	51,1	17,0	13,7	18,1
Von den meisten heutigen Islam-Gelehrten halte ich nicht viel.	3,2	27,0	40,5	29,2
Was Imame und Islam-Gelehrte sagen, dem darf nicht widersprochen werden.	8,7	22,8	32,6	35,9

9.1 Methodisches Vorgehen

Nach der Verdichtung der Iteminformationen mittels Faktorenanalyse auf wenige Dimensionen wurden Skalen gebildet, die anschließend zum

- Geschlecht der RL,
- Geburtsort der RL,
- Schultyp, an dem die RL vorwiegend unterrichten,
- Alter der RL,
- Bildungshintergrund (höchster formaler Bildungsabschluss) der RL

in Beziehung gesetzt und auf vorhandene signifikante Zusammenhänge überprüft werden.

9.1.1 Faktorenanalyse

Die durchgeführte Faktorenanalyse extrahierte acht Faktoren (gesamte erklärte Varianz: 65,7 %), davon waren folgende fünf Faktoren (erklärte Varianz 50,1 %) inhaltlich interpretierbar (KMO-Wert: 0,703):

- Faktor 1 (13,1 % Varianzaufklärung): Religiös begründete gesellschaftliche Abgrenzung
- Faktor 2 (12,9 % Varianzaufklärung): Anerkennung der rechtsstaatlichen Prinzipien und politische Partizipation
- Faktor 3 (9,4 % Varianzaufklärung): Identifikation mit Österreich
- Faktor 4 (7,7 % Varianzaufklärung): Religiöser Fanatismus
- Faktor 5 (7,0 % Varianzaufklärung): Religiös motivierte Gewalt

9.1.2 Reliabilitätsanalyse

Im Anschluss an die Faktorenanalyse werden nun Skalen gebildet. Die Qualität der zu bildenden Skala muss mittels Reliabilitätsanalyse (Kennwert: Cronbach's Alpha) überprüft werden. Es handelt sich hierbei um ein testtheoretisches Gütekriterium.

Faktor 1: Religiös begründete gesellschaftliche Abgrenzung

Der Alpha-Wert für Faktor 1 beträgt bei fünf Variablen 0,817, was ein sehr guter Wert ist. Die Skala ist im testtheoretischen Sinn befriedigend reliabel.

Faktor 2: Anerkennung der rechtsstaatlichen Prinzipien und politische Partizipation

Der Alpha-Wert für Faktor 2 beträgt bei sechs Variablen 0,845, was ein sehr guter Wert ist. Die Skala ist im testtheoretischen Sinn befriedigend reliabel.

Faktor 3: Identifikation mit Österreich

Der Alpha-Wert für Faktor 3 beträgt bei vier Variablen 0,747, was ein sehr guter Wert ist. Die Skala ist im testtheoretischen Sinn befriedigend reliabel.

Faktor 4: Religiöser Fanatismus

Wegen der niedrigen Zahl der Variablen (zwei Variablen) ist der Alpha-Wert für Faktor 4 niedrig (0,628), was bei einer geringen Variablenanzahl aber akzeptabel ist.

Faktor 5: Religiös motivierte Gewalt

Der Alpha-Wert für Faktor 5 beträgt bei drei Variablen 0,764, was ein sehr guter Wert ist. Die Skala ist im testtheoretischen Sinn befriedigend reliabel.

9.1.3 Skalenbildung

Nach Durchführung der Faktorenanalyse und Überprüfung der Itemzusammenstellung auf Reliabilität wurden die Skalen und Skalenwerte gebildet.

Die Skalen wurden aus den Summenscores der Items gebildet und wegen der schiefen Verteilung der Items am Median orientiert, unter Berücksichtigung der Verteilungen der einzelnen Items, die zur Bildung der Skalen herangezogen wurden, in zwei Kategorien „trifft zu" und „trifft nicht zu" dichotomisiert.

Die Skalenwerte dienen den Zusammenhangsauswertungen. Die Bildung der Skalenwerte wird durch die Bildung der Mittelwerte über die Items beschritten; dies erleichtert die Interpretation der Skalenwerte und damit auch die Interpretation von z. B. Mittelwertunterschieden, wenn die aus den Items gebildete Skala denselben Wertebereich hat wie die ihr zugrunde liegenden Items. Berechnet wird also eine neue Variable in der Datendatei, welche für jeden Befragten den Mittelwert der Antworten über bestimmte Items enthält.

9.2 Einstellungen der muslimischen ReligionslehrerInnen zu religiös begründeter gesellschaftlicher Abgrenzung

Islamische Religiosität hat auch eine gesellschaftliche Dimension. In dieser geht es um die Einstellung der Muslime, in diesem Fall der muslimischen RL, zur österreichischen Gesellschaft. Sie thematisiert, inwieweit die Religiosität eine Integration in die österreichische Gesellschaft fördert bzw. hemmt (Öffnung/Schließung). In Tabelle 9.2 sind nur jene Statements aufgelistet, die auf Basis einer Faktorenanalyse für die Messung einer religiös motivierten sozialen Abgrenzung von der österreichischen Gesellschaft geeignet sind.

Tabelle 9.2: Einstellungen der muslimischen RL zu religiös begründeter gesellschaftlicher Abgrenzung; Prozentangaben

Wie sehr treffen diese Aussagen auf Sie zu?	trifft sehr zu	trifft eher schon zu	trifft eher nicht zu	trifft gar nicht zu
Es fällt mir schwer, Menschen, die nicht Muslime sind, zu respektieren.	2,6	7,8	16,6	73,1
Mit Nichtmuslimen will ich nichts zu tun haben.	1,0	4,1	14,9	79,9
Wenn jemand kein Muslim ist, dann möchte ich mit ihm keine Freundschaft eingehen.	1,0	8,2	11,3	79,4
Ein Muslim sollte nur Muslime als Freunde haben.	3,8	5,4	16,8	74,1
Es ist besser, wenn muslimische SchülerInnen unter sich bleiben, um ihre islamische Identität nicht zu verlieren.	6,8	7,4	26,8	58,9

Die einzelnen Aussagen finden durchweg hohe Ablehnung; nur 10,4 % der Befragten fällt es schwer, Menschen, die nicht Muslime sind, zu respektieren und nur 5,1 % distanzieren sich von Nichtmuslimen. 9,2 % geben an, keine Freundschaft mit jemandem eingehen zu wollen, der kein Muslim ist. Und ebenfalls 9,2 % sind der Meinung, dass ein Muslim nur Muslime als Freunde haben sollte. Der Aussage, dass muslimische SchülerInnen unter sich bleiben sollten, um ihre islamische Identität nicht zu verlieren, stimmen lediglich 14,2 % der Befragten zu.

Aus dem Summenscore der Antworten zu den fünf Statements wurde die Skala „Soziale Abgrenzung" erstellt und wegen der schiefen Verteilung der Items am Median orientiert in zwei Kategorien „Zustimmung zur Abgrenzung" und „Ablehnung der Abgrenzung" dichotomisiert (s. Tabelle 9.3). Demnach sind 74,7 % der Befragten gegenüber der österreichischen Gesellschaft vorbehaltlos offen und 25,3 % nicht.

Tabelle 9.3: Skala „Soziale Abgrenzung"

	Zustimmung zur Abgrenzung	Ablehnung von Abgrenzung
Skala „Soziale Abgrenzung"	25,3 %	74,7 %

Die Einstellung der muslimischen RL zu religiös begründeter gesellschaftlicher Abgrenzung soll nun in Verbindung gesetzt werden zum

9.2 Religiös begründete gesellschaftliche Abgrenzung

- Geschlecht der RL,
- Geburtsort der RL,
- Schultyp, an dem die RL vorwiegend unterrichten,
- Alter der RL,
- Bildungshintergrund (höchster formaler Bildungsabschluss) der RL.

Es gilt also anhand der Daten zu prüfen, ob systematische Zusammenhänge der Fragenbeantwortung mit Merkmalen der Befragten wie Geschlecht, Alter, Schulform usw. bestehen (s. Tabelle 9.4 und 9.5).

Tabelle 9.4: Kreuztabelle: Skala „Soziale Abgrenzung" * Geschlecht und Geburtsort der RL; Prozentangaben

Religiös bedingte gesellschaftliche Abgrenzung	männlich	weiblich	Sig.
Zustimmung zur Abgrenzung	23,2	24,5	n. s.
Ablehnung der Abgrenzung	76,8	75,5	
	in Österreich geboren	nicht in Österreich geboren	
Zustimmung zur Abgrenzung	21,3	27,9	n. s.
Ablehnung zur Abgrenzung	78,7	72,1	

Tabelle 9.5: Kreuztabelle: Skala „Soziale Abgrenzung" * Schultyp, Alter und Bildung der RL; Prozentangaben

| Religiös bedingte gesellschaftliche Abgrenzung | Schultyp der RL | | | Sig. |
	Volksschule	Hauptschule	höhere Schulen	
Zustimmung zur Abgrenzung	21,6	35,1	19,2	n. s.
Ablehnung der Abgrenzung	78,4	64,9	80,8	

	Alter der RL			
	20 bis 29	30 bis 39	über 39	
Zustimmung zur Abgrenzung	18,5	24,5	32,1	n. s.
Ablehnung der Abgrenzung	81,5	75,5	67,9	
	höchster Bildungsabschluss			
	bis Matura	IRPA	Universität	
Zustimmung zur Abgrenzung	28,8	25,9	20,9	n. s.
Ablehnung der Abgrenzung	71,2	64,1	79,1	

9.2.1 Religiös begründete gesellschaftliche Abgrenzung und Geschlecht der ReligionslehrerInnen

Eine Kreuztabellierung der Skala „Soziale Abgrenzung" mit dem Geschlecht der RL (Tabelle 9.4) zeigt kaum nennenswerte geschlechtsspezifische Unterschiede hinsichtlich der Einstellung der RL zu einer religiös begründeten gesellschaftlichen Abgrenzung. 23,2 % der männlichen und 24,5 % der weiblichen RL stimmen einer solchen Abgrenzung zu.

Der Mittelwert beträgt bei den männlichen Religionslehrern 3,5927 und bei den weiblichen 3,6387. Die weiblichen Befragten weisen somit die höheren Mittelwerte auf. Entsprechend der Polung der Items (stimme der Abgrenzung sehr zu = 1, stimme der Abgrenzung gar nicht zu = 4) weisen folglich die männlichen Befragten in dieser Skala (Soziale Abgrenzung) die höheren Ausprägungen auf.

Dieser Mittelwertunterschied ist mit $p = 0,571$ auf dem 5 %-Niveau allerdings nicht signifikant. Die beiden Geschlechter unterscheiden sich also in den Skalenwerten nicht signifikant voneinander, die Unterschiede sind somit als rein zufälliger Effekt der Stichprobenziehung zu erklären. Der Geschlechtsunterschied kann von der Stichprobe nicht auf die Grundgesamtheit generalisiert werden.

9.2.2 Religiös begründete gesellschaftliche Abgrenzung und Geburtsort der ReligionslehrerInnen

Hier geht es um die Frage, ob man aufgrund des Merkmals „in Österreich geboren" bzw. „nicht in Österreich geboren" Unterschiede der Einstellung der RL zu religiös begründeter gesellschaftlicher Abgrenzung feststellen kann und ob diese etwaigen Unterschiede signifikant sind.

Eine Kreuztabellierung der Skala „Soziale Abgrenzung" mit dem Geburtsort der RL (s. Tabelle 9.4) zeigt, dass nicht in Österreich geborene LehrerInnen einer religiös begründeten gesellschaftlichen Abgrenzung stärker zustimmen (27,9 %) als ihre in Österreich geborenen KollegInnen (21,3 %); ein Mittelwertvergleich bestätigt diese Tendenz: Der Mittelwert der in Österreich geborenen ReligionslehrerInnen beträgt 3,6319 und der nicht in Österreich geborenen 3,5902 (stimme der Abgrenzung sehr zu = 1, stimme der Abgrenzung gar nicht zu = 4). Demnach weisen die Befragten, die nicht in Österreich geboren sind, in dieser Skala die höheren Ausprägungen (Soziale Abgrenzung) auf.

Dieser Mittelwertunterschied ist mit p = 0,676 auf dem 5 %-Niveau allerdings nicht signifikant. Die beiden Gruppen („in Österreich geboren" und „nicht in Österreich geboren") unterscheiden sich in den Skalenwerten also nicht signifikant voneinander, die Unterschiede sind somit als rein zufälliger Effekt der Stichprobenziehung zu erklären. Der Geburtsortunterschied kann von der Stichprobe nicht auf die Grundgesamtheit generalisiert werden.

9.2.3 Religiös begründete gesellschaftliche Abgrenzung und Schultyp

Hier geht es um die Frage, ob das Merkmal „Schultyp" mit Einstellungsunterschieden der RL zu religiös begründeter gesellschaftlicher Abgrenzung verbunden ist und ob diese Unterschiede gegebenenfalls signifikant sind.

Eine Kreuztabellierung der Skala „Soziale Abgrenzung" mit dem Schultyp zeigt, dass eine religiös begründete gesellschaftliche Abgrenzung bei RL an Hauptschulen die größte Zustimmung findet (35,1 % Zustimmung; s. Tabelle 9.5). Zwischen RL an Volks- und höheren Schulen bestehen kaum nennenswerte Unterschiede. Ein Mittelwertvergleich zeigt, dass LehrerInnen an Hauptschulen den niedrigsten Wert aufweisen (3,4351), gefolgt von LehrerInnen an höheren Schulen (3,6308) und VolksschullehrerInnen (3,6563). Entsprechend ist (aufgrund der Polung der Items: stimme der Abgrenzung sehr zu = 1, stimme der Abgrenzung gar nicht zu = 4), dieses Merkmal (Soziale Abgrenzung) bei den HauptschullehrerInnen am höchsten ausgeprägt.

Überprüfung der Mittelwertunterschiede auf Signifikanz mittels T-Test

Da es sich bei der Schulform um drei Ausprägungen handelt (mehr als zwei Gruppen), wird die Signifikanzprüfung mittels Varianzanalyse durchgeführt.
Der Levene-Test, der prüft, ob signifikante Abweichungen von der Annahme der Varianzhomogenität vorhanden sind, zeigt einen Wert, der größer als 0,05 ist (0,144; vgl. Tabelle 13.9 im Anhang). Das bedeutet, dass keine signifikanten Abweichungen von der Varianzhomogenität nachgewiesen sind und keine Verletzung der Modellannahme der Varianzhomogenität vorliegt. Man kann also von genügend homogenen Varianzen ausgehen.
Die eigentliche Signifikanz beträgt p = 0,067. Damit hat man auf dem 5 %-Niveau kein signifikantes Ergebnis. Es gibt also keine nachweislichen Unterschiede zwischen den Schultypen.
Die Varianzaufklärung beträgt 2,8 %. Der Effekt der Schulform ist also eher schwach, 97,2 % der Gesamtunterschiedlichkeit findet sich innerhalb der Gruppen, nur 2,8 % der Variabilität geht auf die Schulform als Einflussfaktor zurück.

9.2.4 Religiös begründete gesellschaftliche Abgrenzung und Alter der ReligionslehrerInnen

Eine Kreuztabellierung der Skala „Soziale Abgrenzung" mit dem Alter der RL (drei Kategorien: 20- bis 29-jährige, 30- bis 39-jährige, über 39-jährige) zeigt, dass mit höherem Alter die Zustimmung zur religiös begründeten gesellschaftlichen Abgrenzung steigt. RL, die älter als 39 sind, stimmen dieser Abgrenzung stärker zu (32,1 % Zustimmung) als die beiden anderen Altersgruppen; mit 24,5 % Zustimmung folgt die Altersgruppe 30 bis 39 und mit 18,5 % Zustimmung die Altersgruppe der 20- bis 29-Jährigen (s. Tabelle 9.5).
Nun gilt es zu überprüfen, ob diese Einstellungsunterschiede zwischen den Altersgruppen signifikant sind. Da es sich bei der Variable „Alter" um ein intervallskaliertes Merkmal handelt, verwendet man hier Korrelationen zur Prüfung der Zusammenhänge. Da der Skalenwert „Soziale Abgrenzung" ebenfalls intervallskaliert ist, wie das Alter in Jahren, wird für die Beziehung zwischen diesen Variablen die Pearson-Korrelation verwendet.
Bei einem N von 171 besteht in der Stichprobe eine schwach negative Korrelation (r = -0,120). Diese Korrelation entspricht einer Varianzaufklärung von nur 1,4 %. Es gibt demnach so gut wie keine gemeinsame Varianz zwischen den Variablen in der Stichprobe, also ist auch das Ergebnis nicht signifikant; mit einer Wahrscheinlichkeit von p = 0,119 ist die Korrelation nur zufällig von 0

verschieden, in der Grundgesamtheit sind die Skalenwerte „Soziale Abgrenzung" und „Alter" mit hoher Wahrscheinlichkeit völlig unabhängig voneinander.

9.2.5 Religiös begründete gesellschaftliche Abgrenzung und Bildungsstatus der ReligionslehrerInnen

Hier geht es um die Frage, ob ein Zusammenhang zwischen Bildungsstatus der RL und ihren Einstellungen zur religiös begründeten gesellschaftlichen Abgrenzung existiert und ob dieser Zusammenhang gegebenenfalls signifikant ist.

Eine Kreuztabellierung der Skala „Soziale Abgrenzung" mit dem Merkmal „Bildung der ReligionslehrerInnen" (s. Tabelle 9.5) zeigt, dass LehrerInnen mit Universitätsabschluss einer religiös begründeten Abgrenzung am wenigsten zustimmen (20,9 %). Gefolgt werden sie von RL mit IRPA-Abschluss (25,9 %). Am meisten Zustimmung findet die Abgrenzung von LehrerInnen mit Matura als höchstem formalen Bildungsabschluss (28,8 %).

Nun gilt es zu überprüfen, ob diese Einstellungsunterschiede zwischen den Gruppen signifikant sind. Da es sich bei der Variable „Bildung" um ein ordinal skaliertes Merkmal handelt, verwendet man hier Korrelationen zur Prüfung der Zusammenhänge.

Für die Zusammenhangsanalyse zwischen dem Skalenwert „Soziale Abgrenzung" und „Bildungsniveau" wird die Spearman-Korrelation verwendet, da eines der beiden Merkmale (hier Bildungsniveau) ordinal skaliert ist.

Bei einem N von 191 besteht in der Stichprobe eine Korrelation von fast 0 ($r = 0,064$). Diese Korrelation entspricht einer Varianzaufklärung von nur 0,4 %. Ergo gibt es so gut wie keine gemeinsame Varianz zwischen den Variablen in der Stichprobe. Entsprechend ist das Ergebnis auch deutlich nicht signifikant, und mit einer Wahrscheinlichkeit von $p = 0,379$ ist die Korrelation nur zufällig von 0 verschieden; in der Grundgesamtheit sind die Skalenwerte der „Sozialen Abgrenzung" und der Bildungsstatus der RL mit hoher Wahrscheinlichkeit völlig unabhängig voneinander.

9.2.6 Zusammenfassung

Die einzelnen Aussagen zu religiös begründeter gesellschaftlicher Abgrenzung stoßen bei den muslimischen RL durchwegs auf hohe Ablehnung. Lediglich das Statement, dass muslimische SchülerInnen lieber unter sich bleiben sollen, um ihre islamische Identität nicht zu verlieren, findet eine relativ hohe Zustimmung von 14,2 %. Über ein Viertel der LehrerInnen (26,8 %) lehnt dieses Statement nicht vorbehaltlos ab (trifft eher nicht zu). Die Angst vor dem Verlust der religiösen Identität scheint in der Migration besonders stark zu sein. Diese Situation stellt eine große Herausforderung an die islamische Bildung; der RU sollte so konzipiert sein, dass er die Grundlage für die Herausbildung einer islamisch-europäischen Identität liefert. SchülerInnen sollten nicht vor die Wahl gestellt werden, entweder Muslim, oder Europäer sein zu müssen, sondern befähigt werden, sich als Muslime und zugleich als Europäer zu sehen.

Insgesamt sind knapp drei Viertel (74,7 %) der muslimischen RL der österreichischen Gesellschaft gegenüber vorbehaltlos offen, ein Viertel (25,3 %) nicht. Es lassen sich keine signifikanten Zusammenhänge zwischen religiös begründeter gesellschaftlicher Abgrenzung und dem Geschlecht, dem Geburtsort, dem Schultyp, dem Alter und dem Bildungsstatus der RL feststellen.

9.3 Einstellungen der muslimischen ReligionslehrerInnen zum Rechtsstaat und zur politischen Partizipation

Die Frage nach der Vereinbarkeit des Islam mit Demokratie, Rechtsstaatlichkeit und Menschenrechten ist heute sehr aktuell. Häufig werden Islam und rechtsstaatliche Prinzipien als Gegensatz wahrgenommen. Innerislamisch gibt es eine Bandbreite an Meinungen, die sich zwischen einer Akzeptanz und einer Ablehnung der rechtsstaatlichen Prinzipien bewegen. Daher ergibt sich für den islamischen RU die Frage, ob die muslimischen RL diese Prinzipien akzeptieren oder eher ablehnen. Werden also die Anerkennung von rechtsstaatlichen Prinzipien und die politische Partizipation der Muslime in Österreich gefördert, oder eher gehindert? Haben die RL religiös bedingte Vorbehalte gegen Demokratie, gegen die österreichische Verfassung und gegen die Partizipation der Muslime an der österreichischen Gesellschaft? Um die Einstellung der RL zum Rechtsstaat und zur politischen Partizipation zu erheben, wurden ihnen mehrere Aussagen vorgelegt. In Tabelle 9.6 sind nur jene Statements aufgelistet, die auf Basis einer Faktorenanalyse (s. Kapitel 9.1.1) für die Messung dieser Einstellung geeignet sind.

17,3 % der LehrerInnen sind der Meinung, dass der Islam die Teilnahme an der österreichischen Kultur verbiete (trifft sehr und eher zu). Einen Widerspruch zwischen Muslim sein und Europäer sein sehen 28,4 % der LehrerInnen. Aufgrund der Überzeugung, Demokratie lasse sich mit dem Islam nicht vereinbaren, lehnen diese 21,9 % der LehrerInnen ab. Dass der Islam die Teilnahme an Wahlen verbiete, sehen 13,9 % der LehrerInnen. 14,7 % sind der Meinung, dass die österreichische Verfassung im Widerspruch zum Islam stehe und lehnen sie daher ab. 29 % der befragten LehrerInnen sind der Meinung, dass die Integration der Muslime in Österreich nicht möglich sei, ohne die islamische Identität zu verlieren.

Tabelle 9.6: Einstellungen der RL zum Rechtsstaat und zur politischen Partizipation; Prozentangaben

Wie sehr treffen diese Aussagen auf Sie zu?	trifft sehr zu	trifft eher schon zu	trifft eher nicht zu	trifft gar nicht zu
Der Islam verbietet die Teilnahme an der österreichischen Kultur (Theater, Kunst).	4,6	12,7	23,9	58,9
Ich sehe einen Widerspruch zwischen Muslim sein und Europäer sein.	5,6	22,8	15,7	55,8
Ich lehne Demokratie ab, weil sie sich mit dem Islam nicht vereinbaren lässt.	7,1	14,8	14,8	63,3
Der Islam verbietet die Teilnahme an Wahlen in Österreich.	10,3	3,6	8,8	77,3
Ich lehne die österreichische Verfassung ab, weil sie im Widerspruch zum Islam steht.	4,2	10,5	11,1	74,2
Eine Integration der Muslime in Österreich ist nicht möglich, ohne die islamische Identität zu verlieren.	11,7	17,3	28,9	42,1

Aus dem Summenscore der Antworten zu den sechs Statements wurde die Skala „Rechtsstaatlichkeit" erstellt und wegen der schiefen Verteilung der Items am Median orientiert in zwei Kategorien „Ablehnung der Rechtsstaatlichkeit" und „Anerkennung der Rechtsstaatlichkeit" dichotomisiert (s. Tabelle 9.7). Demnach erkennen 67,3 % der ReligionslehrerInnen die rechtsstaatlichen Prinzipien vorbehaltlos an, 32,7 % lehnen diese jedoch ab bzw. erkennen sie nicht vorbehaltlos an.

Tabelle 9.7: Skala „Rechtsstaatlichkeit"

	Ablehnung	Anerkennung
Skala „Rechtsstaatlichkeit"	32,7 %	67,3 %

Die Einstellungen der muslimischen RL zum Rechtsstaat und zur politischen Partizipation sollen nun in Verbindung gesetzt werden zum

- Geschlecht der RL,
- Geburtsort der RL,
- Schultyp, an dem die RL vorwiegend unterrichten,

- Alter der RL,
- Bildungshintergrund (höchster formaler Bildungsabschluss) der RL.

Es gilt also anhand der Daten zu prüfen, ob systematische Zusammenhänge der Fragenbeantwortung mit Geschlecht, Alter oder Schulform der befragten RL bestehen.

Tabelle 9.8: Kreuztabelle: Skala „Rechtsstaatlichkeit" * Geschlecht und Geburtsort der RL; Prozentangaben

Rechtsstaatlichkeit	männlich	weiblich	Sig.
Ablehnung	34,5	29,9	n. s.
Zustimmung	65,5	70,1	
	in Österreich geboren	nicht in Österreich geboren	
Ablehnung	21,3	35,5	n.s.
Zustimmung	78,7	64,5	

Tabelle 9.9: Kreuztabelle: Skala „Rechtsstaatlichkeit" * Schultyp, Alter und Bildung der RL; Prozentangaben

Rechtsstaatlichkeit	Schultyp der RL			Sig.
	Volksschule	Hauptschule	höhere Schulen	
Ablehnung	23,9	50,0	32,1	<,01
Zustimmung	76,1	50,0	67,9	
	Alter der RL			
	20 bis 29	30 bis 39	über 39	
Ablehnung	13,8	45,5	34,0	<,05
Zustimmung	86,2	54,5	66,0	
	höchster Bildungsabschluss			
	bis Matura	IRPA	Universität	
Ablehnung	34,8	32,8	27,1	n.s.
Zustimmung	65,2	67,2	72,9	

9.3.1 Rechtsstaat, politische Partizipation und Geschlecht der ReligionslehrerInnen

Eine Kreuztabellierung der Skala „Rechtsstaatlichkeit" mit dem Geschlecht der RL zeigt kaum nennenswerte geschlechtsspezifische Unterschiede bezüglich der Einstellung der RL zum Rechtsstaat und zur politischen Partizipation (s. Tabelle 9.8). Männliche Lehrer scheinen einer Ablehnung rechtsstaatlicher Prinzipien und der politischen Partizipation geringfügig stärker zuzustimmen (34,5 %) als ihre weiblichen Kolleginnen (29,9 %).

Ein Mittelwertvergleich bestätigt diese Tendenz: Der Mittelwert beträgt bei den männlichen Religionslehrern 3,3492 und bei den weiblichen 3,3555. Somit weisen die weiblichen Befragten die höheren Mittelwerte auf. Entsprechend der Polung der Items (lehne Rechtsstaatlichkeit ab = 1, erkenne Rechtsstaatlichkeit an = 4) weisen die männlichen Befragten in dieser Skala die höheren Ausprägungen (Ablehnung der Rechtsstaatlichkeit) auf.

Dieser Mittelwertunterschied ist mit $p = 0,949$ auf dem 5 %-Niveau bei weitem nicht signifikant. Die beiden Geschlechter unterscheiden sich also in den Skalenwerten nicht signifikant voneinander, die Unterschiede sind somit als rein zufälliger Effekt der Stichprobenziehung zu erklären. Der Geschlechtsunterschied kann von der Stichprobe nicht auf die Grundgesamtheit generalisiert werden.

9.3.2 Rechtsstaat, politische Partizipation und Geburtsort der ReligionslehrerInnen

Hier geht es um die Frage, ob das Merkmal „in Österreich geboren" bzw. „nicht in Österreich geboren" mit Einstellungsunterschieden der RL zum Rechtsstaat und zur politischen Partizipation verbunden ist und ob diese Unterschiede gegebenenfalls signifikant sind.

Eine Kreuztabellierung der Skala „Rechtsstaatlichkeit" mit dem Geburtsort der RL (s. Tabelle 9.8) zeigt, dass nicht in Österreich geborene RL die rechtsstaatlichen Prinzipien und die politische Partizipation deutlich stärker ablehnen (35,5 %) als ihre in Österreich geborenen KollegInnen (21,3 %). Ein Mittelwertvergleich bestätigt diese Tendenz: Der Mittelwert beträgt bei nicht in Österreich geborenen LehrerInnen 3,3132 und bei in Österreich geborenen LehrerInnen 3,4000. Entsprechend ist (aufgrund der Polung der Items: lehne die Rechtsstaatlichkeit ab = 1, erkenne die Rechtsstaatlichkeit an = 4), diese Skala (Ablehnung der Rechtsstaatlichkeit) bei LehrerInnen, die nicht in Österreich geboren sind, stärker ausgeprägt.

Dieser Mittelwertunterschied ist mit p = 0,415 auf dem 5 %-Niveau allerdings nicht signifikant. Die beiden Gruppen („in Österreich geboren" und „nicht in Österreich geboren") unterscheiden sich also in den Skalenwerten nicht signifikant voneinander, die Unterschiede sind somit als rein zufälliger Effekt der Stichprobenziehung zu erklären. Der Geburtsortunterschied kann von der Stichprobe nicht auf die Grundgesamtheit generalisiert werden.

9.3.3 Rechtsstaat, politische Partizipation und Schultyp

Hier geht es um die Frage, ob das Merkmal „Schultyp" mit Einstellungsunterschieden der RL zum Rechtsstaat und zur politischen Partizipation verbunden ist und ob solche etwaigen Unterschiede signifikant sind.

Eine Kreuztabellierung der Skala „Rechtsstaatlichkeit" mit dem Schultyp (s. Tabelle 9.9) zeigt, dass eine Ablehnung der Rechtsstaatlichkeit und der politischen Partizipation bei RL an Hauptschulen am stärksten ausgeprägt ist (50,0 %). Zwischen RL an Volks- und höheren Schulen bestehen kaum nennenswerte Unterschiede. LehrerInnen an höheren Schulen lehnen Prinzipien der Rechtsstaatlichkeit zu 32,1 % ab. Am wenigsten kommt eine solche Ablehnung bei VolksschullehrerInnen vor (23,9 %). Ein Mittelwertvergleich demonstriert, dass LehrerInnen an Hauptschulen den niedrigsten Wert aufweisen (3,0690), gefolgt von LehrerInnen an Volksschulen (3,4133) und LehrerInnen an höheren Schulen (3,5476). Das bedeutet (entsprechend der Polung der Items: lehne die Rechtsstaatlichkeit ab = 1, erkenne die Rechtsstaatlichkeit an = 4), dass diese Skala bei den HauptschullehrerInnen am höchsten ausgeprägt ist.

Überprüfung der Mittelwertunterschiede auf Signifikanz mittels T-Test

Der Levene-Test (s. Tabelle 13.10 im Anhang), der prüft, ob signifikante Abweichungen von der Annahme der Varianzhomogenität vorhanden sind, zeigt einen Wert, der kleiner als 0,05 ist (0,000). Das bedeutet, dass signifikante Abweichungen von der Varianzhomogenität bestehen. Je größer die Wahrscheinlichkeit für die Nullhypothese, nämlich der Homogenität, ist, desto eher kann Varianzhomogenität unterstellt werden. Hier ist also eine Verletzung der Modellannahme der Varianzhomogenität deutlich nachgewiesen, die Abweichungen der Varianzen untereinander sind auf dem 1 %-Niveau signifikant. Die Modellannahme der Varianzhomogenität ist also in den Daten nachweislich verletzt, somit sollte man für die eigentliche Varianzanalyse ein reduziertes Signifikanzniveau von maximal 1 % Irrtumswahrscheinlichkeit ansetzen.

Die eigentliche Signifikanz beträgt p = 0,002. Damit hat man auf dem 1 %-Niveau ein signifikantes Ergebnis. Es gibt also nachweisliche Unterschiede zwischen den Schultypen. Die Varianzaufklärung beträgt 6,2 %. Der Effekt der Schulform ist also eher schwach, 93,8 % der Gesamtunterschiedlichkeit findet sich innerhalb der Gruppen, nur 6,2 % der Variabilität gehen auf die Schulform als Einflussfaktor zurück.

Der Scheffé-Test (s. Tabelle 13.11 im Anhang), in dem die paarweisen Einzelvergleiche erfolgen, also jede der drei Gruppen mit jeder anderen Gruppe verglichen wird, zeigt, dass zwei der drei Einzelvergleiche signifikant sind. Sowohl der Unterschied zwischen Haupt- und Volksschulen als auch der zwischen Haupt- und höheren Schulen sind beide signifikant, also nicht zufällig zustande gekommen, nicht aber der Unterschied zwischen Volks- und höheren Schulen, dieser ist rein zufälliger Art.

9.3.4 *Rechtsstaat, politische Partizipation und Alter der ReligionslehrerInnen*

Eine Kreuztabellierung der Skala „Rechtsstaatlichkeit" mit dem Alter der RL (drei Kategorien: 20- bis 29-jährige, 30- bis 39-jährige, über 39-jährige) (s. Tabelle 9.9) beweist, dass junge RL im Alter zwischen 20 und 29 Jahren Prinzipien der Rechtsstaatlichkeit und die politische Partizipation am wenigsten ablehnen (13,8 %). Dagegen lehnen 45,5 % der 30- bis 39-jährigen und 34,0 % der über 39-jährigen RL die rechtsstaatlichen Prinzipien ab. Die Pearson-Korrelation zeigt, dass der Unterschied zwischen den Altersgruppen signifikant ist.

Man erkennt in Tabelle 9.10, dass bei einem N von 173 in der Stichprobe die negative Korrelation r = -0,173 mit p = 0,023 signifikant ist. Die Varianzaufklärung beträgt hier 3 %, die Korrelation ist also nicht zufällig, in der Grundgesamtheit sind die Skalenwerte und das Alter mit hoher Wahrscheinlichkeit voneinander abhängig.

Tabelle 9.10: Korrelationen nach Pearson

		Skalenwert „Rechtsstaatlichkeit"
Alter der RL	Korrelation nach Pearson	-,173(*)
	Signifikanz (2-seitig)	,023
	N	173

* Die Korrelation ist auf dem Niveau von 0,05 (2-seitig) signifikant.

9.3.5 Rechtsstaat, politische Partizipation und Bildungsstatus der ReligionslehrerInnen

Hier geht es um die Frage, ob Zusammenhänge zwischen dem Bildungsstatus der RL und ihren Einstellungen zum Rechtsstaat sowie zur politischen Partizipation existieren und ob diese etwaigen Unterschiede signifikant sind.

Eine Kreuztabellierung der Skala „Rechtsstaatlichkeit" mit dem Merkmal „Bildung der ReligionslehrerInnen" (s. Tabelle 9.9) verdeutlicht, dass LehrerInnen mit Maturaabschluss mit 34,8 % die rechtsstaatlichen Prinzipien und die politische Partizipation am stärksten ablehnen, gefolgt von LehrerInnen mit IRPA-Abschluss (32,8 %). LehrerInnen mit Universitätsabschluss teilen diese Meinung weniger als die beiden anderen Gruppen; 27,1 % lehnen rechtsstaatliche Prinzipien und politische Partizipation ab. Die Spearman-Korrelation zeigt aber, dass diese Unterschiede rein zufällig und nicht signifikant sind.

Bei einem N von 194 besteht in der Stichprobe eine Korrelation von fast 0 (r = 0,073). Diese Korrelation entspricht einer Varianzaufklärung von nur 0,53 %. Es existiert demnach so gut wie keine gemeinsame Varianz zwischen den Variablen in der Stichprobe; entsprechend ist das Ergebnis auch deutlich nicht signifikant, und mit einer Wahrscheinlichkeit von p = 0,314 ist die Korrelation nur zufällig von 0 verschieden. In der Grundgesamtheit sind die Skalenwerte „Rechtsstaatlichkeit" und der Bildungsstatus mit hoher Wahrscheinlichkeit völlig unabhängig voneinander.

9.3.6 Zusammenfassung

Überraschend hoch ist unter den muslimischen RL die Ablehnung der Demokratie, weil sie in ihr einen Widerspruch zum Islam sehen. 21,9 % lehnen Demokratie ab und weitere 14,8 % erkennen sie nur unter Vorbehalt an. Ebenfalls beunruhigend ist die Ablehnung der österreichischen Verfassung von 14,7 % der LehrerInnen, weitere 11,1 % akzeptieren diese nicht vorbehaltlos. Über ein Viertel der RL (28,4 %) erkennen im Muslim sein und Europäer sein einen Widerspruch. Diese Ergebnisse weisen auf die Notwendigkeit hin, die Auslegung des Islam im Hinblick auf das Zusammenleben der Muslime mit Andersgläubigen in einer pluralen europäischen Gesellschaft kritisch zu reflektieren. Die islamische Theologie ist herausgefordert, demokratische Grundwerte stärker in ihr Selbstverständnis zu integrieren.

Insgesamt erkennen 67,3 % der muslimischen RL die rechtsstaatlichen Prinzipien vorbehaltlos an, 32,7 % lehnen diese jedoch ab bzw. erkennen sie nicht vorbehaltlos an. Es lassen sich keine signifikanten Zusammenhänge zwischen der Anerkennung der Rechtsstaatlichkeit und dem Geschlecht, dem Geburtsort und dem Bildungsstatus der RL nachweisen. HauptschullehrerInnen lehnen rechtsstaatliche Prinzipien und politische Partizipation deutlich stärker ab als VolksschullehrerInnen und LehrerInnen an höheren Schulen. Die Varianzanalyse bestätigt, dass diese Unterschiede signifikant sind. Junge RL im Alter zwischen 20 und 29 Jahren stimmen Prinzipien der Rechtsstaatlichkeit und der politischen Partizipation stärker zu als ihre älteren KollegInnen. Die Pearson-Korrelation beweist, dass dieser Zusammenhang signifikant ist.

9.4 Identifikation der muslimischen ReligionslehrerInnen mit Österreich

Zur Messung der Identifikation der RL mit Österreich wurden diesen mehrere Items vorgelegt. In Tabelle 9.11 sind nur jene Statements aufgelistet, die auf Basis einer Faktorenanalyse für die Messung der Identifikation mit Österreich geeignet sind.[11]

Tabelle 9.11: Identifikation der RL mit Österreich; Prozentangaben

Wie sehr treffen diese Aussagen auf Sie zu?	trifft sehr zu	trifft eher schon zu	trifft eher nicht zu	trifft gar nicht zu
Ich empfinde Österreich als meine Heimat.	35,9	37,9	14,9	11,3
Ich kann mir vorstellen, für immer in Österreich zu bleiben.	38,6	36,0	16,2	9,1
Ich empfinde die Österreicher als ausländerfeindlich.	11,1	33,9	43,9	11,1
Ich sehe mich als Teil der österreichischen Gesellschaft.	42,4	34,8	18,2	4,5

Knapp drei Viertel der RL (73,8 % trifft sehr und eher zu) empfinden Österreich als ihre Heimat. Entsprechend hoch ist auch die Vorstellung, für immer in Österreich zu bleiben; 74,6 % der LehrerInnen würden dies begrüßen. 77,2 % der befragten LehrerInnen sehen sich als Teil der österreichischen Gesellschaft, allerdings halten 45 % der LehrerInnen die Österreicher für ausländerfeindlich.
 Aus dem Summenscore der Antworten zu den vier Statements wurde die Skala „Identifikation mit Österreich" erstellt und wegen der schiefen Verteilung der Items am Median orientiert in zwei Kategorien „Identifikation" und „keine

---

11 Die Variable „Ich empfinde die Österreicher als ausländerfeindlich" lädt mit umgekehrtem Vorzeichen auf diesem Faktor hoch und wurde daher für die weiteren Analysen umgepolt.

Identifikation" dichotomisiert (s. Tabelle 9.12). Demnach identifizieren sich 64,2 % der befragten RL mit Österreich, 35,8 % nicht.

Tabelle 9.12: Skala „Identifikation mit Österreich"

	Identifikation	keine Identifikation
Skala „Identifikation mit Österreich"	64,2 %	35,8 %

Die Einstellungen der muslimischen RL zur Identifikation mit Österreich sollen nun in Verbindung gesetzt werden zum

- Geschlecht der RL,
- Geburtsort der RL,
- Schultyp, an dem die RL vorwiegend unterrichten,
- Alter der RL,
- Bildungshintergrund (höchster formaler Bildungsabschluss) der RL.

Es gilt also anhand der Daten zu prüfen, ob hier systematische Zusammenhänge der Fragenbeantwortung mit Geschlecht, Alter oder Schulformder befragten RL bestehen.

Tabelle 9.13: Kreuztabelle: Skala „Identifikation mit Österreich" * Geschlecht und Geburtsort der RL; Prozentangaben

Identifikation mit Österreich	männlich	weiblich	Sig.
Identifikation	64,2	63,5	n. s.
keine Identifikation	35,8	36,5	
	in Österreich geboren	nicht in Österreich geboren	
Identifikation	72,3	58,0	n. s.
keine Identifikation	27,7	42,0	

Tabelle 9.14: Kreuztabelle: Skala „Identifikation mit Österreich" * Schultyp, Alter und Bildung der RL; Prozentangaben

Identifikation mit Österreich	Schultyp der RL			Sig.
	Volksschule	Hauptschule	höhere Schulen	
Identifikation	62,8	63,6	72,0	n. s.
keine Identifikation	37,2	36,4	28,0	
	Alter der RL			
	20 bis 29	30 bis 39	über 39	
Identifikation	69,2	50,0	64,7	n. s.
keine Identifikation	30,8	50,0	35,3	
	höchster Bildungsabschluss			
	bis Matura	IRPA	Universität	
Identifikation	67,2	61,4	61,8	n. s.
keine Identifikation	32,8	38,6	38,2	

9.4.1 Identifikation mit Österreich und Geschlecht der ReligionslehrerInnen

Eine Kreuztabellierung der Skala „Identifikation mit Österreich" mit dem Geschlecht der RL zeigt keine geschlechtsspezifischen Einstellungsunterschiede der RL zur Identifikation mit Österreich (s. Tabelle 9.13). 64,2 % der männlichen und 63,5 % der weiblichen LehrerInnen identifizieren sich mit Österreich. Auch der Mittelwertvergleich zeigt lediglich einen geringfügigen Unterschied. Der Mittelwert beträgt bei den männlichen Religionslehrern 2,0417 und bei den weiblichen 2,0857. Demnach weisen die weiblichen Befragten die höheren Mittelwerte auf. Entsprechend der Polung der Items (stimme der Identifikation mit Österreich sehr zu = 1, stimme der Identifikation gar nicht zu = 4) weisen folglich die männlichen Befragten in dieser Skala die höheren Ausprägungen (Identifikation mit Österreich) auf.

Dieser Mittelwertunterschied ist mit p = 0,659 auf dem 5 %-Niveau allerdings nicht signifikant. Die beiden Geschlechter unterscheiden sich also in den Skalenwerten nicht signifikant voneinander, die Unterschiede sind somit als rein zufälliger Effekt der Stichprobenziehung zu erklären. Der Geschlechtsunterschied kann von der Stichprobe nicht auf die Grundgesamtheit generalisiert werden.

9.4.2 Identifikation mit Österreich und Geburtsort der ReligionslehrerInnen

Hier geht es um die Frage, ob das Merkmal „in Österreich geboren" bzw. „nicht in Österreich geboren" mit Unterschieden hinsichtlich der Einstellungen der RL zur Identifikation mit Österreich verbunden ist und ob solche etwaigen Unterschiede signifikant sind.

Eine Kreuztabellierung der Skala „Identifikation mit Österreich" mit dem Geburtsort der RL (s. Tabelle 9.13) zeigt, dass sich die in Österreich geborenen LehrerInnen viel stärker mit Österreich identifizieren (72,3 %) als ihre nicht in Österreich geborenen KollegInnen (58 %). Ein Mittelwertvergleich bestätigt diese Tendenz: Der Mittelwert beträgt bei den in Österreich geborenen RL 1,9326 und bei den nicht in Österreich geborenen 2,1491. Die in Österreich geborenen Befragten weisen somit die niedrigeren Mittelwerte auf. Entsprechend der Polung der Items (stimme der Identifikation mit Österreich sehr zu = 1, stimme der Identifikation gar nicht zu = 4) weisen die in Österreich geborenen Befragten in dieser Skala die höheren Ausprägungen (Identifikation mit Österreich) auf.

Dieser Mittelwertunterschied ist mit p = 0,066 auf dem 5 %-Niveau allerdings nicht signifikant. Die beiden Gruppen („in Österreich geboren" und „nicht in Österreich geboren") unterscheiden sich in den Skalenwerten also nicht signifikant voneinander, die Unterschiede sind somit als rein zufälliger Effekt der Stichprobenziehung zu erklären. Der Geburtsortunterschied kann von der Stichprobe nicht auf die Grundgesamtheit generalisiert werden.

9.4.3 Identifikation mit Österreich und Schultyp

Hier gilt es zu hinterfragen, ob das Merkmal „Schultyp" mit Unterschieden hinsichtlich der Einstellung der RL zur Identifikation mit Österreich verbunden ist und ob solche etwaigen Unterschiede signifikant sind.

Eine Kreuztabellierung der Skala „Identifikation mit Österreich" mit dem Schultyp zeigt keine großen Unterschiede zwischen den Gruppen. Am stärksten (72 %) identifizieren sich RL, die an höheren Schulen unterrichten, mit Österreich (s. Tabelle 9.14). 63,6 % der RL an Hauptschulen und 62,8 % der RL an Volksschulen identifizieren sich mit Österreich. Ein Mittelwertvergleich bestätigt diese Tendenz: Der Mittelwert beträgt bei den RL an höheren Schulen 1,9722, bei den HauptschullehrerInnen 2,0532 und bei den VolksschullehrerInnen 2,0826. LehrerInnen an höheren Schulen weisen somit die niedrigeren Mittelwerte auf. Entsprechend der Polung der Items (stimme der Identifikation mit Österreich sehr zu = 1, stimme der Identifikation gar nicht zu = 4) weisen LehrerInnen an höheren Schulen in dieser Skala die höheren Ausprägungen (Identifikation mit Österreich) auf.

Überprüfung der Mittelwertunterschiede auf Signifikanz mittels T-Test

Da es sich aber bei der Schulform um drei Ausprägungen handelt (mehr als zwei Gruppen), wird die Signifikanzanalyse mittels Varianzanalyse durchgeführt. Der Levene-Test (s. Tabelle 13.12 im Anhang), der prüft, ob signifikante Abweichungen von der Annahme der Varianzhomogenität bestehen, zeigt einen Wert, der größer als 0,05 ist (0,214). Das bedeutet, dass keine signifikanten Abweichungen von der Varianzhomogenität nachgewiesen sind, also keine Verletzung der Modellannahme der Varianzhomogenität vorliegt. Man kann also von genügend homogenen Varianzen ausgehen.

Die eigentliche Signifikanz beträgt $p = 0,759$. Damit hat man auf dem 5 %-Niveau absolut kein signifikantes Ergebnis. Es gibt somit keine nachweislichen Unterschiede zwischen den Schultypen.

Die Varianzaufklärung beträgt lediglich 0,3 %. Der Effekt der Schulform ist also sehr schwach, 99,7 % der Gesamtunterschiedlichkeit findet sich innerhalb der Gruppen, nur 3 % der Variabilität gehen auf die Schulform als Einflussfaktor zurück.

9.4.4 Identifikation mit Österreich und Alter der ReligionslehrerInnen

Eine Kreuztabellierung der Skala „Identifikation mit Österreich" mit dem Alter der RL (drei Kategorien: 20- bis 29-jährige, 30- bis 39-jährige, über 39-jährige) (s. Tabelle 9.14) zeigt geringfügige altersspezifische Unterschiede zwischen den Gruppen. Jüngere RL im Alter zwischen 20 und 29 Jahren identifizieren sich etwas stärker mit Österreich (69,2 %) als die beiden anderen Gruppen. Gefolgt werden sie von den LehrerInnen über 39 Jahren (64,7 % Identifikation). RL im Alter zwischen 30 und 39 Jahren identifizieren sich im Vergleich dazu am wenigsten mit Österreich (50 %).

Bei einem N von 172 besteht in der Stichprobe eine Korrelation von fast 0 ($r = -0,028$). Diese Korrelation entspricht einer Varianzaufklärung von nur 0,08 %. Es gibt also so gut wie keine gemeinsame Varianz zwischen den Variablen in der Stichprobe. Entsprechend ist das Ergebnis eindeutig nicht signifikant, denn mit einer Wahrscheinlichkeit von $p = 0,720$ ist die Korrelation nur zufällig von 0 verschieden; in der Grundgesamtheit sind die Skalenwerte der

Identifikation mit Österreich und das Alter mit hoher Wahrscheinlichkeit völlig unabhängig voneinander.

9.4.5 Identifikation mit Österreich und Bildungsstatus der ReligionslehrerInnen

Hier geht es um die Frage, ob es einen Zusammenhang zwischen dem Bildungsstatus der RL und ihrer Identifikation mit Österreich gibt und ob dieser gegebenenfalls signifikant ist.

Eine Kreuztabellierung der Skala „Identifikation mit Österreich" mit dem Merkmal „Bildungsstatus der RL" zeigt kaum nennenswerte Unterschiede zwischen den drei Gruppen (s. Tabelle 9.14). Lediglich LehrerInnen mit Matura als höchstem formalen Bildungsabschluss identifizieren sich etwas stärker mit Österreich (67,2 %) als IRPA-AbsolventInnen (61,4 %) und LehrerInnen mit Universitätsabschluss (61,8 %).

Die Spearman-Korrelation zeigt, dass bei einem N von 193 in der Stichprobe eine Korrelation von fast 0 besteht ($r = 0{,}067$). Diese Korrelation entspricht einer Varianzaufklärung von nur 0,5 %. Es gibt also so gut wie keine gemeinsame Varianz zwischen den Variablen in der Stichprobe. Entsprechend ist das Ergebnis auch deutlich nicht signifikant. Mit einer Wahrscheinlichkeit von $p = 0{,}356$ ist die Korrelation nur zufällig von 0 verschieden, und in der Grundgesamtheit sind die Skalenwerte „Identifikation mit Österreich" und der Bildungsstatus der RL mit hoher Wahrscheinlichkeit völlig unabhängig voneinander.

9.4.6 Zusammenfassung

64,2 % der muslimischen RL identifizieren sich vorbehaltlos mit Österreich, 35,8 % nicht bzw. nicht vorbehaltlos. Es lassen sich keine signifikanten Zusammenhänge zwischen der Identifikation der muslimischen RL mit Österreich und ihrem Geschlecht, Geburtsort, Schultyp, Alter und Bildungsstatus feststellen.

9.5 Einstellungen der muslimischen ReligionslehrerInnen zu religiösem Fanatismus

Islamischer Fanatismus und Fundamentalismus zeichnen sich durch eine kompromisslose Auslegung des Islam aus. Fanatische Muslime sehen sich als die einzigen „wahren" Gläubigen. Ihre Islam-Interpretation lässt keinen Raum für Toleranz, Dialog oder Akzeptanz des Anderen; dieser Andere ist nicht nur der Andersgläubige, sondern jeder, der anders gesinnt ist, auch wenn dieser ein Muslim ist. Obwohl sich Fundamentalisten auf die Urquellen des Islam berufen, liegt doch weniger eine Re-Traditionalisierung als vielmehr eine „Neuerfindung der Tradition" vor. Unter anderem treten Fanatiker für die Todesstrafe bei Apostasie ein. Des Weiteren beharren sie auf dem wortwörtlichen Verständnis der Schriften und lehnen eine kritische Auseinandersetzung mit diesen ab.

Um die Einstellungen der muslimischen RL zum Fanatismus zu erheben, wurden ihnen einige Statements zur Messung dieser Dimension vorgelegt. In Tabelle 9.15 sind nur die zwei Statements aufgelistet, die auf Basis einer Faktorenanalyse für die Messung von Fanatismus geeignet sind. 18,2 % der RL haben Verständnis für die Todesstrafe für Apostasie. 19,7 % legen die Religion sehr kompromisslos aus, sie sehen Muslime, die die Pflichtgebete nicht einhalten, nicht mehr als Muslime an.

Tabelle 9.15: Einstellungen der RL zum religiösen Fanatismus; Prozentangaben

Wie sehr treffen diese Aussagen auf Sie zu?	trifft sehr zu	trifft eher schon zu	trifft eher nicht zu	trifft gar nicht zu
Ich hätte Verständnis dafür, wenn Muslime, die vom Islam abgefallen sind, mit dem Tod bestraft würden.	8,6	9,6	14,4	67,4
Meiner Ansicht nach ist jemand, der die fünf Pflichtgebete nicht einhält, kein Muslim.	3,6	16,1	15,1	65,1

Aus dem Summenscore der Antworten zu den zwei Statements wurde ein Summenindex „Fanatismus" erstellt und wegen der schiefen Verteilung der Items am Median orientiert in zwei Kategorien „Zustimmung zum Fanatismus" und „Ablehnung von Fanatismus" dichotomisiert (s. Tabelle 9.16). Demnach stimmen 22,6 % der Befragten fanatischen Haltungen zu, und 77,4 % lehnen diese vorbehaltlos ab.

Tabelle 9.16: Summenindex „Fanatismus"

	Zustimmung	Ablehnung
Summenindex „Fanatismus"	22,6 %	77,4 %

Die Einstellungen der muslimischen RL zum religiösen Fanatismus sollen nun in Verbindung gesetzt werden zum

- Geschlecht der RL,
- Geburtsort der RL,
- Schultyp, an dem die RL vorwiegend unterrichten,
- Alter der RL,
- Bildungshintergrund (höchster formaler Bildungsabschluss) der RL.

Es gilt also anhand der Daten zu prüfen, ob hier systematische Zusammenhänge der Fragenbeantwortung mit Geschlecht, Alter oder Schulform der Befragten bestehen.

Tabelle 9.17: Kreuztabelle: Summenindex „Fanatismus" * Geschlecht und Geburtsort der RL; Prozentangaben

religiöser Fanatismus	männlich	weiblich	Sig.
Zustimmung	17,1	26,7	n. s.
Ablehnung	82,9	73,3	
	in Österreich geboren	nicht in Österreich geboren	
Zustimmung	23,4	20,5	n. s.
Ablehnung	76,6	79,5	

9.5 Religiöser Fanatismus

Tabelle 9.18: Kreuztabelle: Summenindex „Fanatismus" * Schultyp, Alter u. Bildung der RL; Prozentangaben

religiöser Fanatismus	Schultyp der RL			Sig.
	Volksschule	Hauptschule	höhere Schulen	
Zustimmung	22,0	29,1	11,5	n. s.
Ablehnung	78,0	70,9	88,5	
	Alter der RL			
	20 bis 29	30 bis 39	über 39	
Zustimmung	11,3	17,0	32,1	n. s.
Ablehnung	88,7	83,0	67,9	
	höchster Bildungsabschluss			
	bis Matura	IRPA	Universität	
Zustimmung	27,0	19,6	19,4	n. s.
Ablehnung	73,0	80,4	80,6	

9.5.1 Religiöser Fanatismus und Geschlecht der ReligionslehrerInnen

Eine Kreuztabellierung des Summenindex „Fanatismus" mit dem Geschlecht der RL ergibt einen kleinen Unterschied zwischen beiden Geschlechtern (s. Tabelle 9.17). Weibliche RL stimmen einer fanatischen Haltung etwas stärker zu (26,7 %) als ihre männlichen Kollegen (17,1 %).

Ein Mittelwertvergleich bestätigt ebenfalls diese Tendenz: Der Mittelwert beträgt bei den männlichen Religionslehrern 3,4756 und bei den weiblichen 3,3066. Somit weisen die männlichen Befragten die höheren Mittelwerte auf. Entsprechend der Polung der Items (stimme einer fanatischen Haltung sehr zu = 1, lehne eine fanatische Haltung strikt ab = 4) weisen die weiblichen Befragten in diesem Summenindex die höheren Ausprägungen (fanatische Einstellung) auf.

Dieser Mittelwertunterschied ist mit p = 0,174 auf dem 5 %-Niveau allerdings nicht signifikant. Die beiden Geschlechter unterscheiden sich in den Skalenwerten also nicht signifikant voneinander, die Unterschiede sind somit als rein zufälliger Effekt der Stichprobenziehung zu erklären. Der Geschlechtsunterschied kann von der Stichprobe nicht auf die Grundgesamtheit generalisiert werden.

9.5.2 Religiöser Fanatismus und Geburtsort der ReligionslehrerInnen

Hier soll untersucht werden, ob das Merkmal „in Österreich geboren" bzw. „nicht in Österreich geboren" mit Einstellungsunterschieden der RL zum religiösen Fanatismus verbunden ist und ob diese Unterschiede gegebenenfalls signifikant sind.

Eine Kreuztabellierung des Summenindex „Fanatismus" mit dem Geburtsort der RL zeigt, dass hier keine Unterschiede zwischen beiden Gruppen existieren (s. Tabelle 9.17). 23,4 % derer, die in Österreich geboren sind, und 20,5 % derer, die nicht in Österreich geboren sind, besitzen eine fanatische Einstellung. Auch der Mittelwertvergleich zeigt kaum nennenswerte Unterschiede zwischen beiden Gruppen. Der Mittelwert beträgt bei den in Österreich geborenen RL 3,4574 und bei den nicht in Österreich geborenen RL 3,3484. LehrerInnen, die in Österreich geboren sind, weisen somit die höheren Mittelwerte auf. Entsprechend der Polung der Items (stimme einer fanatischen Haltung sehr zu = 1, lehne eine fanatische Haltung strikt ab = 4) weisen die nicht in Österreich geborenen LehrerInnen in diesem Summenindex somit die höheren Ausprägungen (fanatische Einstellung) auf.

Dieser Mittelwertunterschied ist mit $p = 0,391$ auf dem 5 %-Niveau allerdings nicht signifikant. Die beiden Gruppen („in Österreich geboren" und „nicht in Österreich geboren") unterscheiden sich also in den Skalenwerten nicht signifikant voneinander, die Unterschiede sind somit als rein zufälliger Effekt der Stichprobenziehung zu erklären. Der Geburtsortsunterschied kann nicht von der Stichprobe auf die Grundgesamtheit generalisiert werden.

9.5.3 Religiöser Fanatismus und Schultyp

Hier gilt es herauszufinden, ob das Merkmal „Schultyp" mit Einstellungsunterschieden der RL zum religiösen Fanatismus verbunden ist und ob diese Unterschiede gegebenenfalls signifikant sind.

Eine Kreuztabellierung des Summenindex „Fanatismus" mit dem Schultyp zeigt geringfügige Unterschiede zwischen den Volksschul- und den HauptschullehrerInnen (s. Tabelle 9.18). 22,0 % der VolksschullehrerInnen und 29,1 % der HauptschullehrerInnen stimmen fanatischen Haltungen zu. RL an höheren Schulen lehnen fanatische Einstellungen viel stärker ab als die beiden anderen Gruppen, nur 11,5 % von ihnen stimmen fanatischen Haltungen zu.

Ein Mittelwertvergleich bestätigt diese Tendenz: Der Mittelwert beträgt bei den LehrerInnen an höheren Schulen 3,6346, bei den VolksschullehrerInnen 3,4241 und bei den HauptschullehrerInnen 3,1842. LehrerInnen an höheren

9.5 Religiöser Fanatismus 151

Schulen weisen somit die höheren Mittelwerte auf. Entsprechend der Polung der Items (stimme einer fanatischen Haltung sehr zu = 1, lehne eine fanatische Haltung strikt ab = 4) weisen LehrerInnen an höheren Schulen in diesem Summenindex die niedrigsten Ausprägungen (fanatische Einstellung) auf.

Überprüfung der Mittelwertunterschiede auf Signifikanz mittels T-Test

Da es sich bei der Schulform um drei Ausprägungen handelt (mehr als zwei Gruppen), wird die Signifikanzanalyse mittels Varianzanalyse durchgeführt.
Der Levene-Test (s. Tabelle 13.13 im Anhang), der prüft, ob signifikante Abweichungen von der Annahme der Varianzhomogenität bestehen, zeigt einen Wert, der kleiner als 0,05 ist (0,000). Das bedeutet, dass signifikante Abweichungen von der Varianzhomogenität existieren. Je größer die Wahrscheinlichkeit für die Nullhypothese, nämlich der Homogenität, ist, desto sicherer kann Varianzhomogenität unterstellt werden. Hier ist also eine Verletzung der Modellannahme der Varianzhomogenität deutlich nachgewiesen, die Abweichungen der Varianzen untereinander sind auf dem 1 %-Niveau signifikant. Die Modellannahme der Varianzhomogenität ist also in den Daten nachweislich verletzt, so dass man für die eigentliche Varianzanalyse ein reduziertes Signifikanzniveau von maximal 1 % Irrtumswahrscheinlichkeit ansetzen sollte.
Die eigentliche Signifikanz beträgt p = 0,057. Damit hat man auf dem 1 %-Niveau kein signifikantes Ergebnis. Es gibt also keine nachweislichen Unterschiede zwischen den Schultypen. Die Varianzaufklärung beträgt 2,9 %. Der Effekt der Schulform ist also eher schwach, 97,1 % der Gesamtunterschiedlichkeit finden sich innerhalb der Gruppen, und nur 2,9 % der Variabilität gehen auf die Schulform als Einflussfaktor zurück.

9.5.4 Religiöser Fanatismus und Alter der ReligionslehrerInnen

Eine Kreuztabellierung des Summenindex „Fanatismus" mit dem Alter der RL (drei Kategorien: 20- bis 29-jährige, 30- bis 39-jährige, über 39-jährige) zeigt, dass mit steigendem Alter die fanatische Einstellung ebenfalls steigt (s. Tabelle 9.18). 11,3 % der 20- bis 29-jährigen, 17,0 % der 30- bis 39-jährigen und 32,1 % der über 39-jährigen RL haben eine fanatische Einstellung.
Die Pearson-Korrelation zeigt allerdings, dass bei einem N von 171 in der Stichprobe eine sehr schwache negative Korrelation besteht (r = -0,137). Diese Korrelation entspricht einer Varianzaufklärung von nur 1,9 %. Es gibt also so gut wie keine gemeinsame Varianz zwischen den Variablen in der Stichprobe.

Entsprechend ist das Ergebnis auch nicht signifikant; mit einer Wahrscheinlichkeit von p = 0,073 ist die Korrelation nur zufällig von 0 verschieden, und in der Grundgesamtheit sind die Skalenwerte für den Fanatismus sowie das Alter der RL mit hoher Wahrscheinlichkeit völlig unabhängig voneinander.

9.5.5 Religiöser Fanatismus und Bildungsstatus der ReligionslehrerInnen

Hier geht es um die Frage, ob ein Zusammenhang zwischen dem Bildungsstatus der RL und ihren Einstellungen zum religiösen Fanatismus besteht und ob dieser Zusammenhang gegebenenfalls signifikant ist.

Eine Kreuztabellierung des Summenindex „Fanatismus" mit dem Merkmal „Bildung der RL" zeigt kaum Unterschiede zwischen den IRPA-AbsolventInnen (19,6 % Zustimmung von Fanatismus) und RL mit Universitätsabschluss (19,4 %) (s. Tabelle 9.18). LehrerInnen mit Matura als höchstem formalen Bildungsabschluss stimmen fanatischen Haltungen etwas stärker zu als die beiden anderen Gruppen (27,0 %).

Die Spearman-Korrelation zeigt, dass bei einem N von 191 in der Stichprobe eine sehr schwache Korrelation besteht (r = 0,115). Diese Korrelation entspricht einer Varianzaufklärung von nur 1,3 %. Es gibt also so gut wie keine gemeinsame Varianz zwischen den Variablen in der Stichprobe. Entsprechend ist das Ergebnis auch nicht signifikant. Mit einer Wahrscheinlichkeit von p = 0,113 ist die Korrelation nur zufällig von 0 verschieden; in der Grundgesamtheit sind die Skalenwerte für den Fanatismus und der Bildungsstatus der RL mit hoher Wahrscheinlichkeit völlig unabhängig voneinander.

9.5.6 Zusammenfassung

Überraschend hoch ist die Zustimmung der muslimischen RL zur Todesstrafe für Apostasie. 18,2 % der LehrerInnen stimmen dieser zu und weitere 14,4 % lehnen sie nicht vorbehaltlos ab. Insgesamt stimmen 22,6 % der RL fanatischen Haltungen zu, und 77,4 % lehnen diese ab. Es lassen sich keine signifikanten Zusammenhänge zwischen der Einstellung der RL zum religiösen Fanatismus und ihrem Geschlecht, Geburtsort, Schultyp, Alter und Bildungsstatus feststellen.

Zwar ist nach dem klassischen islamischen Recht für Apostaten die Todesstrafe vorgesehen, jedoch existieren mittlerweile zahlreiche Rechtsgutachten, die dem widersprechen. Große anerkannte islamische Gelehrte wie Abduh,

Rida, Schaltut und Qaradawi heben hervor, dass die Todesstrafe für Apostasie im Koran nicht vorkommt. Sie ist vielmehr historisch aus politischen Gründen entstanden und hat heute keine Gültigkeit mehr. Solche aufgeklärte Haltungen sollten stärker in die theologische Ausbildung der RL einfließen.

9.6 Einstellungen der muslimischen ReligionslehrerInnen zu religiös motivierter Gewalt

Um die Einstellung der RL zur Gewalt zu messen, wurden ihnen drei Statements zur Beurteilung vorgelegt (s. Tabelle 9.19).

Tabelle 9.19: Einstellungen der RL zu religiös motivierter Gewalt; Prozentangaben

Wie sehr treffen diese Aussagen auf Sie zu?	trifft sehr zu	trifft eher schon zu	trifft eher nicht zu	trifft gar nicht zu
Für mich ist es verständlich, wenn Gewalt zur Verbreitung des Islam angewendet wird.	1,6	6,9	9,0	82,4
Mit Gewalt können Muslime sehr viel hier in Europa erreichen.	1,0	6,3	4,2	88,5
Ich habe Verständnis für Anschläge, die Muslime hier in Europa verüben.	0,5	2,1	5,2	92,1

Insgesamt wurden alle Statements sehr stark abgelehnt. Nur für 8,5 % von ihnen ist es verständlich, wenn der Islam mittels Gewalt verbreitet wird. 7,3 % meinen, dass Muslime mit Gewalt sehr viel hier in Europa erreichen können. Verständnis für Anschläge, die von Muslimen in Europa verübt werden, haben lediglich 2,6 %.

Aus dem Summenscore der Antworten zu den drei Statements wurde die Skala „Gewalt" erstellt und wegen der schiefen Verteilung der Items am Median orientiert in zwei Kategorien „Zustimmung zur Gewalt" und „Ablehnung von Gewalt" dichotomisiert (s. Tabelle 9.20). Demnach stimmen 15,5 % der RL religiös motivierter Gewalt zu bzw. lehnen diese nicht vorbehaltlos ab, und 84,5 % lehnen religiös motivierte Gewalt vorbehaltlos ab.

Tabelle 9.20: Skala „Gewalt"; Prozentangaben

	Zustimmung zu religiös motivierter Gewalt	Ablehnung religiös motivierter Gewalt
Skala „Gewalt"	15,5	84,5

Die Einstellungen der muslimischen RL zur religiös motivierten Gewalt sollen nun in Verbindung gesetzt werden zum

- Geschlecht der RL,
- Geburtsort der RL,
- Schultyp, an dem die RL vorwiegend unterrichten,
- Alter der RL,
- Bildungshintergrund (höchster formaler Bildungsabschluss) der RL.

Es gilt also anhand der Daten zu prüfen, ob hier systematische Zusammenhänge der Fragenbeantwortung mit Geschlecht, Alter oder Schulform der Befragten bestehen.

Tabelle 9.21: Kreuztabelle: Skala „Gewalt" * Geschlecht und Geburtsort der RL; Prozentangaben

Religiös motivierte Gewalt	männlich	weiblich	Sig.
Zustimmung	13,4	13,5	n. s.
Ablehnung	86,6	86,5	
	in Österreich geboren	nicht in Österreich geboren	
Zustimmung	8,9	14,8	
Ablehnung	91,1	85,2	

Tabelle 9.22: Kreuztabelle: Skala „Gewalt" * Schultyp, Alter und Bildung der RL; Prozentangaben

Religiös motivierte Gewalt	Schultyp der RL			Sig.
	Volksschule	Hauptschule	höhere Schulen	
Zustimmung	11,0	20,7	23,1	n. s.
Ablehnung	89,0	79,3	76,9	
	Alter der RL			
	20 bis 29	30 bis 39	über 39	
Zustimmung	9,2	17,0	13,7	n. s.
Ablehnung	90,8	83,0	86,3	
	höchster Bildungsabschluss			
	bis Matura	IRPA	Universität	
Zustimmung	13,6	10,3	20,0	n. s.
Ablehnung	86,4	89,7	80,0	

9.6.1 Religiös motivierte Gewalt und Geschlecht der ReligionslehrerInnen

Eine Kreuztabellierung der Skala „Gewalt" mit dem Geschlecht der RL zeigt kaum nennenswerte geschlechtsspezifische Unterschiede hinsichtlich der Einstellung der RL zu religiös motivierter Gewalt (s. Tabelle 9.21). 13,5 % der weiblichen und 13,4 % der männlichen RL stimmen religiös motivierter Gewalt zu. Der Mittelwert beträgt bei den männlichen Religionslehrern 3,8415 und bei den weiblichen 3,7846. Die männlichen Befragten weisen somit die höheren Mittelwerte auf. Entsprechend der Polung der Items (stimme Gewalt sehr zu = 1, stimme Gewalt gar nicht zu = 4) weisen die weiblichen Befragten in dieser Skala die höheren Ausprägungen (religiös motivierte Gewalt) auf.

Dieser Mittelwertsunterschied ist mit p = 0,414 auf dem 5 %-Niveau allerdings nicht signifikant. Die beiden Geschlechter unterscheiden sich in den Skalenwerten also nicht signifikant voneinander, die Unterschiede sind somit als rein zufälliger Effekt der Stichprobenziehung zu erklären. Der Geschlechtsunterschied kann von der Stichprobe nicht auf die Grundgesamtheit generalisiert werden.

9.6.2 Religiös motivierte Gewalt und Geburtsort der ReligionslehrerInnen

Hier gilt zu hinterfragen, ob das Merkmal „in Österreich geboren" bzw. „nicht in Österreich geboren" mit Einstellungsunterschieden der RL zu religiös motivierter Gewalt verbunden ist und ob diese Unterschiede gegebenenfalls signifikant sind.

Eine Kreuztabellierung der Skala „Gewalt" mit dem Geburtsort der RL (s. Tabelle 9.21) zeigt, dass die nicht in Österreich geborenen LehrerInnen religiös motivierter Gewalt stärker zustimmen (14,8 %) als ihre in Österreich geborenen KollegInnen (8,9 %). Der Mittelwertvergleich widerspricht allerdings dieser Tendenz. Der Mittelwert beträgt bei in Österreich geborenen RL 3,7872, bei nicht in Österreich geborenen RL 3,8169.

Somit weisen die nicht in Österreich geborenen LehrerInnen die höheren Mittelwerte auf. Entsprechend der Polung der Items (stimme Gewalt sehr zu = 1, stimme Gewalt gar nicht zu = 4) weisen die LehrerInnen, die in Österreich geboren sind, in dieser Skala die höheren Ausprägungen (religiös motivierte Gewalt) auf.

Dieser Mittelwertunterschied ist mit $p = 0,714$ auf dem 5 %-Niveau absolut nicht signifikant. Die beiden Gruppen („in Österreich geboren" und „nicht in Österreich geboren") unterscheiden sich also in den Skalenwerten nicht signifikant voneinander, die Unterschiede sind somit als rein zufälliger Effekt der Stichprobenziehung zu erklären. Der Geburtsortunterschied kann von der Stichprobe nicht auf die Grundgesamtheit generalisiert werden.

9.6.3 Religiös motivierte Gewalt und Schultyp

Hier geht es darum, ob das Merkmal „Schultyp" mit Unterschieden hinsichtlich der Einstellung der RL zur religiös motivierten Gewalt verbunden ist und ob diese Unterschiede gegebenenfalls signifikant sind.

Eine Kreuztabellierung der Skala „Gewalt" mit dem Schultyp zeigt, dass VolksschullehrerInnen religiös motivierte Gewalt von allen drei Gruppen am stärksten ablehnen, nur 11 % der VolksschullehrerInnen bejahen Gewalt (s. Tabelle 9.22). Hingegen bejahen 20,7 % der HauptschullehrerInnen und 23,1 % der LehrerInnen an höheren Schulen eine religiös motivierte Gewalt. Ein Mittelwertvergleich bestätigt diese Tendenz: Der Mittelwert beträgt bei den VolksschullehrerInnen 3,8213, bei den HauptschullehrerInnen 3,7816 und bei den LehrerInnen an höheren Schulen 3,6923. Somit weisen die VolksschullehrerInnen die höheren Mittelwerte auf. Entsprechend der Polung der Items (stimme Gewalt sehr zu = 1, stimme Gewalt gar nicht zu = 4) weisen die VolksschullehrerInnen in dieser Skala die niedrigeren Ausprägungen (religiös motivierte Gewalt) auf.

Überprüfung der Mittelwertunterschiede auf Signifikanz mittels T-Test

Da es sich bei der Schulform um drei Ausprägungen handelt (mehr als zwei Gruppen), wird die Signifikanzanalyse mittels Varianzanalyse durchgeführt.
Der Levene-Test (s. Tabelle 13.14 im Anhang), der prüft, ob signifikante Abweichungen von der Annahme der Varianzhomogenität bestehen, zeigt einen Wert von 0,050. Das bedeutet, dass signifikante Abweichung von der Varianzhomogenität existieren. Je größer die Wahrscheinlichkeit für die Nullhypothese, nämlich der Homogenität, ist, desto sicherer kann Varianzhomogenität unterstellt werden. Hier ist also eine Verletzung der Modellannahme der Varianzhomogenität deutlich nachgewiesen, und die Abweichungen der Varianzen untereinander sind auf dem 1%-Niveau signifikant. Die Modellannahme der Varianzhomogenität ist also in den Daten nachweislich verletzt, so dass man für die eigentliche Varianzanalyse ein reduziertes Signifikanzniveau von maximal 1 % Irrtumswahrscheinlichkeit ansetzen sollte.
Die eigentliche Signifikanz beträgt $p = 0,467$. Damit hat man auf dem 1 %-Niveau absolut kein signifikantes Ergebnis. Es gibt also keine nachweislichen Unterschiede zwischen den Schultypen.
Die Varianzaufklärung beträgt 0,8 %. Der Effekt der Schulform ist also sehr schwach, 99,2 % der Gesamtunterschiedlichkeit finden sich innerhalb der Gruppen, nur 0,8 % der Variabilität gehen auf die Schulform als Einflussfaktor zurück.

9.6.4 Religiös motivierte Gewalt und Alter der ReligionslehrerInnen

Eine Kreuztabellierung der Skala „Gewalt" mit dem Alter der RL (drei Kategorien: 20- bis 29-jährige, 30- bis 39-jährige, über 39-jährige) zeigt, dass junge LehrerInnen im Alter zwischen 20 und 29 Jahren religiös motivierte Gewalt am meisten ablehnen, nur 9,2 % von ihnen bejahen Gewalt (s. Tabelle 9.22), gefolgt von den über 39-jährigen RL mit 13,7 %. Am stärksten wird Gewalt von den 30- bis 39-jährigen bejaht (17 %).
Allerdings zeigt die Pearson-Korrelation keinen signifikanten Zusammenhang zwischen den Gruppen. Bei einem N von 171 besteht in der Stichprobe eine Korrelation von fast null ($r = -0,021$). Diese Korrelation entspricht einer Varianzaufklärung von nur 0,04 %. Es gibt also so gut wie keine gemeinsame

Varianz zwischen den Variablen in der Stichprobe. Entsprechend ist das Ergebnis eindeutig nicht signifikant, und mit einer Wahrscheinlichkeit von p = 0,784 ist die Korrelation nur zufällig von 0 verschieden. In der Grundgesamtheit sind die Skalenwerte der religiös motivierten Gewalt und das Alter der RL mit hoher Wahrscheinlichkeit völlig unabhängig voneinander.

9.6.5 Religiös motivierte Gewalt und Bildungsstatus der ReligionslehrerInnen

Hier geht es um die Frage eines etwaigen Zusammenhangs zwischen dem Bildungsstatus der RL und ihren Einstellungen zu religiös motivierter Gewalt.

Eine Kreuztabellierung der Skala „Gewalt" mit dem Merkmal „Bildung der RL" (s. Tabelle 9.22) zeigt, dass LehrerInnen mit Universitätsabschluss religiös motivierter Gewalt am stärksten zustimmen (20 %), gefolgt von RL mit Matura als höchstem formalen Bildungsabschluss (13,6 %); am wenigsten Zustimmung findet Gewalt bei LehrerInnen mit IRPA-Abschluss (10,3 % Zustimmung).

Die Spearman-Korrelation zeigt allerdings, dass diese Unterschiede absolut nicht signifikant sind. Bei einem N von 191 besteht in der Stichprobe eine Korrelation von fast null (r = -0,005). Es gibt also keine gemeinsame Varianz zwischen den Variablen in der Stichprobe. Entsprechend ist das Ergebnis auch deutlich nicht signifikant, und mit einer Wahrscheinlichkeit von p = 0,950 ist die Korrelation nur zufällig von 0 verschieden. In der Grundgesamtheit sind die Skalenwerte der religiös motivierten Gewalt und der Bildungsstatus der RL mit hoher Wahrscheinlichkeit völlig unabhängig voneinander.

9.6.6 Zusammenfassung

Die Einzelstatements zu religiös motivierter Gewalt finden durchweg starke Ablehnung. Lediglich die Anwendung von Gewalt zur Verbreitung des Islam findet von 8,5 % der muslimischen RL Zustimmung. Weitere 9 % lehnen diese Form von Gewalt nicht vorbehaltlos ab. Insgesamt stimmen 15,5 % der muslimischen RL religiös motivierter Gewalt zu bzw. lehnen diese nicht vorbehaltlos ab; 84,5 % lehnen diese vorbehaltlos ab. Es lassen sich keine signifikanten Zusammenhänge zwischen der Einstellung der RL zu religiös motivierter Gewalt und ihrem Geschlecht, Geburtsort, Schultyp, Alter und Bildungsstatus feststellen.

10 Einstellungen der muslimischen ReligionslehrerInnen zu Geschlechtsrollen

Die traditionelle Aufgabenverteilung zwischen Frauen und Männern wird in der modernen Gesellschaft immer mehr abgelehnt. Solche Geschlechtsrollen engen die selbstbestimmte Entwicklung einer geschlechtlichen Identität ein und verhindern eine gleichberechtigte Teilhabe am gesellschaftlichen Leben. Öffentliche Bildungseinrichtungen bemühen sich daher um eine emanzipatorische Erziehung, die Mädchen und Jungen dazu befähigen soll, selbstbewusst mit geschlechtsstereotypen Erwartungen umzugehen. Religionen, vor allem dem Islam, wird oft vorgeworfen, sie würden archaisch traditionelle Geschlechtsrollen fördern, woran sich Fragen hinsichtlich der religiösen Bildung an öffentlichen Schulen entzünden. Werden im islamischen RU Vorstellungen von Geschlechtsrollen vermittelt, die einer Gleichberechtigung der Geschlechter widersprechen und vor allem Mädchen die Integration in die Gesellschaft erschweren? Leistet der islamische RU einen positiven Beitrag zur Gleichberechtigung oder dient er der Reproduktion traditioneller Modelle?

Vor dem Hintergrund dieser Fragen ist es wichtig, die Einstellungen der islamischen RL zu Geschlechtsrollen zu erheben. Ihnen wurden in der vorliegenden Studie einige ausgewählte Statements zu Geschlechtsrollen vorgelegt (s. Tabelle 10.1). Alle Aussagen sind auf einer vierstufigen Skala (trifft sehr zu, trifft eher schon zu, trifft eher nicht zu, trifft gar nicht zu) angeordnet. Die befragten LehrerInnen hatten dann die Möglichkeit, den ihnen vorgelegten Aussagen auf dieser vierstufigen Skala in abgestufter Form zuzustimmen oder sie abzulehnen.

16,7 % der LehrerInnen sind der Ansicht, dass der Haushalt und 9,3 %, dass die Kindererziehung alleinige Aufgabe der Frau sei. 23,2 % der RL sind dafür, dass Frauen zu Hause bleiben, anstatt arbeiten zu gehen. 10,4 % finden die Ausbildung von Knaben wichtiger als die von Mädchen. Hohe Zustimmung fand das Statement, dass die wichtigen Entscheidungen in der Familie von den Männern getroffen werden sollten (36,2 %). Über ein Viertel der RL (28 %) ist der Meinung, dass ältere Familienangehörige mehr zu sagen haben sollten als die jüngeren Erwachsenen. Auffallend sind die geschlechtsspezifischen Unterschiede: 23,5 % der männlichen Religionslehrer sehen die Führung des Haushalts als alleinige Aufgabe der Frau an, dies sehen nur 9,8 % der weiblichen Kolleginnen so. Ein Drittel der Männer ist der Meinung, dass Frauen lieber zu Hause bleiben sollten als arbeiten zu gehen, diese Ansicht vertreten aber nur 13,9 % der Frauen. Männliche RL setzen sich auch stärker dafür ein, dass ältere Familienmitglieder bei wichtigen Entscheidungen mehr zu sagen haben als jüngere. Der Aussage, dass Männer die wichtigen Entscheidungen in der Familie treffen sollten, stimmen fast die Hälfte der männlichen (46,9 %) und über ein Viertel der weiblichen (26,3 %) RL zu. Keine signifikanten geschlechtsspezifischen Unterschiede gibt es hingegen bei der Frage nach der Wichtigkeit der Ausbildung von Jungen und Mädchen; ca. 12 % der männlichen und ca. 9 % der weiblichen RL sind der Meinung, dass die Ausbildung von Jungen wichtiger sei. Auch bei der Frage nach der Kindererziehung existieren keine signifikanten geschlechtsspezifischen Unterschiede; ca. 12 % der männlichen und rund 7 % der weiblichen RL sehen dies als alleinige Aufgabe der Frau.

Tabelle 10.1: Einstellungen der muslimischen RL zu Geschlechtsrollen; Prozentangaben

Wie sehr treffen diese Aussagen zu?	Gesamt				m	w	Sig
	trifft sehr zu	trifft eher schon zu	trifft eher nicht zu	trifft gar nicht zu	trifft sehr/eher schon zu	trifft eher nicht/gar nicht zu	
Ich finde, der Haushalt ist die alleinige Aufgabe der Frau.	4,3	12,4	28,6	54,6	23,5	9,8	<,05
Ich finde, Frauen sollten lieber zu Hause bleiben als arbeiten zu gehen.	4,4	18,8	19,9	56,9	33,4	13,9	<,01
Bei wichtigen Entscheidungen sollten ältere Familienangehörige mehr zu sagen haben als die jüngeren Erwachsenen.	7,7	20,3	41,8	30,2	34,6	23,3	<,01
Es ist wichtiger, dass Buben eine gute Ausbildung erhalten als Mädchen.	1,6	8,8	10,4	79,1	12,3	9,1	n. s.
Ehepartner sollten sich immer beraten, ich finde aber, dass der Mann die endgültige Entscheidung treffen soll.	10,4	25,8	21,4	42,3	46,9	26,3	<,05
Ich finde, Kindererziehung ist die alleinige Aufgabe der Frau.	1,1	8,2	17,0	73,6	12,3	7,1	n.s.

10.1 Methodisches Vorgehen

Nach der Verdichtung der Iteminformationen mittels Faktorenanalyse auf wenige Dimensionen wurden Skalen gebildet, die anschließend zum

- Geschlecht der RL,
- Geburtsort der RL,
- Schultyp, an dem die RL vorwiegend unterrichten,
- Alter der RL,
- Bildungshintergrund (höchster formaler Bildungsabschluss) der RL

in Beziehung gesetzt und auf vorhandene signifikante Unterschiede bzw. Zusammenhänge überprüft werden.

10.1.1 Faktorenanalyse

Zuerst wurden die sechs aufgelisteten Variablen (s. Tabelle 10.1) auf ihre Eignung für die Faktorenanalyse überprüft: Ein „Kaiser-Meyer-Olkin"-Kriterium (KMO-Wert) von 0,725 gibt an, dass die verwendeten Variablen sehr gut für eine Faktorenanalyse geeignet sind.

Die durchgeführte Faktorenanalyse extrahierte einen Faktor „Geschlechtsrollen" (gesamt erklärte Varianz 43 %).

10.1.2 Reliabilitätsanalyse

Im Anschluss an die Faktorenanalyse werden nun Skalen gebildet. Die Qualität der zu bildenden Skala muss mittels Reliabilitätsanalyse (Kennwert: Cronbach's Alpha) überprüft werden. Es handelt sich hierbei um ein testtheoretisches Gütekriterium.

Der Alpha-Wert beträgt bei sechs Variablen 0,724, was ein guter Wert ist. Die Skala ist im testtheoretischen Sinn befriedigend reliabel.

10.1.3 Skalenbildung

Nach Durchführung der Faktorenanalyse und Überprüfung der Itemzusammenstellung auf Reliabilität wurden die Skalen und Skalenwerte gebildet.

Aus dem Summenscore der Antworten zu den sechs Statements wurde die Skala „Geschlechtsrollen" erstellt und wegen der schiefen Verteilung der Items am Median orientiert in zwei Kategorien „patriarchalisch" und „modern" dichotomisiert (s. Tabelle 10.2). Demnach vertreten 40,5 % der RL patriarchalische und 59,5 % moderne Einstellungen.

Die Skalenwerte dienen den Zusammenhangsauswertungen. Die Bildung der Skalenwerte wird durch die Bildung der Mittelwerte über die Items beschritten: Dies erleichtert die Interpretation der Skalenwerte und damit auch die Interpretation von z. B. Mittelwertunterschieden, wenn die aus den Items gebildete Skala denselben Wertebereich hat wie die ihr zugrunde liegenden Items. Dann ist die Antworttendenz direkt aus dem Skalenwert ablesbar. Berechnet wird also eine neue Variable in der Datendatei, welche für jeden Befragten den Mittelwert der Antworten über bestimmte Items enthält.

Tabelle 10.2: Skala „Geschlechtsrollen"

	patriarchalisch	modern
Skala „Geschlechtsrollen"	40,5 %	59,5 %

10.2 Einstellung der muslimischen ReligionslehrerInnen zu Geschlechtsrollen

Nun gilt es anhand der Daten zu prüfen, ob hier systematische Zusammenhänge zwischen der Fragenbeantwortung und etwa dem Geschlecht, Alter oder Schultyp der Befragten bestehen.

Tabelle 10.3: Kreuztabelle: Skala „Geschlechtsrollen" * Geschlecht und Geburtsort der RL; Prozentangaben

Geschlechtsrollen	männlich	weiblich	Sig.
patriarchalisch	50,6	31,4	<,01
modern	49,4	68,6	
	in Österreich geboren	nicht in Österreich geboren	
patriarchalisch	38,3	45,3	n.s.
modern	61,7	54,7	

10.2 Geschlechtsrollen

Tabelle 10.4: Kreuztabelle: Skala „Geschlechtsrollen" * Schultyp, Alter und Bildung der RL; Prozentangaben

Geschlechtsrollen	Schultyp der RL			Sig.
	Volksschule	Hauptschule	höhere Schulen	
patriarchalisch	36,1	48,0	44,4	n. s.
modern	63,9	52,0	55,6	
	Alter der RL			
	20 bis 29	30 bis 39	über 39	
patriarchalisch	34,9	39,6	56,0	<,01
modern	65,1	60,4	44,0	
	höchster Bildungsabschluss			
	bis Matura	IRPA	Universität	
patriarchalisch	35,5	46,4	40,0	n. s.
modern	64,5	53,6	60,0	

10.2.1 Geschlechtsrollen und Geschlecht der ReligionslehrerInnen

Eine Kreuztabellierung der Skala „Geschlechtsrollen" mit dem Geschlecht der RL (s. Tabelle 10.3) zeigt große geschlechtsspezifische Unterschiede in der Einstellung der RL zu Geschlechtsrollen. Patriarchalische Einstellungen werden von Männern deutlich stärker vertreten als von Frauen: Sie kommen bei 50,6 % der männlichen, aber bei nur 31,4 % der weiblichen RL vor. Ein Mittelwertvergleich bestätigt diese Tendenz: Der Mittelwert beträgt bei den männlichen Religionslehrern 3,1510 und bei den weiblichen 3,4454. Somit weisen die männlichen Befragten die niedrigeren Mittelwerte auf. Entsprechend der Polung der Items (patriarchalische Einstellung = 1, moderne Einstellung = 4) bedeutet weisen die männlichen Befragten in dieser Skala folglich die höheren Ausprägungen (patriarchalische Einstellung) auf.

Dieser Mittelwertunterschied ist mit p = 0,001 auf dem 1 %-Niveau hoch signifikant. Die beiden Geschlechter unterscheiden sich in den Skalenwerten also signifikant voneinander, und diese Unterschiede sind somit nicht als rein zufälliger Effekt der Stichprobenziehung zu erklären. Der Geschlechtsunterschied kann also von der Stichprobe auf die Grundgesamtheit generalisiert werden.

10.2.2 Geschlechtsrollen und Geburtsort der ReligionslehrerInnen

Hier geht es um die Frage, ob das Merkmals „in Österreich geboren" bzw. „nicht in Österreich geboren" mit Einstellungsunterschieden der RL zu Geschlechtsrollen verbunden ist und ob diese Unterschiede gegebenenfalls signifikant sind.

Eine Kreuztabellierung der Skala „Geschlechtsrollen" mit dem Geburtsort der RL (s. Tabelle 10.3) zeigt, dass die nicht in Österreich geborenen LehrerInnen einer patriarchalischen Haltung stärker zustimmen als ihre in Österreich geborenen KollegInnen. 45,3 % der LehrerInnen, die nicht in Österreich geboren sind, haben patriarchalische Einstellungen, diese haben 38,3 % der LehrerInnen, die in Österreich geboren sind. Ein Mittelwertvergleich bestätigt diese Tendenz. Der Mittelwert beträgt bei den in Österreich geborenen RL 3,3220, bei den nicht in Österreich geborenen liegt er bei 3,2738. Die LehrerInnen, die nicht in Österreich geboren sind, weisen somit die niedrigeren Mittelwerte auf. Entsprechend der Polung der Items (patriarchalische Einstellung = 1, moderne Einstellung = 4) weisen folglich die LehrerInnen, die nicht in Österreich geboren sind, in dieser Skala die höheren Ausprägungen (patriarchalische Einstellung) auf.

Dieser Mittelwertunterschied ist mit p = 0,627 auf dem 5 %-Niveau allerdings nicht signifikant. Die beiden Gruppen („in Österreich geboren" und „nicht in Österreich geboren") unterscheiden sich in den Skalenwerten also nicht signifikant voneinander, die Unterschiede sind somit als rein zufälliger Effekt der Stichprobenziehung zu erklären. Der Geburtsortunterschied kann von der Stichprobe nicht auf die Grundgesamtheit generalisiert werden.

10.2.3 Geschlechtsrollen und Schultyp

Hier geht es um die Frage, ob das Merkmal „Schultyp" mit Einstellungsunterschieden der RL zu Geschlechtsrollen verbunden ist und ob diese Unterschiede gegebenenfalls signifikant sind.

Eine Kreuztabellierung der Skala „Geschlechtsrollen" mit dem Schultyp (s. Tabelle 10.4) zeigt, dass patriarchalische Einstellungen bei RL an Hauptschulen am stärksten Zustimmung finden (48 %), gefolgt von RL an höheren Schulen (44,4 %). Bei VolksschullehrerInnen kommen patriarchalische Einstellungen am wenigsten vor (36,1 %). Ein Mittelwertvergleich bestätigt diese Tendenz: Der Mittelwert beträgt bei den VolksschullehrerInnen 3,3698, bei den HauptschullehrerInnen 3,1947 und bei den LehrerInnen an höheren Schulen 3,2840. HauptschullehrerInnen weisen somit die niedrigeren Mittelwerte auf. Entsprechend der Polung der Items (patriarchalische Einstellung = 1, moderne Einstellung = 4) weisen die HauptschullehrerInnen in dieser Skala folglich die höheren Ausprägungen (patriarchalische Einstellung) auf.

Überprüfung der Mittelwertunterschiede auf Signifikanz mittels T-Test

Da es sich bei der Schulform um drei Ausprägungen handelt (mehr als zwei Gruppen), wird die Signifikanzanalyse mittels Varianzanalyse durchgeführt.
Der Levene-Test (s. Tabelle 13.15 im Anhang), der prüft, ob signifikante Abweichungen von der Annahme der Varianzhomogenität bestehen, zeigt einen Wert, der kleiner als 0,05 ist (0,039). Demnach existieren signifikante Abweichungen von der Varianzhomogenität. Je größer die Wahrscheinlichkeit für die Nullhypothese, nämlich der Homogenität, ist, desto sicherer kann Varianzhomogenität unterstellt werden. Hier ist also eine Verletzung der Modellannahme der Varianzhomogenität deutlich nachgewiesen, die Abweichungen der Varianzen untereinander sind auf dem 1 %-Niveau signifikant. Die Modellannahme der Varianzhomogenität ist also in den Daten nachweislich verletzt, so dass man für die eigentliche Varianzanalyse ein reduziertes Signifikanzniveau von maximal 1 % Irrtumswahrscheinlichkeit ansetzen sollte.
Die eigentliche Signifikanz beträgt p = 0,189. Damit hat man auf dem 1 %-Niveau kein signifikantes Ergebnis. Es gibt also keine nachweislichen Unterschiede zwischen den Schultypen.
Die Varianzaufklärung beträgt 1,8 %. Der Effekt der Schulform ist also eher schwach, 98,2 % der Gesamtunterschiedlichkeit finden sich innerhalb der Gruppen, nur 1,8 % der Variabilität gehen auf die Schulform als Einflussfaktor zurück.

10.2.4 Geschlechtsrollen und Alter der ReligionslehrerInnen

Eine Kreuztabellierung der Skala „Geschlechtsrollen" mit dem Alter der RL (drei Kategorien: 20- bis 29-jährige, 30- bis 39-jährige, über 39-jährige) (s. Tabelle 10.4) zeigt, dass mit steigendem Alter der RL die patriarchalische Einstellung ebenfalls zunimmt. Während eine solche Einstellung bei 34,9 % der 20- bis 29-jährigen RL vorkommt, sind 39,6 % der 30- bis 39-jährigen und 56 % der über 39-jährigen davon geprägt.
Nun gilt es zu überprüfen, ob diese Einstellungsunterschiede zwischen den Altersgruppen signifikant sind. Da es sich bei der Variable „Alter" um ein intervallskaliertes Merkmal handelt, verwendet man hier Korrelationen zur Prüfung

der Zusammenhänge. Da der Skalenwert „Geschlechtsrollen" ebenfalls intervallskaliert ist, wie das Alter in Jahren, wird für die Beziehung zwischen diesen Variablen die Pearson-Korrelation verwendet.

Man sieht in Tabelle 10.5, dass bei einem N von 166 in der Stichprobe eine mittelmäßige negative Korrelation besteht (r = -0,266). Diese Korrelation entspricht einer Varianzaufklärung von 7,1 %, und ist mit p = 0,008 hoch signifikant.

In der Grundgesamtheit sind die Skalenwerte der Geschlechtsrollen und das Alter der RL mit hoher Wahrscheinlichkeit voneinander abhängig.

Tabelle 10.5: Korrelation nach Pearson

		Skalenwert: „Geschlechtsrollen"
Alter der RL	Korrelation nach Pearson	-,206(**)
	Signifikanz (2-seitig)	,008
	N	166

** Die Korrelation ist auf dem Niveau von 0,01 (2-seitig) signifikant.

10.2.5 Geschlechtsrollen und Bildungsstatus der ReligionslehrerInnen

Hier geht es um die Klärung eines – gegebenenfalls signifikanten – Zusammenhangs zwischen dem Bildungsstatus der RL und ihren Einstellungen zu Geschlechtsrollen.

Eine Kreuztabellierung der Skala „Geschlechtsrollen" mit dem Merkmal „Bildung der RL" (s. Tabelle 10.4) zeigt nur geringe Unterschiede zwischen den drei Gruppen. Am stärksten kommen patriarchalische Einstellungen bei den IRPA-AbsolventInnen (46,4 %) vor, gefolgt von LehrerInnen mit Universitätsabschluss (40 %) und LehrerInnen mit Matura als höchstem formalen Bildungsabschluss (35,5 %).

Für die Zusammenhangsanalyse zwischen dem Skalenwert „Geschlechtsrollen" und dem „Bildungsniveau" wird die Spearman-Korrelation verwendet, da eines der beiden Merkmale (hier Bildungsniveau) ordinal skaliert ist.

Bei einem N von 183 besteht in der Stichprobe eine Korrelation von fast null (r = -0,033). Diese Korrelation entspricht einer Varianzaufklärung von nur 0,12 %. Es gibt also in der Stichprobe so gut wie keine gemeinsame Varianz zwischen den Variablen. Entsprechend ist das Ergebnis auch deutlich nicht signifikant, und mit einer Wahrscheinlichkeit von p = 0,656 ist die Korrelation nur zufällig von 0 verschieden. In der Grundgesamtheit sind die Skalenwerte der

Geschlechtsrollen und der Bildungsstatus der RL mit hoher Wahrscheinlichkeit völlig unabhängig voneinander.

10.2.6 Zusammenfassung

Insgesamt vertreten 40,5 % der muslimischen RL patriarchalische und 59,5 % moderne Einstellungen. Patriarchalische Einstellungen werden erwartungsgemäß von männlichen Religionslehrern deutlich stärker vertreten als von ihren weiblichen Kolleginnen. Mit steigendem Alter der RL steigt die patriarchalische Einstellung ebenfalls. Diese Ergebnisse sind hoch signifikant.

Zwischen den Einstellungen der RL zu Geschlechtsrollen und ihrem Geburtsort, Schultyp und Bildungsstatus lassen sich keine signifikanten Zusammenhänge feststellen.

11 Resümee

Drei Viertel der muslimischen LehrerInnen stehen der österreichischen Gesellschaft durchaus offen gegenüber. Ein Viertel (25,3 %) möchte unter sich bleiben. Über ein Fünftel (21,9 %) der LehrerInnen sieht in der Demokratie einen Widerspruch zum Islam und lehnt diese daher ab. 14,7 % der befragten LehrerInnen meinen, der Islam lasse sich nicht mit der österreichischen Verfassung vereinbaren und lehnen diese daher ab. Hierbei handelt es sich vor allem um ältere RL, unter den jungen LehrerInnen finden rechtsstaatliche Prinzipien hingegen durchweg Zustimmung. HauptschullehrerInnen lehnen rechtsstaatliche Prinzipien deutlich stärker ab als ihre KollegInnen an Volks- und höheren Schulen.

Fanatische Einstellungen lassen sich bei etwa einem Fünftel der LehrerInnen feststellen. Auffallend hoch ist die Zustimmung für die Todesstrafe für Apostasie (18 %), bemerkenswert hoch ist auch die intolerante Haltung gegenüber dem schiitischen Islam: 23 % der RL halten Schiiten nämlich für Nichtmuslime.

Die Hälfte der männlichen und ca. 31 % der weiblichen RL vertreten patriarchalische Einstellungen. Allerdings unterliegt die Einstellung der LehrerInnen zu den Geschlechtsrollen einem Wandel der Generationen: Während nämlich ältere RL patriarchalischen Geschlechtsrollen in höherem Maße zustimmen, vertreten jüngere LehrerInnen durchweg moderne Geschlechtsrollen. Auch weibliche RL vertreten im Gegensatz zu ihren männlichen Kollegen überwiegend moderne Geschlechtsrollen.

Religiös motivierte Gewalt stößt bei der absoluten Mehrheit der RL auf Ablehnung, nur 2,6 % der LehrerInnen haben Verständnis für Anschläge im Namen des Islam. Lediglich die Anwendung von Gewalt zur Verbreitung des Islam findet mit 8,5 % unter den muslimischen RL Zustimmung, weitere 9 % lehnen diese Form von Gewalt nicht vorbehaltlos ab.

Die Vermittlung von Ritualen und Gesetzen hat für die Mehrheit der LehrerInnen (70 %) höchste Priorität im islamischen RU, die Förderung des kritischen Denkens und die Befähigung zur kritischen Reflexion hingegen nimmt mit 42 % Zustimmung in der Prioritätenskala die letzter Stelle ein. Bei den Einstellungen zur Vorrangigkeit der Aufgaben und Ziele des islamischen RUs lassen sich alters- und geburtsortspezifische („in Österreich geboren", „nicht in

Österreich geboren") Unterschiede feststellen; LehrerInnen, die in Österreich geboren sind, also Angehörige der zweiten Generation sowie jüngere RL, sehen die Aufgabe des islamischen RUs primär in der Vermittlung von Ritualen, Glaubensgrundsätzen und Gesetzen und weniger in der Befähigung zur kritischen Reflexion der Tradition und zum kritischen Denken. Ein solcher Unterschied ist ebenfalls zwischen LehrerInnen an unterschiedlichen Schultypen festzustellen. Für RL an höheren Schulen haben die Befähigung zur kritischen Reflexion der Tradition, zum kritischen Denken, zu Toleranz und Dialogfähigkeit sowie die Befähigung zur Vermittlung von allgemeinen humanen Werten als Aufgaben des islamischen RUs hohe Priorität, dagegen haben diese Aufgaben für Volks- und HauptschullehrerInnen keine Priorität. Gerade die Vorstellungen der HauptschullehrerInnen von Aufgaben und Zielen des RUs sind weniger am Alltagsleben der SchülerInnen orientiert; sie betrachten nicht nur die Vermittlung von Ritualen und Gesetzen, sondern auch die Vermittlung von Überlegenheitsgefühlen der muslimischen SchülerInnen gegenüber Nichtmuslimen, die Vermittlung von Argumenten gegen das Christentum sowie von Differenzen zwischen den Religionen als vorrangige Aufgaben des islamischen RUs. Männliche Religionslehrer setzen sich stärker für die Befähigung zu kritischer Reflexion der Tradition und zum kritischen Denken sowie für die Vermittlung von allgemeinen humanen Werten im RU ein als ihre Kolleginnen. RL mit Universitätsabschluss als höchstem formalen Bildungsabschluss messen der Vermittlung von allgemeinen humanen Werten im RU im Gegensatz zu den IRPA-AbsolventInnen hohe Priorität bei.

Wie die Korrelationsmatrix (s. Tabelle 11.1) zeigt, korreliert die Identifikation mit Österreich negativ mit dem Ziel der Vermittlung von Überlegenheitsgefühlen ($r = -0,17$). Das bedeutet, je höher die Identifikation der LehrerInnen mit Österreich ist, desto weniger werden im Unterricht Überlegenheitsgefühle gegenüber Nichtmuslimen vermittelt. Eine moderne Einstellung zu Geschlechtsrollen korreliert positiv sowohl mit der Vermittlung von Dialogfähigkeit und Toleranz ($r = 0,24$), als auch der Aufklärung und kritischen Reflexion der Tradition ($r = 0,15$).

Eine Befürwortung gesellschaftlicher Abgrenzung korreliert hoch ($r = 0,40$) mit der Zustimmung zu religiös motivierter Gewalt und mit fanatischen Einstellungen ($r = 0,27$); und sie korreliert negativ ($r = -0,34$) mit der Anerkennung rechtsstaatlicher Prinzipien. Eine ebenso signifikante negative Korrelation besteht zwischen intendierter gesellschaftlicher Abgrenzung und einer modernen Einstellung zu Geschlechtsrollen ($r = -0,40$).

Die Zustimmung zu religiös motivierter Gewalt sowie zu religiösem Fanatismus korreliert erwartungsgemäß negativ mit der Anerkennung der rechtsstaatlichen Prinzipien (r = -0,32, r = -0,30); und die Zustimmung zu religiös motivierter Gewalt korreliert positiv mit religiösem Fanatismus (r = 0,27). Gewaltbejahung und fanatische Einstellungen korrelieren negativ mit modernen Einstellungen zu Geschlechtsrollen (r = -0,34, r = -0,30); dagegen korreliert eine moderne Einstellung zu Geschlechtsrollen positiv mit der Anerkennung rechtsstaatlicher Prinzipien (r = 0,33).

Eine Identifikation mit Österreich geht deutlich mit der Anerkennung der rechtsstaatlichen Prinzipien einher (r = 0,14).

Tabelle 11.1: Korrelationsmatrix: Einstellungen der RL zur Integration und zu Zielen und Aufgaben des IRUs

	Ziel des RUs: Glaubensgrundsätze	Ziel des RUs: Aufklärung	Ziel des RUs: Dialogfähigkeit	Ziel des RUs: Allgemeine Werte	Ziel des RUs: Überlegenheitsgefühle	gesellschaftliche Abgrenzung	Rechtsstaatlichkeit	Identifikation mit Österreich	Fanatismus	Gewalt
Ziel des RUs: Aufklärung	0,14*									
Ziel des RUs: Dialogfähigkeit	0,24**	0,17*								
Ziel des RUs: Allgemeine Werte	0,20**	0,18*	0,30**							
Ziel des RUs: Überlegenheitsgefühle	0,19**	0,31**	0,22**	0,13						
gesellschaftliche Abgrenzung	-0,01	-0,05	-0,14	-0,19	0,01					
Rechtsstaatlichkeit	0,04	0,11	0,08	0,18	-0,13	-0,34**				
Identifikation mit Österreich	-0,10	0,10	-0,01	0,25	-0,17*	-0,09	0,14*			
Fanatismus	0,02	0,00	0,04	-0,06	0,13	0,27**	-0,30**	-0,08		
Gewalt	-0,05	-0,01	-0,11	-0,21	0,03	0,40**	-0,32**	0,07	0,27**	
Moderne Geschlechtsrollen	0,10	0,15*	0,24**	0,14	0,02	-0,40**	0,33**	0,03	-0,30**	-0,34**

* Die Korrelation ist auf dem Niveau von 0,05 (2-seitig) signifikant.
** Die Korrelation ist auf dem Niveau von 0,01 (2-seitig) signifikant.

Die Regressionsanalyse zeigt, dass vor allem RL, die sich nicht bzw. schwach mit Österreich identifizieren, und LehrerInnen, die Gewalt ablehnen, auf die Vermittlung von „Glaubensgrundsätzen und Ritualen" Wert legen ($r^2 = ,04$), alle anderen Variablen haben keinen Effekt. Die erklärte Varianz beträgt nur 4 % (s. Tabelle 11.2).

Das Unterrichtsziel „Aufklärung und Befähigung zur kritischen Reflexion der Tradition" wird von der Anerkennung der rechtsstaatlichen Prinzipien, der Demokratie und der Menschenrechte sowie durch steigendes Alter der RL erklärt; beide Faktoren erklären 11 % der Varianz. Dieses Ergebnis deckt sich mit den Ergebnissen der Kreuztabellierung – ältere RL setzen sich stärker für Aufklärung und für die Befähigung zur kritischen Reflexion ein als ihre jüngeren KollegInnen.

Tabelle 11.2: Einflüsse auf die Einstellungen zu Aufgaben des IRUs. Multiple Regression[12] (Beta-Werte, sig. < 0,5)

	Ziel des RUs: Glaubensgrundsätze	Ziel des RUs: Aufklärung	Ziel des RUs: Dialogfähigkeit	Ziel des RUs: Allgemeine Werte	Ziel des RUs: Überlegenheitsgefühle
gesellschaftliche Abgrenzung					
Anerkennung der Rechtsstaatlichkeit		,30		,27	
Identifikation mit Österreich	-,16		,18		
Fanatismus			,30		,20
Gewalt	-,17				
Moderne Geschlechtsrollen			,32		
Geschlecht der RL					,18
Alter der RL		,21			
In Österreich geboren			-,25		
Bildung der RL					
r^2	,04	,11	,14	,07	,06

---

12 Die multiple Regression ist ein Analyseverfahren, das die Einflüsse mehrerer Variablen auf eine Kriteriumsvariable berücksichtigt. Das Determinationsmaß (r^2, erklärte Varianz) gibt an, in welchem Ausmaß die abhängige Variable (in unserem Fall die einzelnen Ziele des islamischen Religionsunterrichts) durch die im Modell enthaltenen unabhängigen Variablen erklärt wird. Die Werte in den Spalten (Beta-Werte) geben an, wie stark der Einfluss einer Variable ist.

Nicht zu erwarten war das Ergebnis, dass sich RL mit fanatischen Einstellungen auch für die Befähigung der SchülerInnen zur „Dialogfähigkeit" einsetzen. Auch LehrerInnen, die sich stärker mit Österreich identifizieren, sowie LehrerInnen, die moderne Geschlechtsrollen vertreten, aber auch RL, die nicht in Österreich geboren sind, setzen sich für den Dialog ein. Diese vier Faktoren erklären immerhin 14 % der Varianz.

RL, die die Rechtsstaatlichkeit stärker anerkennen, setzen sich stark für die Vermittlung allgemeiner humaner Werte für eine menschliche Lebensgestaltung ein ($r^2 = ,07$).

Die Regressionsanalyse zeigt, dass bei RL mit fanatischen Einstellungen sowie bei weiblichen RL zu erwarten ist, dass sie sich für die Vermittlung von „Überlegenheitsgefühlen" im RU einsetzen. Beide Faktoren erklären aber nur 6 % der Varianz. Eine Begründung für die Betonung der Überlegenheit bei weiblichen RL liegt möglicherweise darin, dass sie in der Religion nach Schutz suchen, es bedarf allerdings weiterer Untersuchungen, um dies zu klären.

Fasst man die Ergebnisse zusammen, so zeigen sich unterschiedliche bzw. divergierende Tendenzen. Obwohl sich mit steigendem Alter der RL die Ablehnung rechtsstaatlicher Prinzipien erhöht, steigt auch die Priorität der Aufgabe der Befähigung zu kritischer Reflexion der Tradition und zum kritischen Denken. Auf der anderen Seite setzen sich junge RL, die in Österreich geboren sind (Angehörige der zweiten Generation) und die sich stärker mit Österreich identifizieren, mehr für die Vermittlung von Ritualen und Gesetzen und weniger für die Befähigung der SchülerInnen zu kritischer Reflexion der Tradition und zum kritischen Denken ein.

Junge RL vertreten im Gegensatz zu ihren älteren KollegInnen moderne Geschlechtsrollen und erkennen die rechtsstaatlichen Prinzipien stärker an. Auf der anderen Seite setzen sie sich im RU im Vergleich zu ihren älteren KollegInnen und zu Angehörigen der ersten Generation weniger für die Befähigung zur kritischen Reflexion der Tradition und zum kritischen Denken ein und legen viel mehr Wert auf die Vermittlung von Ritualen und Gesetzen. Daraus lässt sich ableiten, dass die religiöse Ausbildung der jungen RL, die in Österreich aufgewachsen sind, offenbar sehr einseitig war. Sie definieren den Islam stark über Rituale und Gesetze. Die Ausbildung der RL an der IRPA verfolgt ebenfalls diese einseitige Sicht des Islam; IRPA-AbsolventInnen sehen im Gegensatz zu ihren anderen KollegInnen in der Vermittlung allgemeiner humaner Werte keine vorrangige Aufgabe des islamischen RUs.

11.1 Positive Aspekte des islamischen Religionsunterrichts in Österreich

Österreich ist das erste europäische Land, das den Islamunterricht an öffentlichen Schulen einführte: Seit dem Schuljahr 1982/83 wird hier für muslimische SchülerInnen ein islamischer RU angeboten.

Die Einführung des islamischen RUs an öffentlichen Schulen bildet eine wichtige Grundlage für die Integration der Muslime in die Gesellschaft. Muslime bewerten diese institutionelle Anerkennung als eine positive Eingliederung in die Gesellschaft (Kappus 2004, 11). Auf der anderen Seite wird vom islamischen RU ein Mindestmaß an Loyalität gegenüber den verfassungsrechtlichen Grundwerten einer offenen, pluralistischen und dem Toleranzgebot verpflichteten Gesellschaft erwartet.

Der öffentliche islamische RU stellt ein Mittel zur Verwirklichung der Religionsfreiheit dar. Der islamische RU ist Teil der individuellen und korporativen Religionsfreiheit, die im Grundgesetz garantiert wird.

In der Studie „Islamischer Religionsunterricht in Österreich und Deutschland" stellen Potz und sein Team fest, dass der öffentliche RU einen zentralen Bereich der „institutionalisierten Anerkennung einer Religionsgemeinschaft" (Potz et al. 2005, 3) darstellt. Sie bewerten den islamischen RU als wichtigen Bestandteil der Integration der muslimischen SchülerInnen:

> „Der islamische Religionsunterricht erfüllt neben seiner Kernaufgabe – den SchülerInnen das islamische Glaubensgut zu vermitteln – eine wichtige Integrationsleistung, indem er den SchülerInnen hilft, ihre muslimische und österreichische Identität miteinander zu vereinbaren. Dass dies schon im Kindes- und Jugendalter geschieht, ist ein wichtiger Umstand" (ebd.: 5).

Muslimische RL müssen öfters Brücken zwischen Schule und Eltern muslimischer Kinder herstellen. Sie sind auch die erste Adresse, wenn es Probleme oder Konflikte mit den muslimischen SchülerInnen oder ihren Eltern gibt. Die RL erfüllen dabei wichtige Mediationsaufgaben.

Im öffentlichen islamischen RU wird Religion mittels moderner didaktischer Methoden vermittelt. 91,6 % der muslimischen RL halten diese Methoden für den islamischen RU am besten geeignet. Die geringste Zustimmung fanden die Kategorien „Koran auswendig lernen" (39,7 %) und „Hadithe auswendig lernen" (41,8 %). Gerade hier erkennt man den Unterschied zwischen dem islamischen RU an öffentlichen Schulen und dem Koranunterricht in den Moscheen, wo sehr viel Wert auf das Auswendiglernen des Koran gelegt wird. Der islamische RU an öffentlichen Schulen öffnet somit neue Möglichkeiten, moderne pädagogische und didaktische Methoden einzusetzen.

In der Studie kommt auch ein Wandel zwischen den Generationen zum Ausdruck: Junge RL vertreten im Gegensatz zu ihren älteren KollegInnen moderne Geschlechtsrollen und erkennen die rechtsstaatlichen Prinzipien stärker an. Auf der anderen Seite setzen sie sich im RU im Vergleich zu ihren KollegInnen der ersten Generation weniger für die Befähigung zur kritischen Reflexion der Tradition und zum kritischen Denken ein und legen viel mehr Wert auf die Vermittlung von Ritualen und Gesetzen. Man kann daraus schließen, dass die religiöse Ausbildung der jungen RL, die in Österreich aufgewachsen sind, sehr einseitig war. Sie definieren den Islam stark über Rituale und Gesetze.

11.2 Herausforderungen des islamischen Religionsunterrichts in Österreich

Über drei Viertel der muslimischen RL sind mit den vorhandenen Lehrbüchern und -materialien unzufrieden, da sie den Bedürfnissen der SchülerInnen nicht entsprechen. Die meisten LehrerInnen verwenden daher ihre eigenen Lehrmaterialien, was einen erheblichen Aufwand für sie bedeutet.

Während es in Österreich nach der Einführung des islamischen RUs mehr als 15 Jahre gedauert hatte, ehe für die fachliche und pädagogische Ausbildung der RL gesorgt wurde (Errichtung der IRPA im Jahre 1998), werden in Deutschland die RL an deutschen Universitäten ausgebildet, sie müssen beide Staatsexamina absolvieren und auf die Verfassung vereidigt sein. In Österreich sind die Kirchen und Glaubensgemeinschaften für die Gestaltung und Ausführung des RUs verantwortlich, in Deutschland ist hingegen der Staat unter Einbindung der jeweiligen Religions- oder Weltanschauungsgemeinschaft dafür zuständig, hier erstreckt sich die staatliche Schulaufsicht nach Art. 7 Abs. 1 GG auch auf den RU, sodass den Staat grundsätzlich eine Verantwortung für dessen Inhalte trifft. In Österreich stellt der Staat lediglich die Rahmenbedingungen für den Unterricht bereit und räumt den Glaubensgemeinschaften die Autonomie für den jeweiligen RU ein. Im Bezug auf den islamischen RU ist diese Zurückhaltung des Staates in inhaltlichen Fragen mit Vorsicht zu betrachten. Die vorliegende Studie zeigt, dass große Defizite in der Organisation und Verantwortung des islamischen RUs existieren. Jenseits einer staatlichen Aufsicht werden von der IGGiÖ RL angestellt, denen fachliche und didaktische Qualifikationen fehlen; 37 % der heute tätigen islamischen RL haben noch immer keine theologische und 41 % keine pädagogische Ausbildung. Diese Tatsache hat gravierende Konsequenzen für die inhaltliche Gestaltung des RUs. Aus der Studie geht hervor, dass 70 % den islamischen RL den RU als einen Verkündigungsunterricht betrachten, dabei hat die Vermittlung von Ritualen und Gesetzen oberste Priorität, lediglich 42 % von ihnen sehen in der Aufgabe der Aufklärung und Befähigung zur kritischen Reflexion der traditionellen islamischen Theologie in Bezug auf das Leben in Europa eine Priorität. Ein weiteres Ergebnis der Studie ist, dass 28 % der islamischen RL einen Widerspruch zwischen Muslim sein und Europäer sein sehen. 22 % lehnen Demokratie mit der Begründung ab, sie lasse sich mit dem Islam nicht vereinbaren. Aus dem gleichen Grund lehnen ca. 14 % die österreichische Verfassung ab. Diese Ergebnisse weisen auf die Notwendigkeit hin, die Auslegung des Islam im Hinblick auf das Zusammenleben der Muslime mit Andersgläubigen in einer pluralen europäischen Gesellschaft kritisch zu reflektieren. Die islamische Theologie ist herausgefordert, demokratische Grundwerte stärker in ihr Selbstverständnis zu implementieren.

Überraschend hoch ist die Zustimmung der muslimischen RL zur Todesstrafe für Apostasie; 18,2 % der LehrerInnen stimmen dieser zu und weitere 14,4 % lehnen sie nicht vorbehaltlos ab. Zwar ist nach dem klassischen islamischen Recht für Apostaten die Todesstrafe vorgesehen, jedoch existieren mittlerweile zahlreiche Rechtsgutachten, die dem widersprechen. Große anerkannte islamische Gelehrte wie Abduh, Rida, Schaltut und Qaradawi heben hervor, dass die Todesstrafe für Apostasie im Koran nicht vorkommt. Sie ist vielmehr historisch aus politischen Gründen entstanden und hat heute keine Gültigkeit mehr. Solche aufgeklärte Haltungen sollten stärker in die theologische Ausbildung der RL einfließen.

Auffällig geringe Zustimmung fand die Aussage „Meine SchülerInnen befähigen, die traditionelle islamische Theologie in Bezug auf das Leben in Europa kritisch zu betrachten". Lediglich 14,9 % der RL stufen diese Aufgabe als sehr und 33,5 % als eher vorrangig ein. Daraus ergibt sich die Herausforderung, den islamischen RU so zu gestalten, dass er einerseits dem Bedürfnis muslimischer Eltern und SchülerInnen der Wahrung einer islamischen Identität gerecht wird und andererseits einen Beitrag zur Integration – gerade der jungen Muslime – in die säkularen europäischen Gesellschaften leistet.

Die vorliegende Studie zeigte, dass 70 % der islamischen RL den RU als Verkündigungsunterricht betrachten, lediglich 42 % sehen in der Aufgabe der Befähigung zur kritischen Reflexion eine Priorität. In seiner Studie über den außerschulischen islamischen RU (in so genannten Koranschulen) in Nordrhein-Westfalen stellt Alacacioglu (1999: 255) fest, dass der von den islamischen Verbänden verantwortete Unterricht stärker im Sinne affirmativer Vermittlung normativ-religiöser Vorgaben ausgerichtet ist, er erfüllt somit nicht „die Forderung der modernen Religionspädagogik, einen intensiven Bezug zu der konkreten individuellen Lebensrealität der Kinder, also zu ihrer Lebensrealität in der Bundesrepublik, herzustellen" (ebd.: 258). Will man dem öffentlichen islamischen RU als Weiterführung eines Verkündigungsunterrichts entgegenwirken, so stellt sich die Forderung nach mehr staatlicher Aufsicht und intensiverer

Kooperation der Glaubensgemeinschaften mit dem Staat. Die staatliche Verantwortung für den IRU sollte sich folglich nicht nur auf die Organisation des Unterrichts beschränken, sondern es sollte auch dafür Sorge getragen werden, dass der Unterricht einerseits von kompetenten LehrerInnen, die eine ausreichende theologische, aber auch fachdidaktische und -pädagogische Ausbildung an europäischen Institutionen absolviert haben, gehalten wird und dass der RU andererseits so gestaltet wird, dass er einen konstruktiven Beitrag zur Integration der Muslime in Europa leistet. Der islamische RU ist daher darauf auszurichten, demokratische Grundwerte in die theologische Dimension zu implementieren. Eine falsch verstandene oder bewusst instrumentalisierte Religion kann zu einer Abschottung von Gläubigen und zu deren Desintegration in der Gesellschaft führen. Um dies zu vermeiden, sollte der RU kein abstrakter, vom Alltagsleben der Menschen und dessen Anforderungen abgehobener Unterricht sein, sondern sich durch die Implementierung gesellschaftlicher Aspekte und Fragestellungen zu einem dynamischen und praktischen Element der Integration entwickeln. Der islamische RU sollte die SchülerInnen schließlich dazu befähigen, den Islam als Teil einer gemeinsamen europäischen Kultur zu erfassen.

11.3 Ausblick

In Deutschland wie in Österreich bestimmt der Staat die Vereinbarkeit der Inhalte des RUs mit dem Grundgesetz. Diese Forderung reicht jedoch noch nicht dafür aus, dass der islamische RU auch einen eigenen Beitrag zur Integration der Muslime in Europa leistet. Denn die Kompatibilität der Inhalte des islamischen RUs mit dem Grundgesetz ist noch nicht gleichbedeutend mit der Kompatibilität dieser Inhalte mit einer integrierten Gesellschaft, in der die gegenseitige Anerkennung von Menschen verschiedener Kulturen und Weltanschauungen hohe Prinzipien darstellen. Durch die religiöse Erziehung sollten die SchülerInnen nicht nur befähigt werden, ihr Leben in eigener Verantwortung zu führen, sondern zugleich ihrer Verpflichtung gegenüber dem Staat und der Gesellschaft gerecht zu werden. Daher sollten staatliche Interessen, die die Integration der Muslime in Europa betreffen, im islamischen RU mehr Berücksichtigung finden. Es liegt im Interesse des Staates, angesichts einer ansonsten drohenden Subkultur und Segregation, Einfluss auf die Art der Vermittlung islamischer Werte zu gewinnen. Eine Subkultur, die nicht mit den demokratischen Grundlagen des staatlichen Gemeinwesens harmonieren kann, könnte zu Konflikten zwischen unterschiedlichen Wertevorstellungen und letztlich zu sozialem Unfrieden führen. Der Staat hat daher das Interesse, die muslimischen SchülerInnen mit ihrem Selbstverständnis als Muslime zu befähigen, die islamische Lehre auf ihre Lebenswirklichkeit in einer nicht muslimischen Umwelt zu beziehen.

„Der öffentliche islamische RU, wie er in Österreich praktiziert wird, ist jedoch das sicherste Mittel, um derartige Gefahren einzudämmen. Deshalb ist auch ein laizistischer Ruf nach Abschaffung des RU kontraproduktiv, weil dadurch auf außerschulische Einrichtungen zur religiösen Unterweisung zurückgegriffen wird, die sich den Augen der Öffentlichkeit entziehen. Sowohl in der Ausbildung an der IRPA als auch während des Unterrichts muss von den zuständigen Aufsichtsbehörden darauf geachtet werden, dass der islamische RU nach den für alle konfessionellen Unterrichte geltenden Normen durchgeführt wird" (Potz et al. 2005: 12).

Die religiöse Erziehung und konfessionelle Ausbildung von RL kann einen Beitrag zur Vermittlung zwischen einer islamischen und einer europäischen Identität leisten. Dies setzt allerdings voraus, den Islam so zu verstehen und zu interpretieren, dass er gläubigen Muslimen eine theoretische Grundlage liefert, um über Traditionen, die mit modernen Werten wie Menschenrechten, Pluralismus und Demokratie nicht vereinbar sind, kritisch zu reflektieren.

Die letzten Jahre haben gezeigt, dass eine falsch verstandene Religion, die für politische Zwecke instrumentalisiert wird, zu einer Gefahr für den gesellschaftlichen Zusammenhalt werden kann.

Die Ausbildung von RL muss daher darauf ausgerichtet sein, die europäische Dimension in die theologische Ausbildung zu implementieren. Die islamische Religion hat eine starke gesellschaftliche Dimension, sie spielt für sehr viele Muslime bei der Deutung der sozialen Realität eine wichtige Rolle und übt daher einen starken Einfluss auf das Zusammenleben aus. Dies birgt aber die Gefahr, dass eine falsch verstandene oder bewusst instrumentalisierte Religion zu einer Abschottung von Gläubigen und zu deren gesellschaftlicher Desintegration führen kann. Um dies zu vermeiden, darf die theologische Ausbildung keine abstrakte, vom Alltagsleben der Menschen und dessen Anforderungen abgehobene sein, sondern müsste sich aus dem jeweiligen Kontext heraus entwickeln und durch die Implementierung gesellschaftlicher Aspekte und Fragestellungen zu einem dynamischen und praktischen Element der Lebensgestaltung werden. Die Religionsausbildung soll die RL dazu befähigen, den Islam als Teil einer gemeinsamen europäischen Kultur zu vermitteln.

Die Muslime sind herausgefordert, die religiösen und kulturellen Differenzen in Europa wahrzunehmen und darauf zu reagieren. Für die islamische Religionspädagogik und Theologie ergibt sich daraus die Aufgabe, auf Basis empirischer Forschung Unterrichtsmodelle zu entwickeln, die nicht weltfremde Lehre, aber auch nicht weltfremde „reine Harmonie" propagieren (vgl. Heimbrock 2004).

Ein an Europa orientierter islamischer RU verhindert die Isolierung des Islam von europäischen Kulturphänomenen und bettet ihn in alltägliche Lebenszusammenhänge ein. Er leistet dabei einen aktiven Beitrag für eine europäische islamische Identitätsbildung.

Die Erschließung von Individuen, Gruppen, Kulturen und Nationen in Europa angemessen in den religiösen Lernprozess zu integrieren, konfrontiert die Muslime mit Fragen, die sie aus ihrer Geschichte so nicht kennen. In diesem Lernprozess wird auch die enge theologische Führung der Vergangenheit aufgelöst, was die Muslime wiederum befähigt, sich leichter den Herausforderungen der gegenwärtigen europäischen Gesellschaften zu stellen.

Der europäische Horizont ist damit für die islamische Theologie und Religionspädagogik als eine Lernchance zu begreifen.

11.4 Islamische Religionspädagogik im Kontext Europa

Die bisherigen Ausführungen haben gezeigt, dass die islamischen RL an österreichischen Schulen den Islam primär als Gesetzesreligion vermitteln; für die meisten RL besteht die vorrangigste Aufgabe des islamischen RUs darin, den SchülerInnen einen Katalog an Erlaubtem und Verbotenem zu präsentieren. Aufgabe einer zeitgemäßen islamischen Religionspädagogik ist es jedoch nicht, einen solchen Katalog zu vermitteln und Heranwachsende somit zur unkritischen Befolgung religiöser „Gesetze" anzuhalten. Vielmehr sollen junge Menschen zur kritischen Reflexion von Traditionen, die sich mit humanen Werten nicht vereinbaren lassen, angehalten und dazu zu befähigt werden, ihre freie individuelle Selbstbestimmung als Muslime auf Basis eines offenen Islamverständnisses im Sinne einer spirituellen und ethischen Religion und weniger einer Gesetzesreligion zu entfalten.

Die gottesdienstlichen Praktiken, wie das fünfmalige Gebet am Tag oder das Fasten im Ramadan, haben im Islam einen hohen Stellenwert, sind jedoch kein Selbstzweck, da im Koran der Mensch im Mittelpunkt des Konzepts der Frömmigkeit steht, sein Charakter und seine Intentionen sowie seine Handlungen in der Gesellschaft. Der Koran betont, dass es nicht um ausgehöhlte Rituale geht: „Die Frömmigkeit besteht nicht darin, dass ihr euch (beim Gebet) mit dem Gesicht nach Osten oder Westen wendet. Sie besteht vielmehr darin, dass ihr glaubt (…) und von eurem Geld spendet (…). Frömmigkeit zeigen diejenigen, die ihr Versprechen einhalten und die in Not und Ungemach geduldig sind" (Koran: Sure 2, Vers 177). Religiöse Rituale sind dabei ein wichtiges Hilfsmittel, um sich eine Auszeit zu nehmen, in sich zu gehen und an sich und seinen Schwächen zu arbeiten, aber auch um seine spirituelle Beziehung zu Gott, aus der Liebe und Barmherzigkeit geschöpft wird, zu stärken. Der Prophet Mohammed bezeichnete das Herz als Ort der Frömmigkeit; je frommer der Mensch ist, desto mehr Demut und Bescheidenheit, aber auch Liebe und Barmherzigkeit verspürt er in seinem Herzen allen Geschöpfen gegenüber. Wenn Religiosität zum gegenteiligen Resultat führt, dann ist der Mensch nach islamischem Verständnis dringend dazu angehalten, die Intention seiner religiösen Handlungen zu überdenken.

Aufgabe einer zeitbezogenen islamischen Religionspädagogik ist es weiter, eine Philosophie des Guten als normative Grundlage für die Handlungen des Einzelnen zu formulieren. Heranwachsende sollten den Islam nicht als Ansammlung von Einzelgesetzen und fertigen Antworten verstehen, sondern dazu befähigt werden, auf Basis der Philosophie des Guten von sich aus in der Lage zu sein, je nach Lebenskontext Antworten auf Alltagsherausforderungen zu finden, die sowohl mit ihrem religiösen Selbstverständnis als Muslime als auch mit ihrem Selbstverständnis als Europäer harmonieren. Es würde den Rahmen dieses Buches sprengen, detailliert auf das Thema „zeitgemäße islamische Religionspädagogik" einzugehen – dazu ist eine gesonderte Publikation in Vorbereitung –, im Folgenden sollen aber in knappen Worten Überlegungen zu diesem Thema dargestellt werden.

- Der Mensch wird im Koran als Verwalter (arab.: „Khalif") bestimmt, dem verschiedene – materielle und nicht materielle – Ressourcen zur Verfügung stehen. Er hat den Auftrag, diese Ressourcen (dazu zählen neben materiellen Ressourcen auch seine geistigen und körperlichen Fertigkeiten, aber auch Zeit, Erfahrungen usw.) verantwortungsvoll in seinem eigenen Sinne, im Sinne seiner Mitmenschen und im Sinne des Universums zu verwalten.
- Für diese Verwaltungstätigkeit wird der Mensch in zweierlei Hinsicht zur Rechenschaft gezogen, einerseits in Bezug auf die Gesellschaft im Diesseits, die von ihren Mitgliedern Loyalität und ehrliches Engagement erwartet, und andererseits im Jenseits Gott gegenüber.
- Alles, was eine verantwortungsvolle Verwaltungstätigkeit fördert, gehört zum Bereich des Guten, und was diese verhindert, zum Bereich des Schlechten. Gott hat den Menschen Propheten geschickt, nicht um Einzelanweisungen zu vermitteln, sondern primär um sie an ihre Bestimmung als verantwortungsvolle Verwalter zu erinnern.
- Der Mensch wird im Islam weder ausnahmslos positiv noch ausschließlich negativ beschrieben. Positiv wird er als das edelste Werk der Schöpfung Gottes, von schöner harmonischer Gestalt, beschrieben, seine Würde als Mensch – unabhängig von seiner Weltanschauung – ist unantastbar. Gott hat ihm von seinem Geiste eingehaucht; er hat ihm innerhalb seiner Schöp-

fung einen hohen Stellenwert verliehen und sieht ihn als mündiges Wesen, daher fordert er ihn im Koran mehrmals auf, seinen Intellekt einzusetzen und über seine Existenz und Bestimmung als Verwalter auf dieser Erde nachzudenken; die Erde und das ganze Universum stehen dem Menschen zur Verfügung. Der Mensch neigt aber auch zum Bösen, wird im Koran unter anderem als undankbar und ungeduldig bezeichnet und hat daher die ethische Verantwortung, sich selbst zu läutern, das heißt, seine guten Eigenschaften zu erkennen und zu fördern und die schlechten ebenfalls zu erkennen und zu unterbinden. Innerhalb der Schöpfung ist er durch seine Wahlfreiheit zwischen Gut und Böse ausgezeichnet.

- Das Herz als Stätte der Frömmigkeit ist Hauptadressat der islamischen Erziehung; der Prophet Mohammed beschrieb seinen Auftrag wie folgt: „Ich wurde entsandt, um die guten Charaktereigenschaften zu vervollkommnen!"[13] Als einmal ein Mann zum Propheten kam, um ihn nach dem Guten und dem Verwerflichen zu fragen, erhielt er keine Liste an guten und schlechten Dingen, sondern folgenden Rat: „Frag dein Herz!" Dies wiederholte er drei Mal, und sagte weiter zu ihm: „Das Gute ist, was du mit deinem Herzen vereinbaren kannst, und schlecht ist, was dein Herz ablehnt, auch wenn die Menschen dir immer und immer wieder etwas anderes als Fatwa [islamisches Rechtsgutachten] vorgeben."[14] Dem Propheten Mohammed ging es also um die spirituelle und ethische Erziehung des Gewissens zu einem Maßstab für humanes Handeln. Ihm ging es nicht um die Unterwerfung aller Lebensbereiche unter ein religiöses Gesetz. Er war es, der sagte: „Ihr kennt euch in Dingen, die euren Alltag betreffen, besser aus als ich. In Angelegenheiten, die den Gottesdienst betreffen, sollt ihr euch aber an mich wenden."[15] Sein Herz zu läutern bedeutet, seine Schwächen und seine schlechten Charaktereigenschaften zu erkennen, sich damit zu konfrontieren und daran zu arbeiten, sein Ego unter Kontrolle zu bekommen. Die Rolle des Koran und der prophetischen Tradition (Sunna) dabei ist, den Menschen beim Prozess des Läuterns seines Herzens zu unterstützen, ihn an seine menschlichen Schwächen, an seine Bestimmung als verantwortungsvollen Verwalter und an seine ethische und soziale Verantwortung seinen Eltern, Verwandten, den Armen, Schwachen, seiner Gesellschaft und der ganzen Menschheit gegenüber zu erinnern.
- Die Erziehung des Herzens zu einer ethischen Instanz und die damit verbundene Individualisierung sollen jedoch nicht zu einer Wertebeliebigkeit

---

13 nach Überlieferung bei Ahmed, Nr. 8595
14 nach Überlieferung bei Ahmad, 4/228
15 vgl. Überlieferungen bei Muslim Nr. 2361, 2362 u. 2363

führen. Der Koran betont allgemeingültige Prinzipien, die unantastbar bleiben müssen, diese sind:

- o Gerechtigkeit
- o Wahrung der Menschenwürde
- o Freiheit
- o Gleichheit aller Menschen
- o Soziale Verantwortung

Die Interessen des Einzelnen dürfen nicht mit den Interessen der Gesellschaft in Konflikt geraten. Das bekannte Gute (arab.: Ma'ruf) zu gebieten und das bekannte Schlechte (arab.: Munkar) zu verwerfen, ist ein koranisches Prinzip (vgl. z. B.: Koran: Sure 3, Vers 104). Das arabische Wort „Ma'ruf" bezeichnet die Gesamtheit aller Normen einer Gesellschaft. Alles, was gegen diese Normen verstößt, wird als „Munkar", also verwerflich, bezeichnet. Ma'ruf und Munkar sind kontextabhängig und variieren somit von Gesellschaft zu Gesellschaft. Voraussetzung für die Verbindlichkeit der Normen einer Gesellschaft für den einzelnen Menschen ist, dass diese nicht gegen die oben erwähnten koranischen Prinzipien verstoßen, welche mit den heutigen europäischen rechtsstaatlichen Prinzipien übereinstimmen.

- Gottesdienstliche Praktiken, wie das fünfmalige Gebet am Tag oder das Fasten im Monat Ramadan, dürfen den Kindern und Jugendlichen nicht als ausgehöhlte Rituale vermittelt werden, die lediglich als mechanische Bewegungen und Handlungen ausgeführt werden. Es ist Aufgabe der islamischen Erziehung, den Heranwachsenden den spirituellen, ethischen und sozialen Gehalt dieser Praktiken plausibel zu vermitteln und mit ihrem Alltag in Beziehung zu bringen.
- Neben dem Resultat spielt im Islam auch die Intention einer Handlung eine zentrale Rolle, die rechte Absicht wird stark hervorgehoben: Das Handeln muss von reiner Intention begleitet sein, d. h., Gutes muss um des Guten willen verrichtet werden und nicht etwa, um sein soziales Ansehen zu pflegen.
- Nach koranischem Verständnis kann jeder Mensch Wohlgefallen vor Gottes Angesicht erhalten: „Muslime, Juden, Christen, Saabier, wer an Gott und an den Jüngsten Tag glaubt und Gutes verrichtet, denen steht bei ihrem Herrn ihr Lohn zu" (Koran: Sure 2, Vers 62). Der Koran anerkennt, dass es verschiedene Erkenntniswege zu Gott gibt, und diese Vielfalt ist auch gottgewollt: „Und wenn Gott gewollt hätte, hätte er euch zu einer einzigen Konfession gemacht […] Wetteifert nun nach den guten Dingen" (Koran:

Sure 5, Vers 48). Jeder, der verantwortungsvoll handelt, befindet sich somit auf dem Wege Gottes. Es ist daher Aufgabe der islamischen Erziehung, die Anerkennung der religiösen Pluralität in das islamische Selbstverständnis der Jugendlichen zu implementieren, dazu zählt auch die Anerkennung der innerislamischen konfessionellen Vielfalt. Es ist auch Aufgabe der islamischen Erziehung, rechtsstaatliche Prinzipien wie Demokratie, Menschenrechte, Säkularität usw. ebenfalls in das islamische Selbstverständnis der Jugendlichen zu implementieren.

- Eine wortwörtliche Lesart des Koran, die seinen Entstehungskontext unberücksichtigt lässt, stellt junge Muslime vor die Wahl einer „antikoranischen Modernisierung" oder einer „anti-modernen Korantreue" und macht es nur schwer möglich, den Koran in die heutige Gesellschaft zu integrieren. Eine zeitbezogene Lesart des Koran, die nach dem Sinn und Geist des Textes fragt, muss eine Begegnung mit drei historischen Momenten erlauben:

    a. mit dem Offenbarungskontext, und damit sind mehr als nur die Offenbarungsanlässe einzelner Verse des Koran gemeint. Der Offenbarungskontext umfasst die gesamte historische Situation der arabischen Halbinsel im 7. Jahrhundert.
    b. mit dem Leserkontext, also unserer aktuellen historischen Situation. Hier geht es um die Frage, welche Forderungen der jeweilige Kontext an den Islam und umgekehrt, welche Forderungen der Islam an den jeweiligen Kontext stellt. So haben z. B. Muslime in Europa andere Bedürfnisse und Probleme als Muslime in Asien. Daher muss sich die islamische Theologie den Herausforderungen des jeweiligen Alltagslebens der Menschen stellen und keine kontextunabhängigen Vorgaben machen. Sie muss sich fragen, wie sie sich mitentwickeln kann. Um diese Forderung auch realisierbar zu machen, ist es notwendig, dass Humanwissenschaften in die Ausbildung von TheologInnen und ReligionspädagogInnen integriert werden. Diese Wissenschaften sollen die Brücke zur Lebenswelt der Menschen herstellen.
    c. mit der historischen Distanz zwischen beiden Kontexten. Eine Begegnung mit dieser historischen Distanz bedeutet eine Begegnung mit uns selbst, aber auch mit den Menschheitserfahrungen insgesamt. Denn wir sind durch diese Distanz, durch die Horizontverschmelzung mit allen Erfahrungen, denen wir bis jetzt begegnet sind, geprägt.

- Abgehobene theologische Diskussionen, die am Alltagsleben junger Muslime in Europa vorbeigehen,[16] bieten keine Basis für eine zeitbezogene islamische Religionspädagogik. So ist es auch notwendig, dass sich die islamische Religionspädagogik auf empirische Forschung stützt. Diese soll vor allem ein Instrument sein, um die SchülerInnenperspektive in die analytische Bestandsaufnahme und die Entwicklung des islamischen RUs einzubeziehen; einerseits sollen die Vorstellungen junger Muslime über das Zusammenleben in Europa, ihre Bedürfnisse und die Herausforderungen in ihrem Alltagsleben erhoben werden, und andererseits soll untersucht werden, welche religiösen Phänomene in welchen Lebenssituationen dieser jungen Muslime welche Bedeutung haben und welche Rolle die Religion bei der Bewältigung verschiedener Alltagssituationen spielt.

---

16 Dazu zählt meines Erachtens die aktuelle Diskussion um die Geschichtlichkeit des Propheten Mohammed.

12 Literatur

Abdullah, Muhammad S. (1981): Geschichte des Islams in Deutschland. Graz/Wien: Styria.
Abdullah, Muhammad S. (1994): Einigung über den Kopf der Moslems hinweg? Islamische Gemeinschaften in Sorge um Religionsunterricht. In: Moslemische Revue 4. 1994. 236-238.
Aksit, Mustafa A. (2001): Religion in der Gratwanderung zwischen Nation und Tradition. Über das religiöse Verständnis moslemischer Jugendlicher der "Zweiten Generation". Wien. Eingereicht von Aksit Mustafa A.
Alacacioğlu, Hasan (1999): Außerschulischer Religionsunterricht für muslimische Kinder und Jugendliche türkischer Nationalität in NRW. Eine empirische Studie zu Koranschulen in türkisch-islamischen Gemeinden. Münster: LIT-Verlag.
Alamdar-Niemann, Monika (1992): Türkische Jugendliche im Eingliederungsprozess, eine empirische Untersuchung zur Erziehung und Eingliederung türkischer Jugendlicher in Berlin (West) und der Bedeutung ausgewählter individueller und kontextueller Faktoren im Lebenslauf. Hamburg: Kovač.
Aslan, Adnan (1998): Religiöse Erziehung der muslimischen Kinder in Deutschland und Österreich. Stuttgart: Islamischer Sozialdienst- und Informationszentrum e.V.
Barnikol, H.M. (1992): Schülereinstellungen zur Beliebtheit des Religionsunterrichts in der Sekundarstufe I. In: Zeitschrift für christliche Erziehung und Kultur. Heft 3. 15-20.
Bauer, Thomas/Kaddor, Lamya/Strobel, Katja (Hrsg.) (2004): Islamischer Religionsunterricht. Hintergründe, Probleme, Perspektiven. Münster: LIT-Verlag.
Bauman, Urs (Hrsg.) (2001): Islamischer Religionsunterricht. Grundlagen, Begründungen, Berichte, Projekte, Dokumentationen. Frankfurt am Main: Lembeck.
Biesinger, Albert/Schreijäck, Thomas (Hrsg.) (1989): Religionsunterricht heute. Seine elementaren theologischen Inhalte. Freiburg (u. a.): Herder.
Bock, Wolfgang (Hrsg.) (2006): Islamischer Religionsunterricht? Rechtsfragen, Hintergründe, Länderberichte. Tübingen: Mohr Siebeck.
Bucher, Anton (1996): Religionsunterricht: Besser als sein Ruf? Empirische Einblicke in ein umstrittenes Fach. Innsbruck/ Wien: Tyrolia.
Bucher, Anton (2000): Religionsunterricht zwischen Lernfach und Lebenshilfe. Eine empirische Untersuchung zum katholischen Religionsunterricht in der Bundesrepublik Deutschland. Stuttgart: Kohlhammer.
Bucher, Anton/Miklas, Helene (Hrsg.) (2005): Zwischen Berufung und Frust. Die Befindlichkeit von katholischen und evangelischen ReligionslehrerInnen in Österreich. Wien: LIT-Verlag.

Büttner, Gerhard (Hrsg.) (1993): Religionsunterricht im Urteil der Lehrerinnen und Lehrer. Ergebnisse und Bewertungen einer Befragung ev. ReligionslehrerInnen der Sekundarstufe I in Baden-Württemberg. Idstein: Schulz-Kirchner.

Dietrich, Myrian (2006): Islamischer Religionsunterricht – Rechtliche Perspektiven. Frankfurt am Main (u. a.): Lang.

Englert, Rudolf/Güth, Ralph (Hrsg.) (1999): Kinder zum Nachdenken bringen. Eine empirische Untersuchung zu Situation und Profil des katholischen Religionsunterrichts an Grundschulen. Stuttgart (u. a.): Kohlhammer.

Faßman, Heinz/Stacher, Irene (2003): Österreichischer Migrations-und Integrationsbericht. Klagenfurt: Drava.

Feige, Andreas (1982): Erfahrungen mit Kirche. Daten und Analysen einer empirischen Untersuchung über Beziehungen und Einstellungen junger Erwachsener zur Kirche. Ein Beitrag zur Soziologie und Theologie der Volkskirchenmitgliedschaft in der Bundesrepublik Deutschland. Ein Forschungsauftrag der Evangelisch-Lutherischen Landeskirche in Braunschweig. Hannover: LHV.

Feige, Andreas (2000): „Religion" bei ReligionslehrerInnen. Religionspädagogische Zielvorstellungen und religiöses Selbstverständnis in empirisch-soziologischen Zugängen. Berufsbiographische Fallanalysen und eine repräsentative Meinungserhebung unter evangelischen ReligionslehrerInnen in Niedersachsen. Münster (u. a.): LIT-Verlag.

Feichtinger Walter/Wentker Sibylle (Hrsg.) (2005): Islam, Islamismus und islamischer Extremismus. Eine Einführung. Wien: Landesverteidigungsakademie (u. a.).

Feige, Andreas/Tzscheetzsch, Werner (2005): Christlicher Religionsunterricht im religionsneutralen Staat? Unterrichtliche Zielvorstellungen und religiöses Selbstverständnis von ev. und kath. Religionslehrerinnen und -lehrern in Baden-Württemberg. Eine empirisch-repräsentative Befragung. Ostfildern: Schwabenverlag.

Felderer, Bernhard/Hofer, Helmut/Schuh, Ulrich/Strohner Ludwig (2004): Befunde zur Integration von AusländerInnen in Österreich. Research Report. Endbericht. Studie im Auftrag vom BM für Wirtschaft und Arbeit und BM für Finanzen. Wien: Institut für höhere Studien (IHS).

Frank, Werner (Hrsg.) (2003): Lernprozess: Bibel - Lernprozess: Demokratie. Wien: Arbeitsgemeinschaft der ev. ReligionslehrerInnen an Allgemeinbildenden Höheren Schulen in Österreich.

Gampl, Inge (1971): Österreichisches Staatskirchenrecht. Rechts- und Staatswissenschaften Band 23. Wien (u .a.): Springer.

Goujon, Anne/Skribekk, Vegard/Fliegenschnee, Katrin/Strzelecki, Pawel (2006): New Times, Old Beliefs: Projecting the Future Size of Religions in Austria. VID Working Paper 01/2006. Vienna: Vienna Institute of Demography http://www.oeaw.ac.at/vid/download/WP2006_01.pdf.

Gramzow, Christoph (2004): Gottesvorstellungen von Religionslehrerinnen und Religionslehrern. Eine empirische Untersuchung zu subjektiven Gottesbildern und Gottesbeziehungen von Lehrenden sowie zum Umgang mit der Gottesthematik im Religionsunterricht. Hamburg: Kovač.

Hanisch, Helmut / Pollack, Detlef (1997): Religion – ein neues Schulfach. Eine empirische Untersuchung zum religiösen Umfeld und zur Akzeptanz des Religionsunterrichts aus der Sicht von Schülerinnen und Schülern in den neuen Bundesländern. Stuttgart: Calwer.

Hanusch, Rolf (Hrsg.) (1987): Jugend in der Kirche zur Sprache bringen. München: Kaiser.

Havers, Norbert (1972): Der Religionsunterricht. Analyse eines unbeliebten Faches. Eine empirische Untersuchung. München: Kösel.

Heimbach, Marfa (2001): Die Entwicklung der islamischen Gemeinschaft in Deutschland seit 1961. Berlin: Schwarz.

Heimbrock, Hans-Günter (2004): Religionsunterricht im Kontext Europa. Einführung in die kontextuelle Religionsdidaktik in Deutschland. Stuttgart: Kohlhammer.

Heinze, Thomas (1987): Qualitative Sozialforschung. Erfahrungen, Probleme und Perspektiven. Opladen: Westdeutscher Verlag.

Huber, Gerhard (1995): Die Stellung des Religionslehrers im Spannungsfeld Staat und Kirche. Diss. Graz.

Kadan, Roland/Arbeitsgemeinschaft der ev. ReligionslehrerInnen an Allgemeinbildenden Höheren Schulen in Österreich (Hrsg.) (2005): Geschlechtergerechter Religionsunterricht. Diakonisch-soziales Lernen. Wien (u. a.): LIT-Verlag.

Kalb, Herbert/Potz, Richard/Schinkele, Brigitte (2003): Religionsrecht. Wien: WUV-Univ.-Verlag.

Kappus, Elke-Nicole/Zentrum für interkulturellen Dialog (CID) (2004): Islamischer Religionsunterricht an den Schulen. Ein Evaluationsbericht .

Korioth, Stefan. (2006): Islamischer Religionsunterricht und Art. 7 Abs. 3 GG. In: Bock (2006) 33-55.

Köhler, Asiye (2004): Islam in deutschen Schulen und Hochschulen. Stellungnahme des Zentralrats der Muslime in Deutschland (ZDM). In: Bauer et. al. (2004).

Kroißenbrunner, Sabine (2003): Islam, Migration und Integration: soziopolitische Netzwerke und „Muslim Leadership". In: Faßmann, Heinz/Stacher, Irene (2003): 375-394.

Lämmermann, Godwin (1987): „Jung sein heißt, auf der Suche sein ..." Beobachtungen zu empirischen Untersuchungen über die Beziehung der Jugend zu Religion und Kirche. In: Hanusch (1987): 111-124.

Liebold, Heide (2004): Religions- und Ethiklehrkräfte in Ostdeutschland. Eine empirische Studie zum beruflichen Selbstverständnis. Münster: LIT-Verlag.

Marplan (1967): Aufarbeitung und Analyse von Ergebnissen aus der Basisstudie zur Situation der Jugend in Deutschland. Bonn: Bundesministerium für Familie und Jugend.

Mohr, Irka-Christin (2006): Islamischer Religionsunterricht in Europa. Lehrtexte als Instrumente muslimischer Selbstverortung im Vergleich. Bielefeld: Transcript.

Morgenroth, Olaf/Merkens, Hans (1997): Wirksamkeit familialer Umwelten türkischer Migranten in Deutschland. In: Nauck et.al (1997): 303-323.

Moslemische Revue: Islam in Deutschland. In: 4. 1994.

Nauck, Berhard/Schönpflug, Ute (Hrsg.) (1997): Familien in verschiedenen Kulturen. Der Mensch als soziales und personales Wesen. Band 13. Stuttgart: Enke.

Nauck, Bernhard/Özel, Sule (1986): Erziehungsvorstellungen und Sozialisationspraktiken in türkischen Migrantenfamilien. In: ZSE, 6. Jg. 1986. 285-312.
Oebbecke, Janbernd/Kalisch Muhammad S./Towfigh, Emanuel (Hrsg.) (2007): Die Stellung der Frau im islamischen Religionsunterricht. Dokumentation der Tagung am 6. Juli 2006 an der Universität Münster. Frankfurt am Main (u. a.): Lang.
Özdil, Ali-Özgür (1999): Aktuelle Debatten zum Islamunterricht in Deutschland. Religionsunterricht – Religiöse Unterweisung für Muslime – Islamkunde. Hamburg: E. B. Verlag.
Pfluger-Schindelbeck, Ingrid (1989): Achte die Älteren, liebe die Jüngeren. Sozialisation türkisch-alevitischer Kinder im Heimatland und in der Migration. Frankfurt am Main: Athenäum.
Potz, Richard/Schinkele, Brigitte (2005): Religionsrecht im Überblick. Wien: Facultas.
Prawdzik, Werner (1973): Der Religionsunterricht im Urteil der Hauptschüler. Eine empirische Untersuchung auf der 9. Klasse Hauptschule in München. Zürich (u. a.): Benziger.
Reichmuth, Stefan/Kiefer, Michael (2006): Einleitung. In: Reichmuth et.al (2006).
Reichmuth Stefan/Bodenstein, Mark/Kiefer, Michael/Väth, Birgit (Hrsg.) (2006): Staatlicher Islamunterricht in Deutschland. Islam in der Lebenswelt Europa, Band 1. Berlin: LIT-Verlag.
Renck, Ludwig (1992): Zur grundrechtlichen Bedeutung von Art. 7 III GG. In: Neue Zeitschrift für Verwaltungsrecht. 1992. 1171-1172.
Ritter, Werner H. (1993): Doch Bock auf Reli. Ergebnisse einer empirischen Erhebung. In: Nachrichten der Evangelischen Landeskirche in Bayern 49. 1/1993. 8-11.
Rohe, Mathias/BM.I (2006): Perspektiven und Herausforderungen in der Integration muslimischer MitbürgerInnen in Österreich (Executive Summary). Wien: BM.I. SIAK.
Schakfeh, Anas (2001): Islamischer Religionsunterricht an österreichischen Schulen. In: Bauman (2001): 184-203.
Schmied, Martina (2005): Islam in Österreich. In: Feichtinger,et.al (2005): 189-206.
Schmidinger, Thomas/Larise, Dunja (Hrsg.) (2008): Zwischen Gottesstaat und Demokratie. Handbuch des politischen Islam. Wien: Deuticke.
Schwendenwein, Hugo (1989): Die rechtliche Situation des Religionsunterrichts in Österreich. In: Biesinger et.al (1989): 226-239.
Seelig, Günther F. (1968): Beliebtheit von Schulfächern. Empirische Untersuchung über psychologische Zusammenhänge von Schulfachbevorzugungen. Weinheim (u. a.): Beltz.
Sekretariat der Deutschen Bischofskonferenz (Hrsg.) (1982): Muslime in Deutschland. Bonn.
Sen, Faruk/Goldberg, Andreas (1994): Türken in Deutschland. Leben zwischen zwei Kulturen. München: Beck.
Sen, Faruk/Aydin, Hayrettin (2002): Islam in Deutschland. München: Beck.
Spriewald, Simone (2003): Rechtsfragen im Zusammenhang mit der Einführung von islamischem Religionsunterricht als ordentliches Schulfach an deutschen Schulen. Berlin: Tenea.

Spuler-Stegemann, Ursula (1998): Muslime in Deutschland. Nebeneinander oder miteinander? Freiburg (u. a.): Herder.
Stadt Wien/MA66: Statistisches Jahrbuch der Stadt Wien. Ausgabe 2001.Wien.
Statistik Austria (2001): Demographisches Jahrbuch 2000. Wien: Verlag Österreich.
Statistik Austria (2002): Volkszählung Hauptergebnisse I – Österreich. Wien: Kommissionsverlag.
Statistisches Bundesamt (1997): Statistisches Jahrbuch. Wiesbaden.
Stöbe, Axel (1998): Islam – Sozialisation – interkulturelle Erziehung. Die Bedeutung des Islam im Sozialisationsprozess von Kindern türkischer Herkunft. Hamburg: EB Verlag.
Stock, Martin (2003): Islamunterricht: Religionskunde, Bekenntnisunterricht oder was sonst? Münster: LIT-Verlag.
Stolz, Gerd E. (1994): Einstellungen von Schülerinnen und Schülern zum evangelischen Religionsunterricht. In: ders. u. Schwarz Bernd (Hrsg.) (1994): 119-141.
Stolz, Gerd E./Schwarz Bernd (Hrsg) (1994): Schule und Unterricht. Frankfurt am Main (u. a.): Lang.
Strobl, Anna (1997): Islam in Österreich. Eine religionssoziologische Untersuchung. Frankfurt am Main (u. a.): Lang.
Strobl, Anna (2005): Der österreichische Islam. In: SWS Rundschau, 45/4. Wien.
Ucar, Bülent (2006): Erfahrungen am Beispiel der Islamkunde in NRW. Geschichte, Status quo, Lehrpläne, Didaktik und Ausblick. In: Oebbecke (2006): 14-17.
Weiss, Hilde (Hrsg.) (2007): Leben in zwei Welten. Zur sozialen Integration ausländischer Jugendlicher der zweiten Generation. Wiesbaden: VS Verlag für Sozialwissenschaften.
Potz, Richard et al. (2005): Islamischer Religionsunterricht in Österreich u. Deutschland. http://www.abif.at/deutsch/download/Files/31_Islamischer_Religionsunterricht-SummaryNeu.pdf.
Zentralinstitut Islam-Archiv Deutschland (Hrsg.) (1996): Dokumentation Nr. 1. Soest.
ZfT (Hrsg.) (1994): Ausländer in der Bundesrepublik Deutschland. Ein Handbuch. Herkunftsländer, Aufenthaltsstatus, Einbürgerung, Alltag. Opladen: Leske und Budrich.
http://derstandard.at/?url=/?id=2959653.
http://www.derislam.at/islam.php?name=Themen&pa=showpage&pid=154.
http://www.pabw.at/~furch/Schulsituation%20Migrantenkinder.htm.
http://www.statistik.at/web_de/static/schueler_mit_auslaendischer_staatsangehoerigkeit_im_schuljahr_200506_020959.pdf.

13 Anhang

Tabelle 13.1: Levene-Test auf Gleichheit der Fehlervarianzen (a)

Abhängige Variable: Skalenwert: „Glaubensgrundsätze und Gesetze"

F	df1	df2	Signifikanz
10,813	2	196	,000

Prüft die Nullhypothese, dass die Fehlervarianz der abhängigen Variablen über Gruppen hinweg gleich ist.
a Design: Intercept+Schultyp

Tabelle 13.2: Mehrfachvergleiche

(Scheffé) Abhängige Variable: Skalenwert: „Glaubensgrundsätze und Gesetze"

(I) Schulform in Kategorien	(J) Schulform in Kategorien	Mittlere Differenz (I-J)	Standardfehler	Signifikanz	95 % Konfidenzintervall	
					Untergrenze	Obergrenze
Volksschule	Hauptschule	,1163	,07273	,281	-,0631	,2957
	höhere Schulen	-,1760	,09505	,183	-,4104	,0585
Hauptschule	Volksschule	-,1163	,07273	,281	-,2957	,0631
	höhere Schulen	-,2922(*)	,10362	,020	-,5478	-,0367
höhere Schulen	Volksschule	,1760	,09505	,183	-,0585	,4104
	Hauptschule	,2922(*)	,10362	,020	,0367	,5478

Basiert auf beobachteten Mittelwerten.
* Die mittlere Differenz ist auf der Stufe ,05 signifikant.

Tabelle 13.3: Levene-Test auf Gleichheit der Fehlervarianzen (a)

Abhängige Variable: Skalenwert: „Aufklärung u. kritische Reflexion der Tradition"

F	df1	df2	Signifikanz
,223	2	194	,800

Prüft die Nullhypothese, dass die Fehlervarianz der abhängigen Variablen über Gruppen hinweg gleich ist.
a Design: Intercept+Schultyp

Tabelle 13.4: Levene-Test auf Gleichheit der Fehlervarianzen (a)

Abhängige Variable: Skalenwert: „Dialogfähigkeit"

F	df1	df2	Signifikanz
2,126	2	188	**,122**

Prüft die Nullhypothese, dass die Fehlervarianz der abhängigen Variablen über Gruppen hinweg gleich ist.
a Design: Intercept+Schultyp

Tabelle 13.5: Levene-Test auf Gleichheit der Fehlervarianzen (a)

Abhängige Variable: Skalenwert: „Allgemeine Wertvorstellungen, Demokratie, Menschenrechte"

F	df1	df2	Signifikanz
,226	2	195	,798

Prüft die Nullhypothese, dass die Fehlervarianz der abhängigen Variablen über Gruppen hinweg gleich ist.
a Design: Intercept+Schultyp

Tabelle 13.6: Mehrfachvergleiche

(Scheffé) Abhängige Variable: Skalenwert: „Allgemeine Wertvorstellungen, Demokratie, Menschenrechte"

(I) Schulform in Kategorien	(J) Schulform in Kategorien	Mittlere Differenz (I-J)	Standardfehler	Signifikanz	95 % Konfidenzintervall	
					Untergrenze	Obergrenze
Volksschule	Hauptschule	,2209	,10615	,117	-,0409	,4827
	höhere Schulen	,3705(*)	,13864	,030	,0286	,7125
Hauptschule	Volksschule	-,2209	,10615	,117	-,4827	,0409
	höhere Schulen	,1496	,15100	,613	-,2228	,5221
höhere Schulen	Volksschule	-,3705(*)	,13864	,030	-,7125	-,0286
	Hauptschule	-,1496	,15100	,613	-,5221	,2228

Basiert auf beobachteten Mittelwerten.
* Die mittlere Differenz ist auf der Stufe ,05 signifikant.

Tabelle 13.7: Levene-Test auf Gleichheit der Fehlervarianzen (a)

Abhängige Variable: Skalenwert: „Differenzen und Überlegenheitsgefühle"

F	df1	df2	Signifikanz
,243	2	194	,785

Prüft die Nullhypothese, dass die Fehlervarianz der abhängigen Variablen über Gruppen hinweg gleich ist. a Design: Intercept+Schultyp

Tabelle 13.8: Mehrfachvergleiche
(Scheffé) Abhängige Variable: Skalenwert: „Differenzen und Überlegenheitsgefühle"

(I) Schulform in Kategorien	(J) Schulform in Kategorien	Mittlere Differenz (I-J)	Standardfehler	Signifikanz	95 % Konfidenzintervall	
					Untergrenze	Obergrenze
Volksschule	Hauptschule	,3814(*)	,13299	,018	,0534	,7095
	höhere Schulen	-,0565	,17270	,948	-,4826	,3695
Hauptschule	Volksschule	-,3814(*)	,13299	,018	-,7095	-,0534
	höhere Schulen	-,4380	,18863	,070	-,9033	,0273
höhere Schulen	Volksschule	,0565	,17270	,948	-,3695	,4826
	Hauptschule	,4380	,18863	,070	-,0273	,9033

Basiert auf beobachteten Mittelwerten.
* Die mittlere Differenz ist auf der Stufe ,05 signifikant.

Tabelle 13.9: Levene-Test auf Gleichheit der Fehlervarianzen (a)
Abhängige Variable: Skalenwert „Soziale Abgrenzung"

F	df1	df2	Signifikanz
1,955	2	192	**,144**

Prüft die Nullhypothese, dass die Fehlervarianz der abhängigen Variablen über Gruppen hinweg gleich ist.
a Design: Intercept+Schultyp

Tabelle 13.10: Levene-Test auf Gleichheit der Fehlervarianzen (a)
Abhängige Variable: Skalenwert „Rechtsstaatlichkeit"

F	df1	df2	Signifikanz
12,103	2	196	,000

Prüft die Nullhypothese, dass die Fehlervarianz der abhängigen Variablen über Gruppen hinweg gleich ist.
a Design: Intercept+Schultyp

Tabelle 13.11: Mehrfachvergleiche

(Scheffé) Abhängige Variable: Skalenwert „Rechtsstaatlichkeit"

(I) Schulform in Kategorien	(J) Schulform in Kategorien	Mittlere Differenz (I-J)	Standardfehler	Signifikanz	95 % Konfidenzintervall	
					Untergrenze	Obergrenze
Volksschule	Hauptschule	,3443(*)	,11019	,009	,0725	,6161
	höhere Schulen	-,1343	,14401	,648	-,4896	,2209
Hauptschule	Volksschule	-,3443(*)	,11019	,009	-,6161	-,0725
	höhere Schulen	-,4787(*)	,15699	,011	-,8659	-,0914
höhere Schulen	Volksschule	,1343	,14401	,648	-,2209	,4896
	Hauptschule	,4787(*)	,15699	,011	,0914	,8659

Basiert auf beobachteten Mittelwerten.
* Die mittlere Differenz ist auf der Stufe ,05 signifikant.

Tabelle 13.12: Levene-Test auf Gleichheit der Fehlervarianzen (a)

Abhängige Variable: Skalenwert: Identifikation mit Österreich

F	df1	df2	Signifikanz
1,555	2	195	,214

Prüft die Nullhypothese, dass die Fehlervarianz der abhängigen Variablen über Gruppen hinweg gleich ist.
a Design: Intercept+Schultyp

Tabelle 13.13: Levene-Test auf Gleichheit der Fehlervarianzen (a)

Abhängige Variable: Skalenwert: „Fanatismus"

F	df1	df2	Signifikanz
8,126	2	192	,000

Prüft die Nullhypothese, dass die Fehlervarianz der abhängigen Variablen über Gruppen hinweg gleich ist.
a Design: Intercept+Schultyp

Tabelle 13.14: Levene-Test auf Gleichheit der Fehlervarianzen (a)

Abhängige Variable: Skalenwert: „Gewalt"

F	df1	df2	Signifikanz
3,048	2	192	,050

Prüft die Nullhypothese, dass die Fehlervarianz der abhängigen Variablen über Gruppen hinweg gleich ist.
a Design: Intercept+Schultyp

Tabelle 13.15: Levene-Test auf Gleichheit der Fehlervarianzen (a)
Abhängige Variable: Skalenwert: „Geschlechtsrollen"

F	df1	df2	Signifikanz
3,316	2	182	**,039**

Prüft die Nullhypothese, dass die Fehlervarianz der abhängigen Variablen über Gruppen hinweg gleich ist.
a Design: Intercept+Schultyp

Das Grundlagenbuch zur Soziologie

> Überblick zu den aktuellsten Themen der Soziologie

Nina Baur / Hermann Korte /
Martina Löw /
Markus Schroer (Hrsg.)
Handbuch Soziologie
2008. 505 S. Geb. EUR 34,90
ISBN 978-3-531-15317-9

Erhältlich im Buchhandel
oder beim Verlag.
Änderungen vorbehalten.
Stand: Januar 2009.

Welche Deutungsangebote macht die Soziologie für die Analyse gesellschaftlicher Gegenstandsbereiche? Um dieser Frage nachzugehen, bietet das „Handbuch Soziologie" einen einzigartigen Überblick über die in deutschen, angloamerikanischen und französischen Zeitschriften am intensivsten diskutierten Themenfelder der Soziologie: Alter – Arbeit – Ethnizität – Familie – Geschlecht – Globalisierung – Individualisierung – Institution – Klasse – Kommunikation – Körper – Kultur – Macht – Markt – Migration – Nation – Organisation – (Post)Moderne – Prozess – Raum – Religion – Sexualität – Technik – Wissen – Wohlfahrtsstaat.

Für jedes dieser Themenfelder wird erläutert, mit welchen theoretischen Konzepten zurzeit geforscht wird oder in der Vergangenheit gearbeitet wurde. Die Autoren stellen konkurrierende Ansätze ebenso dar wie international existierende Unterschiede.

Das „Handbuch Soziologie" will ein besseres Verständnis von Theorie am konkreten Beispiel ermöglichen. In der Zusammenschau der Artikel werden die Systematik, Fruchtbarkeit und Grenzen theoretischer Zugriffe auf verschiedene Gegenstandsbereiche für eine breite Scientific Community vergleichbar sowie die Spezifik soziologisch-theoretischer Perspektiven in angemessener Sprache öffentlich gemacht.

www.vs-verlag.de

VS VERLAG FÜR SOZIALWISSENSCHAFTEN

Abraham-Lincoln-Straße 46
65189 Wiesbaden
Tel. 0611.7878-722
Fax 0611.7878-400